Claus Peter Simon
Die Ich-Formel

Claus Peter Simon

DIE
ICH
FORMEL

15 Wege zu einem glücklichen Selbst

Piper München Zürich

Mehr über unsere Autoren und Bücher:
www.piper.de

MIX
Papier aus verantwor-
tungsvollen Quellen
FSC
www.fsc.org   FSC® C014889

ISBN 978-3-492-05406-5
© Piper Verlag GmbH, München 2011
Satz: Kösel, Krugzell
Druck und Bindung: Pustet, Regensburg
Printed in Germany

Inhalt

Einleitung – oder warum das Ich von so großem Interesse ist

Nichts interessiert den Menschen mehr als der Mensch. Sein Schicksal, seine Beweggründe, sein Wollen und Sehnen, sein Aufstieg und Fall, seine Fehler und Fähigkeiten. Vor allem aber interessiert uns das Selbst, das eigene Ich. Eine tiefe Selbsterkenntnis ist eine der großen Sehnsüchte unserer Zeit. Schon Teenager quälen sich damit herum, und selbst 50-Jährige haben oft noch keine befriedigenden Antworten gefunden. Warum bin ich so, wie ich bin? Und: Wie könnte ich sein?

Der Blick auf sich selbst ist kein Zeichen von Egozentrik, sondern im Wortsinne menschlich. Zum einen, weil von allen Spezies nur *Homo sapiens* in der Lage ist, sein Ich auf eine tiefgründige Weise zu reflektieren. Zum anderen, weil ein stabiles Ich nie wichtiger war als heute – in Zeiten, in denen das Außen so ungewiss erscheint. Wenn sich langjährige und scheinbar stabile Arbeitsverhältnisse unter der Wucht der Globalisierung in kürzester Zeit auflösen. Wenn sich Beziehungen zwischen Menschen mehr und mehr in unübersichtliche soziale Netzwerke verlagern. Wenn mehr als jede dritte Ehe geschieden wird, ganze Familien zerbrechen.

Der große Soziologe Max Weber beschrieb die Persönlichkeitsstruktur des Bürgers noch als »stahlhartes Gehäuse«. Doch die Zeiten sind vorbei, in denen eine als geglückt angesehene Biografie vor allem stetig und stabil verlief.

Auf den postmodernen Menschen stürmt eine wachsende Vielfalt von Wünschen, Optionen, Gelegenheiten, Verpflichtungen und Werten ein, wie der US-Sozialpsychologe Kenneth Gergen feststellt. Diese Unberechenbarkeit führe zur Wahrnehmung von »Chaos und dem beziehungslosen Nebeneinander von verschiedenen Teil-Identitäten in einer Person«. Eine Grunderfahrung für viele Menschen in westlichen Gesellschaften.

Wer aber halbwegs sicher durch sein Leben navigieren will, braucht das Gefühl, für seine Handlungen selbst verantwortlich zu sein, sich selbst steuern zu können. Entscheidend dafür ist die »Selbstwirksamkeit«. So nennen Psychologen die Fähigkeit, an sich und seine Kompetenzen zu glauben, Einfluss zu nehmen auf die Gestaltung des Lebens, zurechtzukommen auch mit unvorhergesehenen Situationen.

Nur auf diese Weise entsteht so etwas wie seelische Stabilität, ein eigens geschriebener Entwicklungsroman, der eine Verbindungs-, ja Lebenslinie zieht zwischen dem Kleinkind, das man einst war, und dem Erwachsenen, der man geworden ist. Der instabilen äußeren Welt kann der Mensch nur durch eine Stabilität in seinem Inneren begegnen. Wer hingegen der Überzeugung ist, er sei ein Spielball der gesellschaftlichen Umstände und eines übermächtigen Schicksals, wird oft zu eben diesem.

Für den Psychoanalytiker und Vertreter der amerikanischen Ich-Psychologie Erik Erikson besteht »das

Kernproblem der Identität« daher »in der Fähigkeit des Ich, angesichts des wechselnden Schicksals« dennoch so etwas wie Kontinuität aufrechtzuerhalten. Jeder Mensch müsse daher eine Antwort auf die Frage finden: »Wer bin ich?« Dazu sei es unerlässlich, sich selbst möglichst gut zu verstehen.

Wie gut kennen wir unser Ich?

Natürlich, nichts ist uns näher als das Ich. Schauen wir in den Spiegel oder auf ein Kinderbild von uns, so ist uns klar: Das bin ich! Erinnern wir uns an etwas, so sind es zweifellos unsere eigenen Erinnerungen. Wachen wir morgens auf, so wissen wir sofort, dass wir es sind, der sich noch verschlafen die Augen reibt. Wir gehen davon aus – die meisten von uns jedenfalls –, dass wir einen freien Willen haben und bestimmte Vorstellungen, etwa über Moral.

Das Ich ist einfach immer da. Wir müssten es eigentlich sehr gut kennen. Und damit den Kern unserer Persönlichkeit. Doch wie zutreffend, wie realistisch ist der Blick auf unser Selbst? Ist unsere Wahrnehmung von uns identisch mit dem tatsächlichen Ich? Sind wir nicht oft blind für unsere Schwächen, mitunter sogar für unsere Stärken?

Wissenschaftler können heute viele gute Gründe dafür nennen, dass der Blick auf das eigene Ich kein sehr scharfer ist und die Introspektion allein, also der Blick nach innen, ungeeignet ist, dem Ich auf die Spur zu kommen. Oft schönen wir das Bild von uns selbst – und unterliegen Denkfehlern: vor allem einem überzogenen Optimismus und der Illusion der Überdurchschnittlichkeit.

Dafür gibt es zahlreiche Beispiele: So glauben 80 Prozent der Autofahrer, zu den besten fünf Prozent aller Autofahrer zu gehören. Und bei Umfragen geht die große Mehrheit der Frauen und Männer davon aus, dass sie überdurchschnittlich sensibel, nachdenklich und gefühlvoll sind – was ebenfalls rein logisch nicht möglich ist. Ähnlich das Ergebnis einer US-Studie, wonach 94 Prozent aller Professoren davon überzeugt sind, »weit Überdurchschnittliches« zu leisten.

Vor diesem Hintergrund verwundert auch Folgendes nicht: Psychologen hatten Probanden Fotos vorgelegt, die am Computer per Bildbearbeitung verfremdet worden waren. Die Versuchspersonen sollten nun angeben, auf welchen Bildern sie sich am ehesten wiedererkannten: Es waren jene Aufnahmen, die sie attraktiver zeigten (fremde Personen erkannten sie hingegen schneller wieder, wenn die Fotos nicht positiv verändert wurden).

Auch ihre Biografie polieren Menschen gerne auf: Eigene Fehltritte erscheinen meist als weit zurückliegende Ereignisse, gewissermaßen als Jugendsünden, während wir uns an gute Taten so erinnern, als seien sie gerade erst gestern geschehen.

Dieser Selbstbetrug ist Teil unseres »psychischen Immunsystems« und fällt dem Ich meist nicht einmal auf. »Sich selbst in etwas weicherem Licht zu sehen ist äußerst gesund«, sagt die Persönlichkeitspsychologin Astrid Schütz von der TU Chemnitz. Solche Menschen sind zufriedener, erfolgreicher und beliebter als andere. Der Preis, den sie dafür zahlen: der Mangel an Selbsteinsicht. Dann gibt es aber auch jene Menschen, die ihr Licht ständig unter den Scheffel stellen, die immer nur registrieren, was sie alles nicht schaffen, obwohl ihr Umfeld sie als tatkräftig und erfolgreich einschätzt.

Um eine realistische Einschätzung von sich zu gewinnen, kann ein jeder sich dem Ich heute auf unterschiedlichste Weise nähern. Längst ist es kein Eingeständnis von Schwäche mehr, sich dabei professioneller Hilfe zu bedienen.

Familienaufstellungen sind populär geworden, etwa um generationenübergreifende Verhaltensweisen aufzuklären. Die Zahl der Coaches in Deutschland hat sich innerhalb der letzten Jahre vervielfacht; selbst in Unternehmen ist Coaching mittlerweile ein Zeichen der betrieblichen Wertschätzung, nicht einer persönlichen Schwäche. Frauen- und Psychologiezeitschriften befassen sich in immer neuen Titelgeschichten mit der Frage nach dem Ich. Und schließlich die Philosophen: Haben sie sich nicht schon seit Jahrhunderten mit der Frage beschäftigt, was das Ich sei?

Doch welcher Zugang zum Ich geeignet ist, kann nur jeder für sich entscheiden. Die vielversprechendsten Wege zum Ich zu markieren, das ist Idee und Ziel dieses Buches: Es möchte den Leser und die Leserin mitnehmen auf 15 verschiedene Reisen zum Ich. Die doch eines eint: Sie können neue Einblicke in die Persönlichkeit verschaffen. Die 15 Wege verraten etwas über unsere Herkunft, unsere Persönlichkeit, unsere Einstellungen, unsere Wahrnehmung anderer Menschen, über unsere Intelligenz und auch die Gesundheit. In der Zusammenschau öffnen sie einen kaleidoskopartigen Blick auf den Einzelnen.

Wozu hat der Mensch überhaupt ein Ich?

Könnten wir nicht ebenso gut biologische Automaten sein, solche, die sich ihres Selbst gar nicht bewusst sind? Die meisten anderen Lebewesen auf der Erde kommen ohne das Gefühl, ein Ich zu haben, schließlich auch ganz gut zurecht. Allerdings ist kein anderes Lebewesen so erfolgreich wie der Mensch – und sein Selbst spielt dabei die entscheidende Rolle.

Manche Forscher sehen das individuelle Erleben als eine Form des Bewusstseins, das erst spät in der Evolution entstanden ist. Theoretisch hätte sich schließlich auch eine einzige optimale Psyche durchsetzen können. Aber keiner der bald sieben Milliarden Menschen hat ein Ich wie der andere. Wir sind Individuen, jeder für sich.

Evolutionär gesehen haben diese Unterschiede einen großen Vorteil. Wären alle Menschen einer Gruppe gleich, hätte sie es vermutlich nicht weit gebracht. Wäre beispielsweise jeder extrovertiert und mutig, so ließe sich zwar in kurzer Zeit viel bewirken, etwa unbekanntes Territorium entdecken; allerdings auf die Gefahr hin, sich zu überschützen, zu viel zu riskieren und unterzugehen. Wäre hingegen jeder zurückhaltend und vorsichtig, würde die Gruppe zwar alle Gefahren vermeiden, aber auch nichts Neues wagen, sich nicht weiterentwickeln können. Auf die richtige Mischung kommt es also an.

Was ist das Ich?

William James, der große Vordenker der modernen Psychologie, bezeichnet als Ich (engl. » I «) das Subjekt des Erkennens. Es ist im Hintergrund des Bewusstseins dauerhaft präsent, ein ständiger Begleiter unseres Erlebens.

Was immer ich auch denke, sehe, spüre oder fühle – ich bin mir stets sicher, dass ich es bin, der dies erlebt. Von dieser Instanz unterscheidet James das »Me«, die Objektseite des Selbst, wenn das Ich über sich nachdenkt oder eine Episode aus dem eigenen Leben erinnert und reflektiert. Da beide Begriffe aber ein einheitlich denkendes, fühlendes und handelndes Wesen Mensch bezeichnen, werden sie der Einfachheit halber praktisch deckungsgleich benutzt. Für den Kognitionswissenschaftler Douglas R. Hofstadter sind sogar die Begriffe »Ich«, »Seele«, »Selbst« und »Bewusstsein« austauschbar – es handele sich jeweils um ein komplexes, aus Nervenzellen und Synapsen des Gehirns erwachsenes Muster.

Wir erleben uns daher meist als ein einheitliches Ich, sehen uns als unverwechselbares Individuum. Wir tragen sozusagen eine Vorstellung von uns im Kopf herum. Wissen etwa, dass wir oft schüchtern sind, dass wir aber auch, wenn es drauf ankommt, klar unsere Meinung formulieren können. Wissen womöglich, dass wir mitunter gerne Risiken eingehen – etwa auf Skiern einen uneinsehbaren Tiefschnee-Hang herunterfahren –, weil wir das Erfolgserlebnis, es geschafft zu haben, so sehr mögen. Wir sind uns unserer sozialen Stellung bewusst, ganz gleich, ob wir uns als kleines Rädchen oder als großen Beweger sehen.

All diese unterschiedlichen Eindrücke und Wahrnehmungen verdichten sich im Ich. Es ist das Zentrum einer von uns konstruierten Welt, unsere eigene ganz persönliche Wirklichkeit.

Dieses Wissen um ein Ich teilen Menschen mit nur ganz wenigen anderen Spezies. Das belegt der berühmte Spiegeltest des amerikanischen Psychologen Gordon

Gallup: Einem Tier wird ein roter Fleck auf die Stirn gemalt. Dann wird beobachtet, was passiert, wenn es sich im Spiegel sieht. Ein Wesen, das annimmt, einen Artgenossen, nicht aber sich selbst vor sich zu haben, wird sich um den Fleck nicht kümmern. Nur eines, das sich selbst wahrnimmt, reagiert auf den Fleck, will ihn vielleicht sogar entfernen.

Das Ergebnis ist aufschlussreich: Hunde, Katzen und kleinere Affenarten erkennen sich nicht. Sehr wohl aber Menschenaffen – sowie Wale, Delfine, Elefanten, Raben und Papageien. Und natürlich der Mensch. Der Test zeigt auch, wann in etwa das Ich-Bewusstsein erwacht: Kinder bestehen den Spiegeltest meist im zweiten Lebensjahr. Ungefähr im selben Alter benutzen sie zum ersten Mal das Wort Ich, während sie zuvor von sich meist in der dritten Person sprechen (»Lisa Schnuller haben!«).

Wie stabil ist das Ich?

Unser Ich erscheint uns meist sehr stabil zu sein, in einem unveränderlichen Zustand zu verharren. Es gibt jedoch Situationen, die zeigen, dass dem längst nicht immer so ist – selbst bei psychisch Gesunden. Bei einer tiefen Meditation beispielsweise erleben viele Menschen, wie ihr Ich sich gleichsam auflöst, sie sich eins mit dem Universum fühlen. Ein wie Psychologen es nennen »ozeanisches Gefühl«.

Ähnliches passiert bei einer Schläfenlappenepilepsie, einer anormalen elektrischen Impulsaktivität im Gehirn. Dabei kann es zu beinahe religiösen und mystischen Erlebnissen kommen. Dann fühlen sich die Betroffenen eins mit ihrer Umwelt, alle Grenzen zwischen dem Ich und dem Kosmos sind wie weggewischt. Viele große religiöse Führer, wahrscheinlich auch Mohammed und Jesus, litten unter diesem Krankheitsbild, das mit krampfartigen Anfällen einhergeht, den Betroffenen aber eine besondere Wahrnehmung der Wirklichkeit ermöglichte.

Bei anderen Krankheiten wird noch deutlicher, dass der französische Denker Michel de Montaigne Ende des 16. Jahrhunderts wohl nicht unrecht hatte, als er das Ich in seinen »Essais« als eine »fortschreitende Erfindung« beschrieb: Eine, die »aus lauter Flicken und Fetzen und so kunterbunt unförmlich zusammengestückt ist, dass jeder Lappen jeden Augenblick sein eigenes Spiel treibt«.

Die Fragilität des Ich wird besonders im Falle psychischer Erkrankungen deutlich, in manch bizarrem Schicksal von Patienten.

- Der Psychologieprofessor Julian Paul Keenan hatte es mit einer 30-jährigen Patientin zu tun, die von einer Schaukel gefallen war und ein Hirntrauma erlitten hatte. Intellektuell war sie zwar wieder auf voller Höhe. Bis auf einen Punkt: Sie behauptete, nicht mehr sie selbst zu sein. Als sie sich im Spiegel erblickte, sagte sie, diese Person ähnele ihr nur, sie sei auch älter als sie selbst. Außerdem verfolge die Frau im Spiegel sie.

- Wissenschaftler der University of California in Santa Barbara behandelten einen 75-jährigen Mann, der einen Herzinfarkt erlitten hatte. Der Mann konnte sich an nichts erinnern, was er vor oder nach dem Infarkt getan oder erlebt hatte. Sein ganzes Leben war wie weggewischt. Dann sollte der Mann einen Fragebogen mit 60 Persönlichkeitsmerkmalen ausfüllen – ob er meine, dass diese Eigenschaften gar nicht, ein wenig, halb-halb oder ganz besonders auf ihn zutreffen. Seine

Tochter beantwortete dieselben Fragen zu seiner Person. Die Antworten ähnelten sich frappierend. Der Mann hatte offenbar ein Bewusstsein von sich behalten, obwohl er sich an nichts, was er jemals getan hatte, erinnern konnte.

- Der Hirnforscher Vilayanur S. Ramachandran beschrieb eine normal intelligente Patientin, die aufgrund eines Hirnschlags einen steifen linken Arm hatte. Sie bestritt aber, dass dem so sei, und behauptete, der Arm gehöre ihrem Vater, der sich unter dem Tisch verberge. Als der Forscher sie bat, mit der linken Hand ihre Nase zu berühren, nahm die Frau mit der rechten Hand den gelähmten linken Arm und stupste auf diese Weise mit der linken Hand gegen ihre Nase. Es gab also etwas in ihr, das wusste, dass der linke Arm zu ihr gehörte, aber ihr Ich verneinte das. Selbst als der Forscher ihren Arm nahm und ihr zeigte, dass der an ihrer Schulter ansetzte, stimmte sie zwar zu, bestand aber weiter darauf, dass der Arm ihrem Vater gehöre. Der Widerspruch störte sie nicht.

- Noch seltsamer ist ein Ich, das sich selbst verleugnet, was eigentlich ein Oxymoron ist, ein Widerspruch in sich selbst. Menschen mit dem Cotard-Syndrom gelingt diese Paradoxie spielend. Sie »wissen« von sich, sagen sie, dass sie tot sind. Sie formulieren Sätze wie »Ich bin tot« oder »Ich kann riechen, wie mein Körper verwest«. Und sie sind absolut nicht davon zu überzeugen, dass dem nicht so ist. Jegliche Sinnesempfindung ist offenbar von den Emotionen abgekoppelt, die ganze Welt wird irreal. Keine emotionale Wahrnehmung der Welt und keine der Person – was könnte dem Gefühl des Todes stärker ähneln?

Selbst manche Persönlichkeitsmerkmale, von denen wir denken, dass sie aufs Engste mit dem Kern unseres Ich verknüpft sind, sind für Veränderungen anfällig. So zum Beispiel das moralische Urteilsvermögen. Erzeugt man über dem rechten Ohr ein starkes Magnetfeld, das die Nervenströme in der darunterliegenden Hirnregion durcheinanderbringt, verkümmert das moralische Empfinden dieses Menschen.

Für eine entsprechende Studie mussten Testpersonen mehrere Kurzgeschichten lesen und beurteilen, ob sich der jeweilige Protagonist moralisch einwandfrei verhält. In einer Geschichte war beschrieben, wie eine Ehefrau plant, ihren Mann zu vergiften. Normalerweise würden die meisten schon eine solche Absicht als verwerflich bezeichnen. Nicht so unter dem Einfluss des Magnetfelds: Die Probanden empfanden Handlungen, die letztlich keinen Schaden verursachten, als halbwegs akzeptabel, selbst wenn dahinter ein niederträchtiger Plan steckte. Gleichzeitig beurteilten sie Menschen strenger, die einem anderen nur aus Versehen Leid zufügten. Ihr moralisches Urteilsvermögen entsprach unter der Einwirkung des Magnetfelds dem von Kindern im Alter von unter sechs Jahren.

Die Moral eines Menschen – abhängig von einem physikalischen Phänomen?

Viele Wege führen zum Ich

»Erkenne Dich selbst!« – Diese Aufforderung, eingraviert an einer Säule des Apollontempels in Delphi, sollte den Menschen ursprünglich an seine Sterblichkeit erinnern, im Gegensatz zu den Göttern. Der Philosoph

Platon war es dann, der die Ermunterung zur Demut umdeutete. Der Mensch solle das »Erkenne Dich selbst!« vielmehr als Ansporn betrachten. Als Ansporn, den Vorhang des Nichtwissens um sich und seine Existenz zu lüften. Heute sind wir dem Wissen über unser Ich mithilfe der Psychologie und modernen Naturwissenschaften ein gutes Stück näher gekommen als die alten Griechen.

Inzwischen kennen wir verblüffende Details über die Beschaffenheit des Ich und die Persönlichkeit des Einzelnen. Unterschiedlichste Disziplinen umkreisen heute die Frage: Wer bin ich? Therapeuten und Genforscher, Psychologen und Informatiker, Mediziner und Lebensverlaufsforscher liefern wichtige Bausteine zu einem besseren Verständnis unseres Selbst. Sie wollen etwas herausfinden über den Sitz des Ich im Hirn, über die familiären Bindungen und freundschaftlichen Bande, die jeden Einzelnen geprägt haben, über körperliche Merkmale, die etwas über die Persönlichkeit verraten.

- *Beispiel Familie:* Vieles von dem, was unser Ich prägt, ist mit den Familienverhältnissen verflochten, in denen wir aufgewachsen sind. Dem Kern unseres Daseins sozusagen, einem komplizierten Geflecht aus Beziehungen und Abhängigkeiten. »Nichts und niemand ruft so starke Gefühle hervor, und nichts ist manchmal so vernichtend wie Familie«, schreibt der Therapeut Eia Asen. Aber welche Position nehmen wir ein in dem familiären Beziehungsgeflecht? Warum reagieren wir in ähnlichen Situationen immer wieder gleich? Warum kommt es bei bestimmten Themen ständig wieder zum Streit? Auf die Spur kommen lässt sich diesen Fragen mit einer »Familienskulptur«, einer Technik der Familientherapie. Doch können damit auch vergessen geglaubte Traumata wieder ins Bewusstsein zurückgeholt werden? (Kapitel 1)

- *Beispiel Körpermerkmale:* Kopieren Sie doch einmal die Innenfläche Ihrer rechten oder linken Hand und berechnen Sie den Fingerquotienten. Ein im Verhältnis langer Ringfinger gilt als Zeichen ausgeprägter Männlichkeit; der Fötus wurde im Mutterleib mit besonders viel Testosteron versorgt. Frauen schätzen solche Herren übrigens auch als besonders männlich ein. Laut einer Studie der Universität Cambridge sind Männer mit langen Ringfingern als Börsenmakler weitaus erfolgreicher als Männer mit eher kurzen Ringfingern. Sollte der Fingerquotient auch unsere Berufswahl prägen? (Kapitel 8)

- *Beispiel genetischer Code:* Nehmen Sie ein Wattestäbchen zur Hand, streichen Sie sich etwas Speichel von der Innenseite der Wange und schicken Sie die Probe einem Biotech-Unternehmen zur genetischen Sequenzierung. Für gut 100 Euro haben Sie das Ergebnis nach einigen Wochen schwarz auf weiß: ob das Urvolk, zu dem Sie gehören, Kelten, Iberer, Slawen, Wikinger oder auch Hunnen waren. Womöglich finden Sie sogar entfernte Verwandte. Aber kann die Biologie tatsächlich die Arbeit der Hobby-Genealogen mit ihren Stammbäumen ersetzen? (Kapitel 12)

- *Beispiel Informationstechnologie:* Nehmen Sie an einer Online-Studie der Universität Harvard teil, um mehr über Ihr Glücksempfinden zu erfahren. Unter www.trackyourhappiness.org kann man sich mit seinem iPhone registrieren und bekommt regelmäßig Aufforderungen, seine momentane Stimmungslage einzuschätzen. Etwas Ähnliches findet sich unter www.

moodscope.com; dort können Sie Ihre persönlichen Stimmungsschwankungen aufzeichnen lassen, um auf diese Weise langfristig Ihre Glücksfähigkeit zu verbessern. Selbstdiagnose und Selbsterkenntnis durch moderne Technologie als Alternative zur Couch eines Therapeuten – das ist ein mächtiger neuer Trend aus Kalifornien, vorangetrieben durch sogenannte Selftracker und Lifelogger, die sich auf Portalen wie quantifiedself.com austauschen. Werden wir unser gesamtes Leben schon bald als endlosen Datenstrom vor uns liegen haben? (Kapitel 13)

Was dieses Buch kann

Die *Ich-Formel* liefert einen Überblick über die aktuellsten und interessantesten Erkenntnisse der modernen Ich-Forschung. Und stellt wissenschaftliche Methoden vor, die neue Einblicke in die Persönlichkeit verschaffen.

➤ Manche Menschen kennen ihr Ich schon recht gut, wollen es aber vielleicht noch besser verstehen. Andere haben womöglich gerade die ersten Pfade auf der Entdeckungsreise zum Selbst beschritten und suchen nach neuen Anregungen. Für die einen wie für die anderen hat die Wissenschaft interessante Zusammenhänge entschlüsselt. Die 15 Wege zum Ich, die dieses Buch beschreibt, zeigen dabei die enorme Spannweite der Erkenntnisse. Da die Kapitel nicht aufeinander aufbauen, können sie auch einzeln gelesen werden.

Aber jedes von ihnen soll dabei helfen, sich Schritt für Schritt ein wenig besser kennenzulernen, zu einer realistischen Selbstwahrnehmung zu kommen, im besten Fall zu einer besseren Selbstakzeptanz. Und damit auch zu einer Wertschätzung jener Persönlichkeitsmerkmale, die einem nicht unbedingt sonderlich sympathisch an einem selbst sind. Aber vielleicht entsteht ja auch der Wunsch, sich in dem einen oder anderen Punkt ein wenig zu ändern.

Was die Psychologie verrät

1 Die »Big Five«

Wie sich die fünf Dimensionen der Persönlichkeit aus-
formen • Weshalb extravertierte Menschen ein Talent
zum Glückserleben haben

Für grundlegende Persönlichkeitseigenschaften interessieren sich Menschen schon seit Jahrhunderten. Hip-
pokrates, der berühmteste Arzt der Antike, teilte im
5. Jahrhundert vor Christus seine Mitbürger in vier Tem-
peramenttypen ein, die für entsprechende Charaktereigenschaften standen: den Choleriker, den Melancholiker, den Sanguiniker und den Phlegmatiker – jeweils
geprägt durch einen der damals angenommenen vier
Körpersäfte: gelbe Galle, schwarze Galle, Blut und
Schleim.

Der in Rom wirkende griechische Arzt Galenus hat
die vier Typen in seiner Schrift *De temperamentis* dann
näher beschrieben: Den Choleriker zeichne sein großer
Verstand aus, er sei scharfsinnig, aber auch aufbrausend
und leicht zu verärgern. Der Melancholiker habe ein ver-
ständiges und gesetztes Wesen, gelte aber als trotzig und
missvergnügt. Der Sanguiniker sei ein wenig einfältig
und naiv, sorglos und gutmütig. Der Phlegmatiker indessen zeichne sich durch keine besonderen Charakter- und
Intelligenzbesonderheiten aus, sei allenfalls ein wenig
träge, aber beharrlich. Verantwortlich für die Ausprägung

der Persönlichkeiten, so Galenus, seien unterschiedliche körperliche Voraussetzungen.

Auch Immanuel Kant hat noch Jahrhunderte danach diese Lehre übernommen und war sich sicher, dass keine »Mischung« zwischen den vier Typen möglich sei. Erst im ausgehenden 19. Jahrhundert gaben Wissenschaftler diese rein physiologischen Ableitungen der unterschiedlichen Charaktere auf. Stattdessen entwickelten sie psychologisch orientierte Persönlichkeitsmodelle. Für Sigmund Freud ist ein Mensch demnach im Wesentlichen das, was sein in der Kindheit geprägtes unbewusstes Triebleben aus ihm gemacht hat. Hätten die Eltern beispielsweise in der analen Phase des Kindes nicht angemessen auf sein Verhalten reagiert, könnte es sich zu einem Erwachsenen mit pedantischem und geizigem Charakter entwickeln.

Später erklärten dann die Behavioristen Unterschiede zwischen Menschen damit, dass sie im Laufe ihres Lebens für verschiedene Verhaltensweisen belohnt oder bestraft worden waren. Diese »Konditionierung« habe Charakter prägende Eigenschaften.

Schon einige Zeit zuvor hatten sich jedoch andere Forscher gefragt, ob sich nicht allgemeine Persönlichkeitsmerkmale finden ließen. Und ob man diese womöglich durch einen Test ermitteln könne.

Ein Vetter Charles Darwins, Sir Francis Galton, war in der Neuzeit einer der Ersten, die die alte Forderung Galileo Galileis wiederbelebten: »Das Messbare messen und das Nichtmessbare messbar machen.« Galton verwandte auch als einer der Ersten den Begriff »Test«.

In der Psychiatrie wurden einfache Tests zu Anfang des 20. Jahrhunderts erstmals eingesetzt, um anhand von

Persönlichkeitsmerkmalen psychisch Kranke von psychisch Gesunden zu unterscheiden. Wie der Psychologe Thomas Saum-Aldehoff in seinem Buch *Big Five* schreibt, nutzten Ärzte Listen zum Ankreuzen, um etwa zu entscheiden, ob ein Patient in die Psychiatrie verlegt werden sollte.

Im Ersten Weltkrieg entwickelte dann der US-Psychologe Robert S. Woodworth einen ersten Persönlichkeitstest. Mit dessen Hilfe wollte man herausfinden, ob ein Rekrut womöglich durch einen »Schützengrabenschock« gefährdet sei, eine – wie man heute sagen würde – posttraumatische Belastungsstörung. Statt ausführlicher Gespräche mit Psychiatern mussten die Rekruten mehr als 100 Fragen beantworten, etwa: »Schrecken Sie oft nachts aus dem Schlaf?«

Zunehmend häufiger wurden Fragebogen nun von Psychologen auch in der Grundlagenforschung eingesetzt, um Persönlichkeitsausprägungen zu kategorisieren. Manche Forscher kamen auf zwei grundlegende Faktoren, andere gleich auf 16. Jeder Psychologe, der etwas auf sich hielt, entwickelte ein eigenes Verfahren mit zum Teil sehr unterschiedlichen Merkmalen.

All diese Modelle beruhten auf den subjektiven und mitunter höchst unterschiedlichen Annahmen der Forscher. Die daraus entwickelten Fragebögen konnten nur bestimmte Dimensionen der Persönlichkeit herausstellen – jene, die zuvor schon in den Fragen angelegt waren. Ob das aber die entscheidenden waren, wusste niemand letztgültig zu sagen, und es wurde auch nicht wissenschaftlich überprüft.

Ließe sich nicht ein stärker objektiver Zugang zu den Persönlichkeitsmerkmalen finden? Womöglich über die

Sprache? Der Philosoph Ludwig Wittgenstein nannte die Sprache einmal ein »Abbild der Realität«. Sollte sich darin ein Schlüssel für die Persönlichkeit des Menschen finden?

Ganz abwegig war das nicht, denn worüber reden Menschen seit Jahrtausenden und rund um den Globus in allen Sprachen der Welt? Über ihre Befindlichkeit, über ihre Partner, Kinder, Freunde und Feinde. Insofern haben Menschen selbst die wichtigsten Aussagen über Persönlichkeitsmerkmale zusammengestellt.

Unter diesen finden sich unzählige Adjektive, die persönliche Eigenarten beschreiben, wie großzügig, engstirnig, gesellig, umgänglich, zurückgezogen, herrschsüchtig und und und. Eine Auswertung des *Webster's New International Dictionary* ergab in den 1930er-Jahren, dass unter den dort aufgeführten Wörtern – etwas mehr als eine halbe Million – fast 18 000 Begriffe verzeichnet waren, die Eigenarten von Menschen beschreiben.

Gleichzeitig ist Sprache in der Lage, mit Begriffen bestimmte Eigenschaften zu bündeln: Wenn also jemand ehrlich ist und eher still, dabei aber auch noch zuverlässig, dann kann man ihn als seriös bezeichnen. Würden sich auf diese Weise womöglich Persönlichkeitsmerkmale kategorisieren und kondensieren lassen – zu den wichtigsten psychologischen Merkmalen eines jeden Menschen?

Ein US-Psychologe machte sich an diese wahre Sisyphusarbeit: Aus den 18 000 Begriffen wählte er 4500 aus und bündelte sie zu 171 Wortgruppen. Dann suchte er sich Probanden und bat sie, mit den Begriffen andere Personen zu beschreiben. Am Ende stieß er auf 16 wichtige Persönlichkeitsfaktoren, um die es immer wieder ging: darunter emotionale Stabilität, Dominanz, Selbstgenügsamkeit und logisches Schlussfolgern. Fünf der 16 Merkmale ähneln schon recht deutlich den heutigen Big Five.

Jetzt fehlte nur noch ein kleiner Schritt. Und den vollzogen zwei Psychologen der amerikanischen Luftwaffe. Sie baten Offiziersanwärter und Offiziere, sich gegenseitig einzuschätzen, und zwar anhand einer Liste von 20 Eigenschaftswörtern. Doch die Männer nutzten die angebotene Vielfalt der 20 Adjektive gar nicht; letztlich beurteilten sie ihre Kameraden anhand von nur fünf Faktoren. Als die Psychologen den Versuch mit Studenten wiederholten, standen wiederum dieselben fünf Faktoren im Mittelpunkt.

1961 schließlich veröffentlichten die Militärpsychologen ihre Ergebnisse in einer internen Publikationsreihe. Womöglich hätten sie für lange Zeit dort vor sich hingeschlummert, wenn nicht der Psychologe Warren Norman mehr oder weniger zufällig auf die Arbeit gestoßen wäre. Die Liste der Eigenschaften übernahm er jedoch nicht einfach, sondern kontrollierte alles noch einmal akribisch nach: So ließ er nochmals einige Hundert Probanden sich selbst anhand der Begriffe beschreiben. Und stieß am Ende dennoch auf dieselben magischen fünf Faktoren wie die Militärpsychologen zuvor: Offenheit für neue Erfahrungen, emotionale Stabilität, Gewissenhaftigkeit, Verträglichkeit sowie Extraversion (das Gegenteil von Introvertiertheit). Auch andere Wissenschaftler prüften die Aussagekraft der Faktoren nach, so etwa der US-Psychologe Lewis Goldberg. Er war es schließlich auch, der in den 1980er-Jahren maßgeblich den Begriff » Big Five « prägte.

Seit einigen Jahren hat sich dieses Konzept der Persönlichkeitstypisierung durchgesetzt. Der US-Entwicklungspsychologe Paul Costa hat mit seinem Kollegen Robert McCrae auf der Grundlage dieses Modells einen international gebräuchlichen Persönlichkeitstest für Erwachsene und Jugendliche entwickelt. Der Big-Five-Test ist ein auf den ersten Blick simpler Fragebogen, der sich mit entscheidenden Grundzügen der Persönlichkeit beschäftigt – und dazu dient, sich selbst besser einschätzen zu können.

»Die Big Five«, sagt Paul Costa, »sind eine umfassende Landkarte der menschlichen Persönlichkeit. Sie sind Persönlichkeitsmerkmale, die Unterschiede im Denken, Fühlen und Verhalten beschreiben. Sie charakterisieren das Individuum und unterscheiden eine Person von der nächsten.«

Die Big Five haben sich sogar interkulturell bewährt. In den Niederlanden, in Deutschland und in Italien, später auch in Indien, China und Japan wurden Wörterbücher zurate gezogen, Eigenschaftswörter extrahiert und gewichtet und schließlich Probanden zur Beschreibung der eigenen und anderer Persönlichkeiten vorgelegt. Immer fiel das Ergebnis ähnlich aus.

Heute ist weithin anerkannt, dass die fünf Faktoren einen Großteil aller individuellen Persönlichkeitsmerkmale umfassen. Für Lewis Goldberg ist das Fünf-Faktoren-Modell für die Persönlichkeit das, was das Periodensystem der Elemente für die unbelebte Materie ist – also eine quasi naturgesetzliche Gegebenheit. Das ist sicher übertrieben, zumal der Mensch eben nicht so vorhersehbar funktioniert wie ein Atom. Aber die Big Five sind zweifellos das bislang gängigste, praktikabelste und erfolgreichste Persönlichkeitsmodell, um dem Ich des Menschen auf die Spur zu kommen.

Im Folgenden werden die fünf Faktoren einzeln vorgestellt. Dabei geht es um Verhaltensweisen, die sich auf einem Kontinuum zwischen zwei ausgeprägten Polen befinden. Wo auf diesem Kontinuum sich ein Mensch einordnet, sagt einiges über ihn aus, wie er im Alltag zurechtkommt, mit sich selbst und anderen Menschen. Kurz gesagt: Die Big Five beschreiben, welche grundlegenden Eigenschaften unsere Persönlichkeit ausmachen.

1. Extraversion

Hohe Ausprägung: Extravertierte Personen sind eher gesellig, aktiv, gesprächig, personenorientiert, optimistisch, heiter, lieben Aufregung, gehen gerne aus sich heraus.

Geringe Ausprägung: Introvertierte Personen sind eher zurückhaltend, können gut allein sein, sind reserviert, bleiben im Hintergrund, meiden Aufregung und große Gruppen.

Typische Berufe bei hoher Ausprägung: Politiker, Manager, Vertreter, Entertainer.

Wer extravertiert ist, dem sieht man das oft schon auf den ersten Blick an. Die Energie einer solchen Person richtet sich nach außen, auf ihr Gegenüber. Solche Menschen sind meist in jeder Umgebung energisch, aktiv und selbstbewusst. Der Begriff Erlebnishunger charakterisiert sie recht gut: Die Suche nach dem nächsten Kick ist ihr Bestreben, Risiken nehmen sie dafür gerne in Kauf, ob im Survival-Urlaubscamp oder bei einem erotischen Abenteuer. Der Extravertierte ist allerdings nicht nur gesellig und ein wenig oberflächlich, sondern vor allem von einer heiteren Grundstimmung geprägt. Andererseits ist er meist aber auch kämpferisch und durchaus aggressiv.

Der Introvertierte ist dagegen mit seiner inneren Erlebniswelt beschäftigt. Er orientiert sich weniger an Tatsachen als an seiner Ideenwelt. Nach außen hin wirkt er meist distanziert und abwartend, was aber nicht heißt, dass er nicht mit anderen Menschen mitfühlt; er zeigt es nur nicht so offen. Er ist auch nicht generell passiv: Im gewohnten Umfeld, besonders in der Familie, kann er auch anders.

Womöglich sind die unterschiedlichen Verhaltensweisen auf spezielle Aktivierungsmuster im Gehirn zurückzuführen. Introvertierte reagieren demnach schon auf vergleichsweise schwache Außenreize und ziehen sich dann eher zurück. Extravertierte haben ein Gehirn, das nur schwer durch äußere Reize in Gang zu setzen ist – sie brauchen daher mehr Anstoß, um in Schwung zu kommen.

Eine besondere Seite der Extraversion ist die Geselligkeit dieser Menschen. Ursache dafür ist, wie Psychologen herausgefunden haben, vor allem ihr oft unbeschwertes Wesen. Das macht es ihnen leicht, neue Freundschaften zu knüpfen, auch wenn die nicht immer gleich sehr tief gehen müssen.

Extravertierte haben sozusagen ein Talent zum Glückserleben. Und sie verschaffen sich solche Situationen immer wieder selbst. Das zahlt sich in Situationen aus, in denen sie allein oder nur mit ihrem Partner zusammen sind: Dies können Extravertierte meist mehr genießen als Introvertierte. Ohnehin lassen sie sich ihre gute Laune nicht so leicht verderben, und sie haben ausgeprägte

Mechanismen der Selbstbelohnung, etwa mit ihrer Lieblingsmusik.

Dieses Grundmuster zeigte sich in einem Experiment, für das Extrovertierte und Introvertierte einen Ausschnitt aus dem Film »Das Leben ist schön« sahen, einer Tragikomödie, die in einem Konzentrationslager spielt. Vor dem Betrachten des Films unterschieden sich die Probanden in ihrer gefühlten Zufriedenheit kaum. Nach einigen Szenen, bei denen man nicht weiß, ob man eher weinen oder lachen soll, fragten die Forscher nach dem Befinden. Es stellte sich heraus, dass den Introvertierten die Szenen viel stärker aufs Gemüt geschlagen waren. Wahrscheinlich hatten die Extravertierten manche Szenen anders bewertet oder ihr Augenmerk eher auf die positiven Aspekte gerichtet.

Einen Trost für Introvertierte gibt es allerdings: Auch sie haben ihre extravertierten Momente. Und dann sind sie in besonders guter Stimmung, schon weil es die Ausnahme von der Regel ist. Sie machen oft die Erfahrung, dass eine willentlich herbeigeführte Situation, in der sie aus sich herausgehen, sie sehr zufrieden machen kann. So geschehen in einem Experiment, bei dem die introvertierten Teilnehmer spielerisch die Rolle eines Extravertierten übernehmen sollten. Tatsächlich schätzten sie sich dabei selbst im Vergleich zu ihrem Normalzustand als glücklicher ein und wurden auch von anderen so gesehen.

Lässt sich Extraversion also lernen – und kann man dadurch zu einem glücklicheren Menschen werden? Die Antwort lautet: im Prinzip ja. Das Problem ist, dass das grundlegende Persönlichkeitsmerkmal Extraversion zu einem Gutteil angeboren ist – was sich etwa hirnphysiologisch darin zeigt, dass ein Extrovertierter besser mit dem Botenstoff Dopamin versorgt ist und seine Emotionszentrale, der Mandelkern (Amygdala), in besonderem Maße ansprechbar ist.

Dennoch können Introvertierte sehr wohl dafür sorgen, dass sie die ganze Schwankungsbreite des eigenen Temperaments ausnutzen. Dass sich dadurch aber ihre Persönlichkeit gänzlich verändert, ist nicht anzunehmen.

2. Neurotizismus

Hohe Ausprägung: Emotionale Personen sind leicht beunruhigt, emotional sensibel, eher nervös, ängstlich, traurig, unsicher, verlegen und um ihre Gesundheit besorgt.

Geringe Ausprägung: Emotional stabile Personen sind eher belastbar, entspannt, ruhig, unempfindlich, sorgenfrei, ausgeglichen, durch nichts aus der Ruhe zu bringen und haben wenige subjektive körperliche Beschwerden.

Typische Berufe bei geringer Ausprägung: Pilot, Arzt.

Wer möchte schon ein Sensibelchen sein, ständig besorgt, nie zufrieden mit sich selbst? Wo sich der Extravertierte mit seinem Optimismus und Talent zum Glücklichsein selbst aus dem Sumpf zieht, drückt sich der Neurotiker gerne noch tiefer selbst hinein; denn der Mut hat ihn ohnehin schon verlassen.

Positiv gewendet, könnte man einen solchen Menschen auch als sehr empfindsam bezeichnen. Neurotiker haben gute Antennen für den Seelenschmerz anderer Menschen. Doch geht diese Eigenschaft mit einer großen seelischen Labilität einher, die zu ernsthaften Erkrankungen führen kann, wie Neurosen oder auch Depression.

Eine wichtige Rolle für eine solche Ausprägung spielt zum einen die Erziehung, vor allem wenn sie einem Kind Selbstständigkeit und Selbstvertrauen nimmt. Hinzu kommt aber eine genetische Komponente. So haben Menschen mit hoher neurotischer Ausprägung oft eine spezielle Variante des Serotonintransporter-Gens auf Chromosom 17, was dazu führt, dass das Gehirn im Übermaß mit dem Hormon Serotonin überflutet wird. Das Serotonin wirkt wiederum auf die Übertragung von Reizen im zentralen Nervensystem – und beeinflusst so emotionale Stimmungen. Man sollte es nicht als Angstgen bezeichnen, aber es erhöht die Aktivität des Angstzentrums im Gehirn. Solche Menschen reagieren zum Beispiel emotional viel heftiger auf Gesichter, die einen Ausdruck des Schreckens zeigen.

Zu allem Unglück sind neurotisch veranlagte Menschen nicht nur anfälliger für psychische, sondern auch für körperliche Leiden. Ihre Fitness ist generell geringer als die von emotional stabilen Menschen, auch ihr Gesundheitszustand ist schlechter. Ob Bluthochdruck, Bandscheibenleiden, Zahnschmerzen, Schlafstörungen oder Schwindelgefühle – laut einer deutschen Studie waren neurotische Menschen davon jeweils stärker betroffen als emotional sehr stabile.

Eine Ursache dafür ist vermutlich das Stresshormon Kortisol, das bei solchen Menschen in großen Mengen in der Nebennierenrinde ausgeschüttet wird. Kortisol fördert nicht nur Depressionen, sondern macht offenbar auch insgesamt krankheitsanfälliger – indem es das Immunsystem schwächt. Auch erhöht es den Blutzuckerspiegel und bewirkt, dass sich Fette vor allem im Bauchraum und um die Organe anlagern, was gesundheitlich bedenklicher ist als an anderen Stellen (siehe auch Kapitel 9).

Zudem führt ein hoher Kortisolspiegel recht häufig zu Schlafproblemen. Nachts wird dann lange gegrübelt, und am Tag ist man umso müder, was zu Konzentrations- und Motivationsproblemen führt. Ein Teufelskreis kommt in Gang. Viele Menschen tragen das Problem schon seit der Kindheit mit sich herum, wie Schweizer Forscher entdeckten. Demnach ist schlechter und nicht erholsamer Schlaf oft die Folge einer unsicheren Persönlichkeit.

Auch mit ihrem Berufsleben sind stärker neurotische Menschen eher unzufrieden als andere. Da sie sehr empfindsam sind, wählen sie häufig therapeutische Berufe oder Pflegeberufe.

Wer hingegen einen niedrig ausgeprägten Neurotizismuswert aufweist, darf sich glücklich schätzen und zählt häufig zu jenen, die in der Fachwelt als »resilient« bezeichnet werden. Das sind Menschen, die trotz schwerer Schicksalsschläge ihren Weg gehen und sich nicht unterkriegen lassen. Die US-Psychologin Emmy Werner hatte das Phänomen als Erste erforscht, an auf Hawaii geborenen Kindern, die zum Teil aus zerrütteten Familien kamen.

Im Zuge ihrer Untersuchungen fand sie heraus, dass ein Drittel dieser Kinder sich zu selbstsicheren, leistungsfähigen Erwachsenen entwickelte. Was zeichnete sie aus? Emmy Werner stellte zum Beispiel fest, dass sie in der Schule sehr kommunikativ waren und es auch geschafft hatten, wichtige Kontakte außerhalb ihres problematischen Umfelds aufzubauen – ein Zeichen von Extraversion.

Und vor allem: Sie waren von Geburt an freundlich, aktiv, gutmütig und kaum aus der Ruhe zu bringen, offenbar eine genetische Anlage. Darüber hinaus waren sie überzeugt davon, dass sie ihr Leben positiv beeinflussen können, hatten das Gefühl, etwas zu taugen. Sie waren im besten Sinne un-neurotisch. Der deutsche Psychologe Friedrich Lösel kam übrigens in einem ganz anderen kulturellen Kontext – in Deutschland – auf genau dieselben Schutzfaktoren wie Emmy Werner auf Hawaii.

Lässt sich diese Einstellung erlernen? Allenfalls in Grenzen. Denn aus einem neurotischen, unsicheren Menschen lässt sich kein ausgeglichener, selbstsicherer Zeitgenosse machen. Bei Kindern jedoch werden zum Beispiel durch einen strukturierten Alltag und Bezugspersonen neben den Eltern wichtige Grundpfeiler für eine gute Entwicklung gesetzt.

Keinesfalls darf Kindern indessen alles abgenommen werden, denn das kann zu dem führen, was Psychologen erlernte Hilflosigkeit nennen. Gut dosierter Stress hingegen kann stark machen: Aufgaben, an denen man wachsen kann, Herausforderungen, die ein Kind gut, aber nicht zu leicht bewältigen kann. Auch das frühzeitige Übertragen von Verantwortung, etwa für jüngere Geschwister oder Haustiere, gehört dazu, solange sie richtig dosiert ist.

In Konzepte gegossen, finden sich solche Ansätze in Kursen wie »Starke Eltern – starke Kinder« vom Deutschen Kinderschutzbund oder beim Präventionsprogramm »Faustlos«, das auch an Schulen gelehrt wird. Dabei geht es vor allem um Empathieförderung, Impulskontrolle, Umgang mit Ärger und Wut, was in Rollenspielen trainiert wird. Für Erwachsene können sich

Stressmanagementprogramme anbieten oder Entspannungsübungen.

Allerdings darf man auch hierbei nicht hoffen, seine Persönlichkeit grundlegend ändern zu können.

3. Verträglichkeit

Hohe Ausprägung: Verträgliche Personen sind eher altruistisch, verständnisvoll, wohlwollend, einfühlsam, hilfsbereit, harmoniebedürftig, kooperativ, nachgiebig, umgänglich, passiv, mitfühlend und gutmütig.

Geringe Ausprägung: Unverträgliche Personen sind eher wettbewerbsorientiert, rivalisierend, widerspenstig, kritisch, misstrauisch, aggressiv, skeptisch und unsentimental.

Typische Berufe bei hoher Ausprägung: Dienstleistungsberufe wie Krankenpfleger oder Kindergärtnerin.

Die unterschiedlichen Facetten des Persönlichkeitsmerkmals Verträglichkeit lassen sich schon bei Kindern nachweisen.

Betrachtet man die Merkmale einer hohen Ausprägung, denkt man unwillkürlich an einen Menschen mit gutem Charakter. Sie beschreiben allesamt Fähigkeiten, die es ihm ermöglicht, gut mit anderen Menschen zurechtzukommen, ob in der Familie, am Arbeitsplatz oder im Verein. Seine Kooperationsbereitschaft ist hoch, anderen begegnet er grundsätzlich erst einmal mit Wohlwollen – und unterstellt ihnen eher Gutes als Schlechtes. Oft wird er dann auch entsprechend gut behandelt und gemocht. Problematisch wird es nur, wenn die Offenheit in Vertrauensseligkeit umschlägt.

Sowohl sehr verträgliche als auch sehr unverträgliche

Menschen wissen um ihre Besonderheit. Selbst die Unverträglichen kaschieren sie nicht. Auch wenn – wie in einer Studie geschehen – ein Versuchsleiter sie zu beeinflussen versucht, vertreten unverträgliche Menschen ihre Einstellung offensiv und versuchen sich nicht verträglicher darzustellen, als sie sind. Für sie ist Leben eben ein Kampf.

Ein besonderer Fall sind Psychopathen, deren Unverträglichkeit extrem hoch ausgeprägt ist. Ein Psychopath kann seine Gefühle und besonders seine Aggressivität gut kontrollieren – so gut, dass sein Gegenüber dies oft nicht auf den ersten Blick bemerkt. Psychopathen brüllen nicht herum, sie machen andere Menschen meist auf eine eiskalte Art und Weise fertig, mit einem Lächeln auf den Lippen.

Gesund ist die Charaktereigenschaft Unverträglichkeit nicht. Der Organismus läuft dabei ständig auf Hochtouren, und wer das Gefühl des Ärgers dauerhaft mit sich herumträgt, erhöht seinen Blutdruck und unweigerlich auch das Risiko für Herz-Kreislauf-Erkrankungen. Selbst der Gedanke an ein ärgerliches Ereignis kann bei solchen Menschen zu einem deutlicheren Anstieg des Blutdrucks führen als bei friedlich gestimmten Menschen.

Notorisch feindselige und zum Zynismus neigende Zeitgenossen scheinen sogar überdurchschnittlich häufig am Herzen zu erkranken. Beruflich sind solche Menschen übrigens nicht unbedingt erfolgreicher als andere. Bei der Teamarbeit steht ihnen ihr Verhalten im Weg. Allerdings sind sie überdurchschnittlich ehrgeizig und konkurrierend.

Unterschiedlich reagieren sehr verträgliche und sehr unverträgliche Menschen auf Gewalt in Computerspielen. In einer Studie hat sich herausgestellt, dass Letztere durch solche Spiele aggressiver werden, Erstere aber nicht. Im Gegenteil, sie wurden sogar sanfter gestimmt. Alle Probanden mussten nach dem Computerspiel andere »bestrafen«, wobei die Strafen der Verträglichen milder ausfielen, wenn sie zuvor am Rechner gespielt hatten. Die unverträglichen Zeitgenossen wurden durch dieselben Reize noch aggressiver.

Wahrscheinlich ist dieser Befund auch eine Erklärung dafür, dass Studien oft zu ganz unterschiedlichen Ergebnissen kommen, wenn es um die Folgen von Computerspielen für die Gewaltbereitschaft geht.

4. Gewissenhaftigkeit

Hohe Ausprägung: Gewissenhafte Personen sind eher diszipliniert, zuverlässig, pünktlich, ordentlich, pedantisch, penibel, zielstrebig und anspruchsvoll.

Geringe Ausprägung: Nicht gewissenhafte Personen sind eher unbeschwert, nachlässig, locker, gleichgültig, unzuverlässig, unbeständig, unsystematisch und handeln ungeplant.

Typische Berufe bei hoher Ausprägung: Beamter, Ingenieur.

Handelt es sich bei der Gewissenhaftigkeit nicht bloß um eine Sekundärtugend? Nein, denn nach allem, was Psychologen wissen, ist sie mehr als das: eine echte Charaktereigenschaft. Schließlich geht es nicht um Angepasstsein oder Kadavergehorsam, sondern um Persönlichkeitsmerkmale, die eine wichtige Rolle für die allgemeine Lebenstüchtigkeit spielen.

Nur wer gewissenhaft ist, schafft es, sich durch Ausdauer und Beharrungsvermögen durch die Fährnisse des Alltags zu steuern. Gewissenhafte Menschen sind nicht nur diszipliniert und lassen sich wenig ablenken, sie sind auch meist leistungsorientiert und effizient bei dem, was sie tun. Haben sie erstrebenswerte Ziele für sich entdeckt, so halten sie auch gegen Widerstände an ihnen fest. Auch schaffen sie es, für langfristige Ziele momentane Bedürfnisse und Impulse aufzuschieben.

Kein Wunder, dass dieses Persönlichkeitsmerkmal mehr als alle anderen etwas über den beruflichen Erfolg aussagt. Vorgesetzte halten viel von gewissenhaften Menschen, und diese liefern auch die besten Arbeitsergebnisse ab. Wenn sich allerdings Gewissenhaftigkeit mit hohem Neurotizismus paart, kann der Betreffende es mit seinem Arbeitseinsatz übertreiben; mitunter fühlt er sich von seiner Arbeit getrieben und kennt nichts anderes mehr als die Erfüllung im Beruf.

Dass sich nichtneurotische, aber gewissenhafte Menschen in Paarbeziehungen leichter tun, überrascht nicht. In einer amerikanischen Studie mit Jungverheirateten stellten Frauen gewissenhaften Partnern deutlich bessere »Zeugnisse« aus. Sie schätzten nicht nur deren Zuverlässigkeit, sondern waren auch von ihren intellektuellen und körperlichen Vorzügen angesprochen.

Das könnte daran liegen, vermutet der Psychologe Thomas Saum-Aldehoff, dass Gewissenhafte zumeist mehr Sport treiben und es wahrscheinlich auch mit der körperlichen Hygiene genauer nehmen. Männern war die Gewissenhaftigkeit ihrer Frauen zwar auch wichtig, aber längst nicht so wichtig wie Frauen die der Männer.

Als einziger der Big-Five-Faktoren sagt die Gewissenhaftigkeit auch etwas über die persönliche Lebenserwartung aus: Gewissenhafte kümmern sich intensiver um ihre Gesundheit. Sie bewegen sich mehr, essen gesünder, rauchen und trinken nicht viel und meiden gefährliche Situationen. Darüber hinaus gehen sie zum Arzt, wenn sie sich unwohl fühlen. Auch sind sie bereitwilliger, den ärztlichen Ratschlägen zu folgen, und legen zum Beispiel die verschriebenen Medikamente nicht einfach beiseite.

Das hat erstaunliche Folgen, wie eine Untersuchung der Nationalen Gesundheitsbehörden der USA zeigte: Ärzte nahmen mehr als 1000 Senioren für einige Jahre genau unter die Lupe. Von den Gewissenhaften starben in den drei Folgejahren nur halb so viele Menschen wie von den Nachlässigen. Das, so die Forscher, entspreche einem Vorsprung in der Lebenserwartung, wie ihn 65- bis 74-jährige Rentner gegenüber 85- bis 100-jährigen Greisen hätten, und komme somit einer »Verjüngung« um rund 20 Jahre gleich.

Auch bei diesem Merkmal wirken Einflüsse der Gene und der Umwelt gleichermaßen auf den Einzelnen. Gewissenhaftigkeit ist ein Aspekt der Persönlichkeit, der sich schon früh im Leben feststellen lässt und damit ebenfalls ein zum Teil angeborenes Merkmal ist. Wenn ein Bruder Leichtfuß allerdings in einer stabilen Umgebung aufwächst, kann dies durchaus positiv auf ihn abfärben. Genauso aber kann ein chaotisches Umfeld die Gewissenhaftigkeit eines Menschen beeinträchtigen.

5. Offenheit für neue Erfahrungen

Hohe Ausprägung: Offene Personen sind wortgewandt, phantasievoll, aufgeschlossen für neue Ideen, politisch eher liberal, kreativ, experimentierfreudig, vielfältig interessiert, intellektuell und kultiviert.

Geringe Ausprägung: Konventionelle Personen lieben Fakten, bleiben beim Bekannten und Altbewährten, sind bodenständig, politisch konservativ, traditionsbewusst, sachlich, realistisch und eher festgelegt in der Art, wie sie Dinge anpacken.

Typische Berufe bei hoher Ausprägung: Künstler, Wissenschaftler.

Die Neugier ist dem Menschen angeboren, sonst hätte er seine steinzeitliche Höhle bis heute allenfalls zum Jagen und Sammeln verlassen, nicht aber, um zum Mond aufzubrechen. Der Grad der Neugier ist von Mensch zu Mensch jedoch ganz unterschiedlich ausgeprägt. Offenheit ist die einzige Persönlichkeitsdimension, die auch etwas über den Intellekt aussagt. Weil sich der Erfahrungshorizont der Stubenhocker bekanntlich nicht von alleine erweitert, schneiden Menschen mit großer Offenheit in Intelligenztests meist überdurchschnittlich gut ab. Ihre geistige Wachheit, ihr Interesse an kulturellen Dingen und politischen Zusammenhängen kommt ihnen dabei zugute.

Kinder mit großer Offenheit haben oft einen vergleichsweise hohen Notendurchschnitt. Doch den haben sie aus einem anderen Grund als etwa sehr gewissenhafte Kinder. Bei ihnen kommt die Motivation von innen, sie möchten die Welt verstehen, das Fremde, Unbekannte begreifen. Gewissenhafte Menschen dagegen lernen, weil sie auf bestimmte von außen vorgegebene Ziele wie gute Noten oder Abschlüsse hinarbeiten; für sie ist das Lernen eher Mittel zum Zweck. Daher sind sie auch im Vorteil, wenn zum Beispiel in der Schule der Unterricht sehr langweilig ist. Erfahrungsoffene Kinder schalten ab, wenn ihr Interesse nicht geweckt ist.

Ist das Merkmal Offenheit gering ausgeprägt, endet das Interesse solcher Menschen oft schon an der Gartenpforte oder an der Grenze ihres Kulturkreises. Feste Regeln sind ihnen wichtig, Unvorhergesehenes mögen sie nicht. Offene Menschen würden sie als ein wenig engstirnig bezeichnen oder kleinkariert.

Eine Frage allerdings lässt sich noch nicht letztgültig beantworten: Sind Menschen intelligent, weil sie offen sind – oder sind Menschen offen, weil sie intelligent sind?

Biologisch könnte für diesen Persönlichkeitsaspekt ein spezieller Bereich der Hirnrinde, der vordere Bereich des cingulären Cortex, eine wichtige Rolle spielen. Diese Region gilt als ein Detektor für Neues. Dort werden Eindrücke emotional bewertet und die Lust geweckt, auf Entdeckertour zu gehen. Aber anscheinend unterscheiden sich offene Menschen von extravertierten Menschen, die auch gerne etwas Neues erleben. Während Letztere eher die laute neue Erfahrung in einem Vergnügungspark suchen, würden sich Erstere wohl lieber für die intellektuelle Stimulanz in einem Museum entscheiden.

Neugierige Menschen schauen sich das Neue aber nicht nur gerne an. Sie reden auch darüber und bewerten innerlich, ob sie etwas gut oder schlecht finden. Dementsprechend können sie sich schnell für Dinge begeistern – oder sie vehement ablehnen. Da sie einen weiten Horizont haben, können sie aber durchaus die Meinungen anderer Menschen zulassen. Das drückt sich auch in politischen Vorlieben aus, wie mehrere Studien zeigen: Demnach neigen sie seltener autoritären Weltbildern zu und sehen sich oft als liberale oder undogmatische Linke. Bedingungsloser Gehorsam, wem auch immer gegenüber, geht ihnen gegen den Strich.

Wenn allerdings die Offenheit gegenüber Neuem grenzenlos ist, droht Gefahr: Dann ist das Unterbewusste offen für jegliche Außenreize, und in alles wird etwas hineingedeutet. So haben solche Menschen häufig ein offenes Ohr für esoterische Welterklärungen und magische Vorstellungen – was sich in Einzelfällen auch zu einer Vorstufe von Wahnzuständen oder einer Paranoia entwickeln kann.

Im Extremfall ist der Einzelne den Außenreizen schutzlos ausgeliefert und kann sie gar nicht so schnell verarbeiten, wie sie auf ihn einstürmen. So wundert es nicht, dass Menschen mit großer Offenheit Forschern berichten, dass sie häufig Déjà-vu-Erlebnisse haben, sehr empfänglich für die Gefühle anderer Leute sind oder der Übergang von der Schlaf- zur Wachphase oft recht lange dauert. Einfach weil sich viele Bewusstseinsinhalte überschneiden und nicht klar voneinander getrennt werden.

Die Darstellung der fünf großen Persönlichkeitsmerkmale ist sicherlich etwas vereinfachend. Denn sie lässt zum Beispiel außer Acht, dass Menschen nicht nur mehr oder weniger extravertiert oder mehr oder weniger offen sind, sondern dass sich bei ihnen die fünf Aspekte in verschiedenen Ausprägungen zeigen. Erst das macht letztlich ihre Einzigartigkeit aus.

Am interessantesten sind daher die vielfältigen Kombinationen zwischen zwei oder sogar mehreren Faktoren: So sind Künstler meist offen für neue Erfahrungen – aber ihre Erfolgsaussichten sind größer, wenn sich die Offenheit mit der Fähigkeit zur Beharrlichkeit paart. Wer nach fünf genialen Pinselstrichen alles in die Ecke legt und wieder von vorne anfängt, kommt zu nichts und wird kaum seinen Lebensunterhalt mit künstlerischer Arbeit verdienen können. Eine hohe Ausprägung von Gewissenhaftigkeit wird auch dem kreativsten Künstler helfen, am Ball zu bleiben und immer wieder neue Werke hervorzubringen.

Ein anderes Beispiel: Wann lässt sich bei einem Menschen von großer Schüchternheit sprechen? Dafür reicht es nicht, wenn jemand introvertiert ist. Introvertierte haben nicht zwangsläufig Angst, auf andere zuzugehen, ihnen liegt nur nicht so viel daran. Anders, wenn ein Introvertierter auch ein hohes Maß an Neurotizismus aufweist, wenn er Angst davor hat, sich in der Gesellschaft anderer auszutauschen. Dann kommt es zur ausgesprochenen Schüchternheit.

Ein holländischer Persönlichkeitspsychologe hat sich einmal die Mühe gemacht, Dutzende von Eigenschaftswörtern als Kombination von Aspekten der Big Five zu beschreiben und in eine Matrix zu übertragen: Wer sich selbst als diplomatisch sieht, erfährt, dass ihn eine hohe Verträglichkeit bei gleichzeitig großer Offenheit auszeichnet. Wer oft inkonsequent ist, lernt, dass sich bei ihm eine geringe Gewissenhaftigkeit mit einem eher hohen Neurotizismus paart. Unbekümmert ist hingegen ein extrovertierter Mensch, der nicht sehr gewissenhaft ist. Kokett ist jemand, dessen Wert für Neurotizismus hoch ist und der gleichzeitig extravertiert ist, traditionell jemand, der sehr gewissenhaft ist, aber wenig Offenheit aufweist. (Abgedruckt findet sich die komplette Matrix bei Thomas Saum-Aldehoff, *Big Five. Sich selbst und andere erkennen.*)

Kombiniert man mehr als zwei, drei Merkmale der Big Five, wird es rasch unübersichtlich, und man erhält ein sehr feines Raster der Persönlichkeitsausprägungen. Letztlich in so feinen Variationen, wie sich der eine Mensch vom anderen unterscheidet. Tatsächlich ist jeder einzigartig – aber die Bestandteile der Einzigartigkeit leiten sich aus einem festen Satz an Eigenschaften ab. Eben den Big Five.

Wer einen der hier aufgeführten Tests im Internet absolviert, erhält ein komplettes Profil. So kann er oder sie feststellen, in welchen Bereichen er oder sie eher im Durchschnitt liegt und bei welchen es Ausreißer in die eine oder andere Richtung gibt:
http://www2.psychologie.hu-berlin.de/psytests/ffm/
http://de.outofservice.com/bigfive/

Was lässt sich nun durch einen solchen Test konkret herausfinden? Das Ergebnis spiegelt nicht nur den Charakter und die Persönlichkeitsstruktur wider, sondern auch die Sichtweise der eigenen Person. Der Test kann jedoch nur so zutreffend sein, wie die oder der Ausfüllende bereit ist, so ehrlich und genau wie möglich Auskunft zu geben. Schließlich basiert der Test auf nichts anderem als der Selbsteinschätzung und Selbstbeschreibung. Aus diesem Grund ließe sich vermuten, dass ein wenig gewissenhafter Mensch zu einem nicht ganz so zuverlässigen Testergebnis kommt.

Sicherlich haben die Ergebnisse keinen Absolutheitsanspruch. Sie zeigen die relative Ausprägung der individuellen Merkmale im Vergleich zu Tausenden anderen Menschen, die diesen Test bereits absolviert haben. Wenn also beispielsweise die Verträglichkeit sehr gering ausgeprägt ist, dann heißt das, dass dieses Merkmal bei 97 Prozent der Bevölkerung stärker ausgeprägt ist, dass demnach 97 von 100 Menschen verträglicher sind als Sie selbst. Wenn umgekehrt ein Merkmal wie Extraversion sehr stark ausgeprägt ist, dann heißt das, dass 97 von 100 Menschen weniger extrovertiert sind als Sie selbst.

Oft wird ein solcher Test Sie sicher darin bestätigen, was Sie sich ohnehin schon über sich gedacht haben. Aber das Ergebnis kann einem die Gewissheit geben, dass es tatsächlich so ist und nicht etwa einem überzogen guten oder schlechten Bild von sich selbst entspricht.

Erhalten Sie in dem ein oder anderen Punkt ein Ergebnis, das Ihren Erwartungen völlig widerspricht, dann kann das zwei Ursachen haben: Womöglich sind die Fragen nicht immer nach bestem Wissen und Gewissen beantwortet worden. Oder Sie haben sich womöglich Illusionen über sich gemacht, positive oder negative. Vielleicht haben Sie sich ja tatsächlich für offener gehalten, als Sie sind. Das kann dann der Fall sein, wenn Sie in einer Umgebung leben, die generell durch wenig Offenheit geprägt ist; dann kommt Ihnen womöglich schon als Offenheit vor, was in einem größeren Zusammenhang anders bewertet wird.

Oder Sie hatten sich für ein wenig schludrig gehalten, erhalten aber das Ergebnis, dass Sie recht gewissenhaft sind. Womöglich arbeiten Sie in einer Behörde, in der Ihre Kollegen extrem gewissenhaft sind – und Ihre wahrgenommene Abweichung kommt Ihnen als Schludrigkeit vor, obwohl sie es gar nicht ist, wenn man sie mit ganz anderen Menschen vergleicht.

Gewisse Erkenntnisse über die wichtigsten Persönlichkeitsaspekte lassen sich bereits herausfinden, wenn Sie sich nur einmal Ihre ästhetischen Vorlieben einmal genau anschauen: Wer etwa ein Fan impressionistischer Künstler ist, hat wahrscheinlich einen recht gewissenhaften und verträglichen Charakter; die Offenheit für neue Erfahrungen allerdings hält sich in Grenzen. Und wer die Kubisten sehr schätzt, ist mit großer Wahrscheinlichkeit extravertiert. Entdeckt hat diese Zusammenhänge ein Forscherteam der University of London im Jahr 2009; dafür haben rund 90 000 Menschen online einen Persönlichkeitstest absolviert und dann 24 Gemälde bewertet.

Auch früher schon sind Wissenschaftler auf ähnliche Zusammenhänge gestoßen. So lassen Bücher über Politik und Witzesammlungen im Bücherschrank angeblich auf eine eher geringe Offenheit für neue Erfahrungen schließen; während Kunst- und Lyrikbände, die Vorliebe für klassische Literatur und das Feuilleton einer Zeitung Anzeichen für große Offenheit sind. Wissenschaftliche Bücher und Magazine werden dagegen vor allem von Menschen mit großer Gewissenhaftigkeit gelesen. Emotional instabile Menschen konsumieren vergleichsweise viele Liebesromane. Extrovertierte Menschen, die immer wieder neue Reize brauchen, stehen oft besonders auf Free Jazz oder Rockmusik von Künstlern wie Marilyn Manson, auf Pop Art und Surrealismus; mit ruhiger Filmmusik und gegenständlicher Malerei können sie nichts anfangen.

Auch für die Beurteilung anderer Menschen gilt: Sage mir, was du magst, und ich sage dir, wer du bist! Selbst anhand einer CD mit den Lieblingssongs einer unbekannten Person können viele Menschen intuitiv erspüren, mit was für einer Persönlichkeit sie es zu tun haben. Mitunter also geben wir uns und anderen etwas über unser Ich preis, ohne dass uns dies immer sofort klar ist.

➤ Wer in Erfahrung gebracht hat, wie es um seine fünf Hauptpersönlichkeitsmerkmale steht, ist schon ein gutes Stück vorangekommen auf dem Weg der Selbsterkenntnis. Und doch gibt es noch viele andere Möglichkeiten, seinem Selbst näher zu kommen. Wie, das zeigen die nächsten Kapitel.

2 Wo stehe ich?

Warum die Familie das Zentrum unseres Daseins ist • Familientherapie und Familienskulptur – tiefe Einblicke ins Ich

»*Familien sind autopoietische Systeme mit ausgeprägter Interdependenz und sozialer Verflechtung der Angehörigen unterschiedlicher Generationen, die lernfähig und flexibel in der Gestaltung ihrer Strukturen sind.*«

Herrje, was will uns der Autor damit sagen? Tatsächlich, so kompliziert können Experten schreiben. Und doch wollen sie, auch wenn man es nicht so recht versteht, etwas Wichtiges sagen. Etwa: Familie ist kein Schicksal. Und: Wir können Beziehungen untereinander gestalten und dabei viel über uns lernen.

Wie zum Beispiel durch eine sogenannte Familienskulptur, einer besonderen Form der Familientherapie. Wie zum Beispiel im Fall von Claudia Haase, die natürlich in Wirklichkeit anders heißt.

Auf den ersten Blick wirkt die 46-Jährige wie die Lebenslust schlechthin: hell gefärbte Haare, riesige Ohrgehänge, bordeauxrote Stiefel; die Worte sprudeln nur so aus ihr heraus. Ihre Augen indessen blicken müde. Schon lange hat sie das Gefühl, ausgebrannt zu sein. Selbst zu ihren Lieblingssportarten findet sie keine Energie mehr. Immer niedergeschlagener fühlt sie sich – und sucht schließlich Hilfe in einer Klinik für Psychotherapie und Psychosomatik. Die Ärzte dort diagnostizieren eine Depression, verbunden mit Selbstmordgedanken.

Claudia Haase ahnt schon länger, was die Ursache ihrer Erkrankung ist: ihre Mutter. Aber so richtig klar geworden ist ihr das bislang nicht. Dabei führt Claudia Haase schon seit Jahrzehnten ihr eigenes Leben, ist in zweiter Ehe glücklich verheiratet und hat erwachsene Kinder, arbeitet seit vielen Jahren als Lehrerin und liebt ihren Beruf immer noch. Eine gestandene Frau also.

Aber sie sagt auch Sätze wie: »Ich muss endlich einen Weg finden, mit dem fehlenden Interesse meiner Mutter an mir umzugehen und mit ihrem narzisstischen Verhalten.« Ihre Mutter sei immer sehr ichbezogen gewesen. Ihr Mann habe sie »auf ein Podest« gestellt – und das fordere sie auch von ihrer Tochter ein. Unterstützung habe sie von ihrer Mutter selbst in schwierigen Zeiten nicht erfahren – ganz anders als deren Enkel. Sie habe immer nur funktionieren und erfolgreich sein müssen.

An einem Morgen sitzt sie mit sieben Männern und fünf Frauen in einem Dachzimmer der Klinik. Gemeinsam sollen sie eine Familienskulptur für Claudia Haase bauen. Die Frau dirigiert ihre Mitpatienten, nimmt sie als Platzhalter für Eltern, Schwiegereltern, Kinder und andere Verwandte und weist ihnen einen Platz im Raum zu. Sie erklärt ihnen, wie alt die Person ist, die sie darstellen sollen, und in welcher Lebenssituation sie sich befindet.

Ein Therapeut spricht dann reihum mit den Patienten, fragt, welchen Eindruck sie von der Person haben, die sie spielen. Claudia Haase hört erst einmal nur zu.

Ein Mann fängt unvermittelt an zu weinen, weil ihn,

wie er sagt, die Situation an den eigenen Vater und die komplizierte Beziehung zu ihm denken lässt. Eine Frau gesteht später, dass auch ihr fast die Tränen gekommen seien, als sie Claudia Haases Verhältnis zur Mutter mit ihrem eigenen Mutter-Tochter-Verhältnis verglich. Die Darstellerin der Mutter sagt, sie sehe sich sehr am Rande positioniert; es gefalle ihr gar nicht, dass die Schwiegermutter aus erster Ehe von Claudia Haase viel näher bei ihrer Tochter stehe.

Tatsächlich hatte Claudia Haase ihre »Mutter« in weitem Abstand hinter ihrem Rücken platziert, um auszudrücken, wie emotional entfremdet sie sich von ihr fühlt. Nun holt der Therapeut die »Mutter« in den engeren Kreis und fragt, wie es ihr gehe. »Schon besser«, antwortet die Patientin.

Dann wendet er sich an Claudia Haase: »Dreh dich doch einmal um und fass deine Mutter an«, schlägt er vor. Unsicher geht Claudia Haase zu ihr und ergreift ihre Hände. Dann sagt sie einen versöhnlichen Satz, den die Gruppe zuvor für sie erarbeitet hatte: »Liebe Mutter, ich bin jetzt für dich da.« Beim ersten Mal sagt sie es zögerlich, ein bisschen erstaunt. Beim zweiten und dritten Mal schon etwas flüssiger. Fast scheint es, als habe sie begonnen, einen neuen Blick auf die Dinge zu werfen.

Mittlerweile liegt der Klinikaufenthalt mehr als zwei Jahre zurück. Zwar haben sich die Auseinandersetzungen mit ihrer Mutter nicht in Luft aufgelöst. Doch Claudia Haase kann erstmals halbwegs gelassen und ein Stück weit distanziert mit ihr umgehen. »Die Aufstellung hat mir zum ersten Mal richtig klargemacht, welche familiäre Konstellation sich hinter den Konflikten verbirgt. Ich habe erkannt, dass mein Burn-out eine Folge davon war«, sagt sie. Beruflich hat sie es geschafft, sich mehr abzugrenzen, sich zwar weiterhin zu engagieren, aber nicht mehr jede Sonderaufgabe freiwillig zu übernehmen. »Erfolg hat für mich nicht mehr den Stellenwert, den meine Mutter immer eingefordert hat«, sagt sie. »Ich weiß jetzt, dass nur ich selbst für mein Lebensglück verantwortlich bin.«

Vieles lässt sich über das eigene Ich erfahren, wenn man sich mit den Familienbanden beschäftigt. Erstaunlich ist das eigentlich nicht, steht doch die Familie im Zentrum eines jeden Menschen. »Nichts und niemand ruft so starke Gefühle hervor, und nichts ist manchmal so vernichtend wie Familie«, schreibt etwa der Therapeut Eia Asen. Selbst wenn heute jede dritte Ehe geschieden wird, weniger Kinder zur Welt kommen oder alte Menschen ins Heim abgeschoben werden – jeder und jede ist Teil eines komplizierten Systems familiärer Abhängigkeiten. Und die erstrecken sich durch die verlängerte Lebenszeit über viel mehr Jahre als zu früheren Zeiten.

Auch wenn wir heutzutage viel stärker als zu früheren Zeiten auf unsere Unabhängigkeit pochen – die Zwänge der Familie sind immer spürbar. Sogar über den Tod hinaus haben Familienmitglieder große Bedeutung: durch nicht ausgesprochene Konflikte mit den Lebenden, durch Vermächtnisse oder Verpflichtungen, selbst durch Vermögen. Auch wer alle familiären Bande abbricht, definiert sein Ich in gewisser Weise ganz besonders stark über die Familie. Und selbst wer seine Eltern nicht kennt, ist durch Schwangerschaft, Geburt und seine genetische Ausstattung lebenslang mit ihnen verbunden. Auch der seit 1960 fast dreimal so große Anteil der Single-Haushalte hat daran nichts geändert, noch immer wachsen Kinder in der Regel bei ihren leiblichen Eltern auf, werden alte Menschen gegen Ende ihres Lebens meist von Familienangehörigen versorgt.

Für Kinder entscheidet sich in der Familie, wie sie ins Leben starten, wie sie sich entwickeln. Wachsen sie auf dem Lande oder in der Stadt auf? Werden sie von den Eltern bestärkt oder kritisiert, weil sie gewisse Erwartungen nicht erfüllen? Lernen sie, sich differenziert auszudrücken, oder spricht man in der Familie kaum miteinander? Sind die Eltern verlässlich in ihrer Zuwendung oder sprunghaft? Legen die Eltern Wert auf eine gute Ausbildung der Kinder oder vermitteln sie ihnen den Eindruck, ein Schulabschluss sei gar nicht so wichtig? Die Familie gleicht einer Schablone, die die Konturen des späteren Lebensverlaufs prägt.

Man kann sich von vielem in seinem Leben lösen, vom Job, dem Partner und durch eine Operation sogar vom eigenen Geschlecht – aber niemals ganz von der Familie. Durch das enge Zusammenleben graben sich generationsübergreifende Verhaltensweisen in das Miteinander ein. Die können sehr belastend sein. Scheidungskinder etwa laufen Studien zufolge überdurchschnittlich häufig Gefahr, sich später im Leben ebenfalls vom Ehepartner zu trennen. Es gibt Frauen, die denken, sie dürften nicht glücklicher sein als ihre unglücklichen Mütter – und suchen sich Männer, mit denen das garantiert gelingt. Oder Väter: Sie lassen ihre Familie im Stich, obwohl sie genau dieses Verhalten an ihrem eigenen Vater gefürchtet und verachtet haben. Oder Paare: Für alle sichtbar leben sie aneinander vorbei, weil sie genau das in ihren Herkunftsfamilien vorgelebt bekommen haben.

Dem Einzelnen fallen solche Muster oft nicht auf. Das gilt im Übrigen auch für die Werte, die einem die Familie mitgibt. Das etwa hat Helmut Fend, emeritierter Professor für Entwicklungspsychologie an der Universität Konstanz, mit der Studie LifE (Lebensläufe ins frühe Erwachsenenalter) herausgefunden: »Es verändert sich eher die Persönlichkeit als das Wertegerüst, das einem das Elternhaus vermittelt hat«, lautet sein Fazit. Gleichermaßen prägend seien so unterschiedliche Dinge wie politische Ansichten, musikalische Vorlieben, Gewalterfahrung, Arbeitslosigkeit und selbst eine erlernte Hilflosigkeit.

Doch was übernehmen wir und was gestalten wir selbst? Was bewirkt das komplizierte Wechselspiel aus Erziehung und Genetik? Einflüsse der Umwelt und der Erbanlagen interagieren, verstärken und vermengen sich: Schüchtern und zurückhaltend ist jemand, weil er so aufgezogen wurde. Aber eben von Eltern, die ihrerseits meist schüchtern und zurückhaltend sind und genau dieses Persönlichkeitsmerkmal auch genetisch an ihre Kinder weitergegeben haben. Dennoch ist niemand ein Gefangener seiner Kindheit. Letztlich gestalten schon kleine Kinder ihre Umwelt aktiv mit und formen damit auch ihr Ich zum Teil selbst. »Von der Zeugung an spielt der Mensch eine aktive Rolle in seiner Entwicklung«, resümiert der Berliner Entwicklungspsychologe Jens Asendorpf. Wie groß die genau ist, darüber lässt sich trefflich debattieren.

Seit einigen Jahrzehnten haben sich wissenschaftliche Pioniere zur Aufgabe gemacht, genau jene tradierten Muster in Familien aufzudecken, die so großen Einfluss auf das Ich haben. Es begann in den 1950er-Jahren. Damals verließen einzelne Therapeuten das gewohnte Feld der Einzel- oder Gruppentherapie – und fingen an, ganze Familien zu behandeln. Der systemische Ansatz war geboren. Bis dahin war eine Psychotherapie meist eine Angelegenheit zwischen zwei Personen – Therapeut und Klient. Lange Zeit hätte ein Therapeut es nicht einmal gewagt, ein weiteres Familienmitglied zu dem Problem seines Klienten zu befragen.

Salonfähig gemacht hat die Familienskulptur die US-amerikanische Therapeutin Virginia Satir, die auch als »Mutter der Familientherapie« bezeichnet wird. 1962 war sie in Colorado zu einer Veranstaltung von mehr als 1000 Teilnehmern eingeladen worden, um zu zeigen, wie sie Familien behandelte. Da die vorgesehene Familie kurzfristig absagte, musste Virginia Satir improvisieren: Sie bat einige Teilnehmer, die Rolle von Familienangehörigen einzunehmen. Damit wurde erstmals ein Familien-Rollenspiel genutzt, um ein therapeutisches Vorgehen darzustellen. Ein Fortschritt per Zufall sozusagen.

Die bis dahin dominierende Psychoanalyse war alles andere als begeistert. Bei Sigmund Freud bleibt die Familie sozusagen vor der Tür und gilt als Störfaktor – beim Familienstellen rückte sie plötzlich in den Mittelpunkt des Interesses. Der Siegeszug der systemischen Familientherapie, bei der die Beziehungen in der Gruppe die entscheidende Grundlage für Diagnose und Therapie sind, war spätestens zu diesem Zeitpunkt unabwendbar: Als sich herausstellte, dass die neuen Therapeuten mit oft nur wenigen Sitzungen ähnlich viel bewegen konnten wie Psychoanalytiker mit Dutzenden von Terminen.

Ein weiterer wichtiger Unterschied: Bei Freud war der

Therapeut der alleinige Besitzer der Deutungsmacht; der Patient geriet leicht in ein Abhängigkeitsverhältnis. Die systemische Therapie dagegen betont viel stärker die Rolle des Klienten im Erkenntnisprozess. Denn er wird in die Lage versetzt, Aufschluss über sein Ich zu bekommen, indem er über die Situation reflektiert.

Der systemische Ansatz ist deswegen auch zur Stärkung des Ich geeignet. Er geht davon aus, dass ein Mensch alle Anlagen in sich trägt, um sich vollständig zu entfalten – dass er sich unter günstigen Bedingungen zu einem gesunden Erwachsenen entwickeln kann. Damit unterscheidet sich dieser auf eine gelungene Entwicklung orientierte Ansatz fundamental von pathologisierenden Herangehensweisen, die eine Krankheit oder ihre Symptome in den Mittelpunkt stellen.

Die Familienskulptur, die bei Claudia Haase so erfolgreich war, ist für viele Familienaufstellungen charakteristisch: Durch das Rollenspiel lässt sich eine bewusste Wahrnehmung dafür entwickeln, welche familiären Verhaltensmuster die eigene Persönlichkeit geprägt haben. Oft stellt der Therapeut zu Beginn eine imaginative Aufgabe wie: »Stellen Sie sich vor, alle Personen Ihrer Familie, die für Sie wichtig sind, kommen in diesen Raum. Wo würden Sie und diese Personen stehen und wer würde wen ansehen?«

Interessant zu beobachten ist, wie die Stellvertreter räumlich angeordnet werden. Wer wem nahe ist, ob Nähe als angenehm oder unangenehm empfunden wird. Und wer womöglich ganz am Rande steht. Mitunter zeigt sich, dass viele Erwachsene die jeweiligen Partner oder die Kinder gar nicht anschauen, an ihnen vorbeisehen oder ihnen gar den Rücken zuwenden. Auf diese Weise werden komplexe Beziehungen nonverbal offengelegt.

Die eigentlich unbeteiligten Stellvertreter erfassen oft intuitiv die seelische Wirklichkeit des Beziehungsgeflechts und spiegeln diese wider – obwohl sie keinerlei Vorkenntnisse über die Situation oder das Problem haben und schon nach einer nur kurzen Einführung nach Veränderungen ihrer Wahrnehmung befragt werden.

So berichtet Klaus Grochowiak, NLP-Trainer und systemischer Familientherapeut, von einem dramatischen Fall: Ein Klient war mit dem Anliegen gekommen zu verstehen, warum sein 14-jähriger Sohn so aggressiv mit einem Messer auf ihn losgegangen war. In dem Fall platzierte der Therapeut einen Stellvertreter für den Sohn vor zwei Stellvertretern für Vater und Mutter. Er forderte dann den »Vater« auf zu sagen: »Ich bin dein Vater, und du bist mein Sohn.« Der Stellvertreter antwortete: »Wenn Sie wollen, sage ich das, aber es stimmt nicht.« Daraufhin forderte er den »Sohn« auf zu sagen: »Du bist mein Vater, ich bin dein Sohn.« Der Stellvertreter sagte: »Das sage ich ums Verrecken nicht!« In dem Moment bekam die Stellvertreterin der Mutter einen roten Kopf. Grochowiak fragte daraufhin den Klienten, ob er sicher sei, dass er tatsächlich der leibliche Vater des Kindes sei. Der antwortete: »Bis eben schon.«

Daraufhin brach Grochowiak die Aufstellung ab, um diese Frage erst einmal grundsätzlich zu klären. Der Mann ließ einen Vaterschaftstest machen, und es stellte sich tatsächlich heraus, dass der 14-Jährige nicht sein leiblicher Sohn war; seine Frau hatte im Urlaub mit einem anderen Mann Sex gehabt und war sich nicht sicher, von wem sie schwanger geworden war. Auf welche Art und Weise die Stellvertreter auch nur die leiseste Ahnung von dieser Konstellation entwickelt hatten, ließ sich nicht aufklären.

Auch wenn dies kein alltägliches Beispiel ist: Durch die Skulptur im Rahmen der systemischen Familientherapie wird eine Klientin oder ein Klient in die Lage versetzt, sein Familiengeflecht zu betrachten, zu erfassen, zu klären und womöglich neu zusammenzufügen. Letztlich geht es dabei um eine Selbstvergewisserung: Warum bin ich so, wie ich bin, warum handele ich so – und: Könnte ich auch ganz anders sein?

Bei den Familienskulpturen gibt es inzwischen eine große Methodenvielfalt. Manchmal spielen die Familienmitglieder ihre eigene Rolle, manchmal übernehmen Dritte, wie im Fall von Claudia Haase, die Rollen – und bisweilen werden sogar Gegenstände als Stellvertreter für Personen eingesetzt. Etwa in jener Therapie am Boston Family Institute, die eine »Patchwork-Ehe« rettete:

Elaine und Jack sind seit zwei Jahren verheiratet, sie brachte vier Kinder mit in die Ehe, er drei. Elaine fühlt sich völlig überfordert. Ihr Job, sagt sie, leide darunter, von Familienleben könne keine Rede sein. Ihr Mann benehme sich im Übrigen wie ein Kind.

Elaine soll ihre Beziehungen räumlich darstellen. Daraufhin arrangiert sie verschiedene Gegenstände aus dem Raum um sich herum: Die Stühle stellen ihre Kinder dar, zwei Päckchen Taschentücher ihre beiden Hunde, ein Hocker ihr Haus, ein weiterer Stuhl steht für einen Untermieter, ein Regenmantel für die Anforderungen der Schulen. Hinzu kommen eine Therapeutin, die Elaines

Exmann darstellt, und ein Therapeut, der Elaines Job symbolisiert. Nur Elaines Mann spielt sich selbst.

Das Arrangement machte auf einen Blick das Problem deutlich: Elaine sieht sich im Zentrum der unterschiedlichsten Anforderungen. Sie fühlt sich für das Wohlergehen aller verantwortlich. Dann bitten die Therapeuten Elaine, die Skulptur zu verändern. Sie solle sich vorstellen, wie ihr Leben besser organisiert sein könne. Sie nimmt daraufhin ihren Mann näher zu sich, damit – wie sie sagt – auch er den enormen Druck spüren könne.

Für die nächste Sitzung erhält sie die Aufgabe, ihre Vorstellungen vom Familienleben auch in der Realität umzusetzen. In der folgenden Woche berichtet Elaine stolz, sie habe dem Untermieter gekündigt. Dann baut sie die Skulptur wieder auf und entfernt den Stuhl für den Untermieter.

In den folgenden Sitzungen macht Elaine in kleinen Schritten weiter. Und lernt auf diese Weise zu entscheiden, für wen oder was sie sich wie viel Zeit nehmen will. Am Ende der Therapie sind Elaine und ihr Mann nicht mehr das Zentrum der Belagerung durch die unzähligen Ansprüche anderer, sondern eher das gemeinsame Trainerpaar einer sie umgebenden Gruppe.

Elaine hatte also nicht einfach nur den einengenden Kreis verlassen, sondern Schritte in Richtung Selbstverantwortung unternommen. Dabei lernte sie, mehr auf sich, ihre Fähigkeiten und Bedürfnisse zu achten. Therapeuten sehen dies als einen seelischen Selbstregulierungs- oder Selbstheilungsprozess.

Inzwischen sind allein in Deutschland mehr als 2000 Familienaufsteller tätig. Die Spanne reicht von professionellen psychotherapeutischen Behandlungen bis hin zu Massenveranstaltungen, die im Schnellverfahren abgehalten werden.

Bei seriösen Anbietern ist eine Familienaufstellung Teil der sogenannten systemischen Therapie. Der Psychotherapeut Paul Watzlawick, Autor des Buchs *Anleitung zum Unglücklichsein*, war gemeinsam mit Virginia Satir einer der Pioniere der Zunft. Watzlawick war der Auffassung, dass Menschen nicht einfach krank sind, sondern es oft dahinterliegende Probleme gibt, kranke Beziehungen, kranke Ehen, kranke Familien. Und er glaubte nicht an Langzeittherapien: Wenn sich nicht nach sechs Sitzungen etwas wirklich Entscheidendes verändert habe, könne man getrost auf eine weitere Behandlung verzichten.

Ein grundlegender Gedanke von ihm war ferner, dass ein Familienmitglied meist stellvertretend für andere eine Symptomatik entwickelt. Nur allzu oft stieß Watzlawick in Familien auf das Phänomen, dass sich alles um den Problemfall drehte und sich die anderen um diesen herum stabilisierten. Ihm ging es darum, diese Muster aufzulösen, um so den Symptomträger von seiner Rolle zu entlasten.

Damit die Klienten Klarheit über sich gewinnen, setzen Therapeuten vielfach auch spezielle Techniken ein. Etwa durch Fragen wie: »Konrad, was denken Sie, löst es bei Ihrer Mutter aus, wenn sie Ihren Vater weinen sieht?« In dem Fall wird nicht die Mutter direkt nach ihrem Befinden gefragt, sondern ihre Reaktion aus der Sicht eines Dritten, des Sohns, kommentiert. Das fördert die Fähigkeit, sich in andere Familienmitglieder hineinzuversetzen, und offenbart ihnen auch die problematischen Verhaltensmuster.

Oder es kommen Verschlimmerungsfragen zum Einsatz wie etwa: »Was müssten Sie tun, damit sich Ihr Problem noch vergrößert?« Dadurch wird dem Befragten klar, dass es auch an ihm selbst liegt, wie es in der Zukunft weitergeht. Eine weitere Möglichkeit sind Wunderfragen: »Wenn das Problem wie durch ein Wunder über Nacht verschwunden wäre, was würden Sie am Morgen danach als Erstes anders machen?« So kann die Aussicht, das Problem zu beheben, erstmals in den Bereich des Möglichen rücken; damit öffnet sich womöglich das Denken für kreative Lösungen.

Die Therapeuten arbeiten zudem mit kleinen Tricks: So kann etwa eine Depression durch einen Rucksack voller schwarzer Briketts symbolisiert werden. Wird der nach einiger Zeit abgesetzt, fühlen sich viele Ratsuchende schon erleichtert. Sie entwickeln ein Gespür für die Schwere des Leidens – erfahren aber auch, dass man sein Problem ablegen kann.

Oder auch die sogenannte paradoxe Intervention: In einer Behandlung stört die Töchter die Sitzung, als ein Beziehungskonflikt der Eltern offenbar wird. Der Therapeut sagt ihr daraufhin, ihr Verhalten sei ein wichtiger Gradmesser für den erfolgreichen Verlauf der Behandlung. Sie solle die Sitzung so oft stören, wie sie es für notwendig halte. Eine paradoxe Aufforderung: Stört sie, so trägt sie plötzlich zum Erfolg der Behandlung bei. Das aber will sie nicht. Also hört sie auf zu stören. Der Therapeut hat erreicht, was er erreichen wollte.

Zu den wirksamen Methoden der neueren Therapieformen gehören auch Rituale. Wie etwa der Fall der scheinbar unerklärlichen Trauer einer jungen Frau, über den der Münchner Familientherapeut Ernst Langlotz berichtet. Die Klientin, eine 30-jährige Frau mit zweijährigem Sohn, litt seit etwa sechs Monaten an zunehmender Traurigkeit und Schlafstörungen. Dabei versuchte sie, alles rational zu sehen, war ehrgeizig und gewohnt, dass alles nach Plan läuft. Doch sie war verzweifelt, weil sie ihre Emotionen nicht verstand, sich selbst nicht mehr im Griff hatte. Allmählich litt auch ihre Ehe darunter, und bei der Arbeit bei einem Versicherungsunternehmen fühlte sie sich immer weniger tatkräftig. Das machte ihr Angst.

Sie erzählte dann, dass sie vor einem Jahr noch einmal schwanger wurde. Aufgrund einer Infektion kam es aber zu einer Fehlgeburt im Krankenhaus. Auf Empfehlung der Ärzte sah sie sich ihr totes Kind an: ein Mädchen. Sie ließ es auf einem Friedhof bestatten. Ihr Mann, ebenfalls ein »rationaler Typ«, begleitete sie dabei. So schien alles in Ordnung. Zweimal versuchte sie, im Bekanntenkreis von ihrem verlorenen Kind zu sprechen, doch es gab nur Äußerungen wie »das ist halt Schicksal«. Die Frau schämte sich für ihre Emotionalität und versuchte sie zu unterdrücken. Auf einen Zusammenhang zwischen ihrer jetzigen Trauer und dem Verlust des Kindes war sie nicht gekommen.

Langlotz sagte ihr, dass er vermute, sie habe ihr Kind nicht wirklich verabschieden und betrauern können. Er riet ihr zu einer Familienaufstellung. Dabei nahm die junge Frau eine andere Frau als Repräsentantin für ihr verlorenes Kind und stellte sie sich ihr gegenüber. Tiefe Trauer stieg in ihr hoch. Der Therapeut stellte seine Patientin dann an den Platz des verstorbenen Kindes, was die Trauer noch verstärkte. Die Frau hatte das Gefühl, diesen Platz zu kennen, so als wäre es ihr eigener Platz. So eng war sie mit dem verstorbenen Kind verbunden, dass sie das Gefühl hatte, dass ihr »Selbst« sich nicht mehr entwickeln konnte. Hinzu kam in diesem Fall, dass das tote Kind ein Mädchen war – und die junge Frau selbst als Frühgeburt auf die Welt gekommen war. Lange Zeit war sie als Kind kränklich und schwach gewesen. Und auch sie hatte einen älteren Bruder, der normal auf die Welt kam. Eine Familienkonstellation schien sich zu wiederholen.

Um die Verschmelzung mit der toten Tochter zu lösen, setzte der Therapeut einen Stein ein, der das Schicksal des Kindes symbolisierte. Die Frau sollte dann folgenden Satz sagen: »Kind, das ist dein Schicksal, ich konnte es dir nicht abnehmen, es gehört zu deinem Leben.« Die Frau brachte den Satz nicht über die Lippen. Der Therapeut änderte seine Strategie und sagte der Frau, sie solle sich gemeinsam mit der Stellvertreterin des Kindes vor einem weiteren Stellvertreter verneigen, der die Rolle des »Schicksals« innehatte. Die junge Frau sagte dann: »Vor dem Schicksal sind wir alle gleich, sind wir alle klein. Wenn wir uns vor ihm verneigen und es dadurch anerkennen, geht es uns gut. Wenn wir aber glauben, selber das Schicksal im Griff haben zu müssen, fühlen wir uns schuldig oder müssen anderen die Schuld geben.« Nach diesem Eingeständnis konnte sie dem toten Kind sein Schicksal lassen.

Nach einem weiteren Rückgaberitual vermochte sie das tote Kind endgültig loszulassen: »Ich muss dich nicht mehr durch meine Trauer festhalten. Du bist jetzt frei, dorthin zu gehen, wo es dir gut geht!« Nun konnte sie den Schmerz des Abschieds ertragen und zulassen.

Zwei Tage später erzählte die Frau, dass sie nach der Aufstellung zunächst sehr müde gewesen sei, sich dann aber regelrecht befreit gefühlt habe. Ihr Kopf sei wieder klar gewesen, auch konnte sie sich gut auf ihre Arbeit konzentrieren. Sie selbst war überrascht, dass ihr bedrohlicher Zustand – den sie zudem gar nicht recht verstanden hatte – so schnell wieder vorbei war. Sie hatte in erstaunlich kurzer Zeit mehr Klarheit über sich erhalten.

Ein perspektivisches Ziel einer systemischen Therapie ist es, dem Ich Halt zu geben in einer zunehmend als haltlos empfundenen Moderne. Der Arzt Helm Stierlin, der bekannteste deutsche Vertreter dieser Richtung, hat es so ausgedrückt: »Menschen mit einem guten Wertefundament kommen oft aus gut funktionierenden Familien, die zwar zusammenhalten, aber doch individuelle Entwicklungen erlauben. Das macht sie offenbar unangreifbar gegen Instabilisierungen. Wichtig erscheint daher die Verankerung in einem Wertsystem, das alle wissen lässt, worauf es in der Beziehung ankommt. Daraus ergibt sich in der Therapie die Frage: Wie weit kann sie ein solches Wertsystem vermitteln?«

Mit »Instant-Heilungen«, wie sie mitunter auf Massenveranstaltungen angeboten werden, dürfte das schwerlich gelingen. Besonders populär geworden ist Bert Hellinger, ein Familientherapeut und studierter Theologe, der sein Priesteramt aber seit vielen Jahren niedergelegt hat. Der charismatische Familienaufsteller zelebriert Massenveranstaltungen vor Hunderten Menschen und hat meist schon nach wenigen Minuten eine Lösung parat. Doch anders als bei der systemischen Therapie, bei der Therapeut und Klient Lösungsmöglichkeiten in einem Dialog suchen, fungiert Hellinger als Orakel des Schicksals. Dem Klienten bleibt nichts, als dies zu akzeptieren.

Hellingers Weltbild ist vergleichsweise schlicht: In jeder Familie gebe es eine natürliche Ordnung. Eltern sind zu ehren und lieben, Kinder haben kein Recht aufzubegehren, Frauen haben dem Manne zu folgen. Seine Aufstellungen dienen vor allem dazu, diese Ordnung wiederherzustellen.

So auch bei jener Großveranstaltung 1997 in Leipzig, die in der *Zeit* beschrieben wurde: Ein getrennt lebendes Paar wollte klären, bei wem die Kinder besser aufgehoben sind. Hellinger schaut sich die Aufstellung an und zeigt auf den Mann: »Dort sitzt die Liebe.« Und zur Frau gewandt: »Und hier sitzt das kalte Herz!« Zum Publikum sagte er: »Die Kinder sind bei der Frau nicht sicher. Sie gehören zum Mann.« Und weiter: »Die Frau geht. Die kann keiner mehr aufhalten. Das kann auch sterben bedeuten.« Die Klientin, eine junge Ärztin, verließ den Saal. Einen Tag später nahm sie sich das Leben. Im Abschiedsbrief schrieb sie, sie wolle »für die Kinder die Ordnung« herstellen. Die Staatsanwaltschaft ermittelte, konnte Hellinger aber keine Schuld nachweisen.

Aber auch bei sehr einfühlsamen Therapeuten kann eine Familienaufstellung zu heftigen seelischen Erschütterungen führen, zu tiefer Verunsicherung bis hin zu Suizidgedanken. Der Psychoanalytiker Tilmann Moser bezeichnet den therapeutischen Umgang mit Familiengeheimnissen deshalb als »Hantieren mit verborgenem Sprengstoff«. Auf jeden Fall sollte es ausreichend Gelegenheit zur Nachbesprechung geben und wenn möglich auch zur Beobachtung langfristiger Auswirkungen. Entscheidend sei, dass die Hilfesuchenden mit ihren Empfindungen, Ängsten und Fragen nicht alleine gelassen werden.

➤ Wer kann von einer Familienaufstellung oder Familienskulptur profitieren? Nützlich können die Verfahren sein, um sich über das eigene Verhalten in Partnerschaftskrisen klar zu werden oder mit der Trauer nach Todesfällen in der Familie umzugehen. Aber auch bei chronischen Verhaltensmustern, die als belastend empfunden werden, ob es nun um mangelndes Selbstvertrauen, das dauernde Gefühl der Überforderung oder um Essstörungen geht.

Einen qualifizierten Familienaufsteller zu finden ist indes nicht einfach. Denn die Ausbildung ist nicht einheitlich geregelt. Immerhin verlangen die Deutsche Gesellschaft für systemische Therapie und Familientherapie (www.dgsf.org) und die Systemische Gesellschaft (www.systemische-gesellschaft.de) neben einer Weiterbildung zumindest ein abgeschlossenes Hochschulstudium in den Humanwissenschaften. Seit dem Jahr 2008 ist die systemische Therapie auch vom Wissenschaftlichen Beirat Psychotherapie als wissenschaftlich anerkannt: Es gebe immer mehr Belege für die Wirksamkeit der Verfahren, außerdem kosteten die Behandlungen vergleichsweise wenig Zeit und damit auch Geld. Dennoch sind die Krankenkassen nicht zur Kostenerstattung verpflichtet.

3 Philosophie für die Lebenspraxis

Kant und Co. als Wegweiser durchs Leben •
Wie ethisch handele ich? Der »Philomat« verrät es

Eine Couch gibt es bei Dr. Robert André nicht, es werden
auch keine Familienmitglieder eingeladen und im Raum
positioniert. Der Hamburger Philosoph empfängt keine
Klienten oder gar Patienten – bei ihm ist man schlicht
und einfach Gast.

Der Mittvierziger betreibt im Szenestadtteil Ottensen
seit mehr als sechs Jahren eine Philosophische Praxis.
Ursprünglich wollte er Hochschullehrer werden, hatte
bereits mit einer Arbeit zu Celan, Heidegger und Höl-
derlin promoviert. Doch nachdem sein ambitioniertes
Forschungsprojekt zwei Mal auf die lange Bank geschoben wurde, setzte er auf Plan B.

André konzipierte Flyer mit einem philosophischen
Beratungsangebot, verteilte sie zwischen Blankenese und
der Hamburger Innenstadt – und kurze Zeit später hatte
er die ersten Kunden vor sich sitzen. Der Theoretiker
wurde Praktiker. Große Konkurrenz gab es in der Hanse-
stadt damals noch nicht.

Was sind das für Menschen, die einen wie ihn auf-
suchen, einen, der weder Psychoanalytiker noch Coach
ist? Meist, sagt er, gibt es einen konkreten Anlass. Eine

Enttäuschung, eine Kollision mit anderen Menschen, Schicksalsschläge, Erlebnisse des Scheiterns, eine nicht zufriedenstellende Lebensbilanz, eine schwierige berufliche oder private Entscheidungssituation. Kurz gesagt: Situationen, in denen das Ich nicht mehr weiterweiß.

»Viele meiner Kunden ahnen, dass irgendwas in ihrem Leben nicht mehr stimmt, aber sie haben nur eine ungefähre Ahnung, was genau es ist«, sagt André. Er erzählt von einer Frau, die jahrzehntelang beruflich erfolgreich im Marketing arbeitete und auch sonst voll und ganz im Leben stand. Aber sie war dennoch unzufrieden. Fragte sich, was für sie ein gelingendes Leben sein könnte. Zu einem Psychotherapeuten wäre sie niemals gegangen, zu einem Coach auch nicht. Eher suchte sie das intensive Gespräch, ein Gegenüber, bei dem man nicht zu einem behandlungsbedürftigen Patienten wird.

Herausgefunden hat sie schließlich, dass sie sich in Hamburg in einer Art seelischen Diaspora befand, mit Konsequenzen für das Lebensgefühl. Sie ist Katholikin und stammt aus Niederbayern, aus einer sehr überschaubaren und geregelten Welt. Die empfand sie als zu eng, wollte weg. Aber es gelang ihr nicht, heimisch zu werden in einer säkularen protestantischen Metropole mit einem anderen Wertegerüst, in der beispielsweise der Sonntag keine große Rolle mehr spielt.

Die Gespräche haben ihr deutlich gemacht, dass ihr Lebensgefühl nichts anderes ist als das von vielen Menschen empfundene Leiden an der Moderne. Das Gefühl der Entwurzelung des Ich in einer Welt, die nicht mehr die ist, die man von früher kennt. Dies auszuhalten ist nicht einfach. In einer Großstadt wie Hamburg prallen Rhythmen und Lebensstile unvermittelt aufeinander.

Dies muss man in gewissem Umfang hinnehmen, wenn man dort glücklich werden will.

Die Frau konnte ihren Blick für die zwei unterschiedlichen Kulturen Stadt und Land schärfen. Mithilfe dieses neuen Wissens gelang es ihr nach einigen Gesprächsterminen, ihre Lebenssituation besser zu akzeptieren. Einen Weg zurück gab es nicht – aber den Weg der Klärung. Auf diese Weise hat sie viel über ihr Ich erfahren.

Philosophen haben sich erst vor Kurzem auf den Pfad der Lebensberatung begeben. Ideengeber war Gerd Achenbach, der 1981 die erste Philosophische Praxis in Bergisch-Gladbach bei Köln eröffnete. Inzwischen haben sich in der »Internationalen Gesellschaft für Philosophische Praxis« (IGPP) mehr als 170 Philosophen zusammengefunden; darunter allein mehr als 100 Praxen aus Deutschland.

Die Intensität der Beratung ist sehr unterschiedlich. Oft reichen drei bis sechs Gespräche, damit sich der Besucher oder die Besucherin über ein Problem klar wird. Manche Beratungen laufen auch schon mal über ein Jahr. Und dann gibt es Einzelgespräche, denen keine weiteren mehr folgen. Entweder weil sich zwischen Philosoph und Kunden keine Harmonie einstellt oder auch, weil es nur eines kleinen Anstoßes bedurfte, um das Problem zu lösen.

Während sich die universitäre Philosophie weitgehend aus der Gesellschaft und ihren aktuellen Debatten zurückgezogen hat, haben die philosophischen Praktiker einen Weg aus dem Elfenbeinturm gefunden. Sie verstehen sich ausdrücklich nicht als Therapeuten, die bestimmte Therapieziele verfolgen, sondern sehen sich als

Alternative zur Psychologenzunft. Und im Gegensatz zum herkömmlichen Coaching, das in den meisten Fällen dazu dient, in einer vorgegebenen Struktur wieder besser funktionieren zu können, hat die Philosophische Praxis keine Effizienzsteigerung im Sinne.

Dennoch geht es Philosophen nicht nur um eine persönliche Lebensberatung. Ihre Arbeit ist verbunden mit einer Aufklärung im Wortsinn, mit selbstkritischer Reflexion. Sie ist letztlich so etwas wie eine nichtkirchliche »Seelsorge«. Das philosophische Gespräch ist aber ungeeignet für Menschen mit schweren psychischen Störungen – und auch für jene, die pragmatisch und zielgerichtet ein Problem in den Griff bekommen wollen. Der Besuch einer Philosophischen Praxis ist eher etwas für Menschen, die einen Denkanstoß brauchen und den Diskurs mit einem unabhängigen Gegenüber suchen.

Damit spricht dieses Angebot jene an, denen es nicht genügt, vor sich hin zu leben. Die ein Unbehagen über den Sinn des Lebens mit sich herumtragen, das Arthur Schopenhauer so treffend ausgedrückt hat: »Die Meisten werden, wenn sie am Ende zurückblicken, finden, daß sie ihr ganzes Leben hindurch ad interim gelebt haben, und verwundert seyn, zu sehn, daß Das, was sie so ungeachtet und ungenossen vorübergehen ließen, eben ihr Leben war, eben Das war, in dessen Erwartung sie lebten. Und so ist denn der Lebenslauf des Menschen, in der Regel, dieser, daß er, von der Hoffnung genarrt, dem Tode in die Arme tanzt.«

Die meisten Besucher einer Philosophischen Praxis wollen sich Rechenschaft geben über ihr Leben. Sie möchten über die besonderen Umstände, die oftmals sonderbaren Verstrickungen und den seltsam uneindeutigen Verlauf ihres Lebens nachdenken. Ihnen geht es letztlich um die Kant'sche Frage »Was soll ich tun?«. Noch häufiger aber um die Frage Montaignes: »Was tue ich eigentlich?«

Die philosophischen Praktiker gehen dabei nicht nach einer starren Methode vor. Angelegenheiten des Gastes werden nicht mit Platon oder Hegel »behandelt«. Das Denken soll sich gerade nicht in vorgefertigten Bahnen bewegen, sondern sich den jeweils »richtigen Weg« neu suchen. Da es aber kein vorgegebenes Konzept für den Gesprächsablauf gibt und keine standardisierten Techniken, existiert auch kein objektiver Qualitätsmaßstab für die Gespräche. Alles hängt vom einzelnen Philosophen ab, auch etwa, ob er mit zur Situation passenden Textauszügen arbeitet oder nicht.

Eine Sitzung fordert daher viel vom Gastgeber. Er muss ein Sensorium für das bislang Übersehene erwerben, muss ungewöhnliche Denkwege beschreiten. Nur als Mitdenkender und Mitempfindender vermag er seinen Besucher ein Stück weit aus dessen Situation zu befreien und ihn so vielleicht zu einer anderen Einschätzung des Lebens und seiner Umstände zu bewegen.

Während eine Psychotherapie darauf zielt, individuelle Leiden der Seele zu behandeln oder Verhaltensmuster zu ändern, zielt der Philosoph auf eine Rückkopplung des Einzelnen an eher allgemeine, aber gleichwohl bewährte Denkwege. Der philosophische Gastgeber ist demnach eher ein Spezialist für das Nichtspezielle, für das, was uns als Menschen im Allgemeinen ausmacht.

Der Gründervater Gerd Achenbach berichtet, dass er versuche, sich in seine Gäste hineinzudenken, sie so zu sehen, wie sie sich sehen: »Ich unterstütze meine Klienten in ihrem Selbsterkennen.« Achenbach ist überzeugt, dass viele scheinbar psychologische Probleme tatsächlich philosophischer Natur sind. Dass etwa heute so viele Ehen geschieden würden, lasse sich keinesfalls auf eine Häufung seelischer Erkrankungen zurückführen. Dahinter stünden vielmehr oft falsche Annahmen und Überzeugungen über Partnerschaft und eine einseitige Weltsicht.

Damit arbeiten die Philosophen dem gesellschaftlichen Trend entgegen, jedes Problem möglichst im Schnellverfahren auszuräumen. »Glücklich werden in drei Wochen«, das gibt es bei Gerd Achenbach nicht. Aber auch die Fokussierung auf die Kindheit, wie in einigen Psychotherapien, wird von den Philosophen kritisch gesehen. Manche Krisen, sagt IGPP-Präsident Thomas Gutknecht, bekommen ein anderes Gesicht, wenn nicht ständig gefragt werde, wo das Problem eigentlich herkomme. Man müsse vielmehr öfter die Frage stellen: »Wohin führt mich meine Reise?«

Im philosophischen Gespräch geht es demnach weniger darum, etwas konkret zu erreichen, sondern um eine Selbstvergewisserung für das Ich. Im besten Fall geht es um eine Horizonterweiterung des Denkens mit dem Ziel, sich über die nächsten Schritte im Leben klarer zu werden. Oder zu erkennen, dass man den nächsten Schritt gar nicht tun muss – und womöglich auf die Beförderung verzichtet, in der Einsicht, dann zwar an Einfluss zu verlieren, aber an Lebensfreude zu gewinnen.

Ein philosophisches Gespräch kann daher Entscheidungsprozesse verkürzen und Grübelzustände auflösen helfen. » Nichts ist kostbarer als Klarheit: über sich selbst wie auch über die unabänderlichen Gegebenheiten «, sagt Robert André. Der eine gehe ins Fitnessstudio, um sich körperlich einmal richtig auszupowern, der andere gönne sich einmal in der Woche ein gutes Gespräch.

Könnte man da nicht gleich mit einem guten Freund reden? Auf den ersten Blick, sicherlich. Aber oft fehlt die Konzentration für ein solches Gespräch. Ein Philosoph steht zudem tatsächlich außerhalb; Freunde sind immer ein Teil des Systems, in dem man sich bewegt. Der Philosoph indessen muss keine Rücksicht auf eine gemeinsame Geschichte nehmen. Bei Freunden ist man viel unmittelbarer betroffen und geneigt, deren Deutungsmuster zu übernehmen. Vielleicht ist das Angebot der Philosophischen Praxen aber auch ein Zeichen dafür, dass intensive Gespräche mit guten Freunden heute nicht mehr so häufig stattfinden.

Das Spezielle des philosophischen Ansatzes ist es, die Deutungsmuster des Ich kennenzulernen und zu hinterfragen. Nicht das Pro und Contra für wichtige Lebensentscheidungen zu sammeln und gegeneinanderzustellen, sondern tiefer zu gehen und zu fragen: Wer entscheidet hier eigentlich? Bin ich es selber oder bin ich ein Getriebener der Umstände? Sind es in Wahrheit andere Menschen, die für mich entscheiden? Wie komme ich an den Punkt, wo nur noch das Ich übrig bleibt als Entscheider?

Der philosophische Dialog soll dem Ratsuchenden zeigen, was Relevanz hat. Er kann dazu führen, dass Menschen einen Schritt zurücktreten, heraus aus » der Wolke von Einflüssen «, in der man sich im Alltag unweigerlich befindet und in der sich die Erwartungen anderer verbergen. Letztlich dient eine solche Beratung der »Entschleunigung«. Es geht darum, sich einzulassen, sich Zeit zu nehmen. Philosophen sind insofern Spezialisten der Selbstsorge – ohne die eine große Antwort gleich parat zu haben.

André etwa erzählt von einem Klienten, der es endlich geschafft hatte, Leiter in einem Auslandsbüro seines Unternehmens zu werden, der damit beruflich und finanziell alles erreicht hatte, was er erreichen wollte. Aber am Ziel angekommen, bemerkte er, dass dieser Weg gar nichts mit ihm selbst zu tun hatte. Im Gegenteil: Innerlich wurde er immer unzufriedener, verspürte, im teuren Ledersessel sitzend, das Gefühl der Leere.

Das Gespräch drehte sich bald schon um Fragen wie »Was ist mir wirklich wichtig?« oder »Wofür lohnt sich der Einsatz?«. Für den Mann stellte sich als wichtigster Gedanke des Gesprächs schließlich heraus, dass man auch innehalten, eine Zäsur setzen kann; dass man nicht zu allem sofort eine Meinung haben, nicht immer wie aus der Pistole geschossen reagieren und funktionieren muss. Nicht um sich herauszuziehen, sondern um bei sich zu bleiben, um sich gemäß dem eigenen Tempo auf andere einlassen zu können.

Was im philosophischen Dialog immer wiederkehrt, ist die Frage nach einem gelingenden Leben. Und woran man es festmacht. Am Bankkonto, an der Anzahl der Freunde, an den Jahren der Ehe? Lässt es sich überhaupt festmachen an etwas Konkretem? Für Philosophen gibt es durchaus eine Antwort. Die Antwort ist eine Form von Selbstvergewisserung, der man gemeinsam näher kommen kann. Durch Fragen wie: »Was sind meine Bedürfnisse? Was ist mir wirklich wichtig? Was treibt mich an, was begehre ich?«

Oft steht die Familie, stehen Freunde und Kinder ganz oben auf der Liste der Prioritäten. Aber es gibt auch eine Beziehung zu sich selbst, was oft außer Acht gelassen wird, die Selbstsorge. Wer sich darum nicht täglich kümmert, wird es auch mit Freunden und Familie schwer haben. Dahinter steht die Frage: Wer bin ich, und wo geht es hin?

Selbstsorge kann sicher auch mal ein Wellness-Wochenende sein. Aber wichtiger ist das innere Feedback. Beim Burn-out-Syndrom zum Beispiel fehlt oft genau diese Resonanz nach innen. Nur die Resonanz von außen zählt: Was mag als nächste Anforderung kommen?

Oft ist es nicht einfach, zwischen den eigenen Werten und Erwartungen zu unterscheiden und denen, die von außen an einen herangetragen werden. Die Philosophie kann zur Klärung beitragen. So arbeitet Thomas Gutknecht häufig mit einem Gedankenexperiment aus Hermann Hesses *Das Glasperlenspiel*: Wer wäre ich unter völlig anderen Bedingungen? Gibt es einen Kern, der von den äußeren Bedingungen unabhängig ist? »Meine Gäste malen sich dann zum Beispiel aus, wie sie im Mittelalter gelebt hätten oder im alten Ägypten. Indem sie sehr detailliert in dieses imaginäre Leben eintauchen, erkennen sie deutlich, was in einer ganz anderen Umwelt dennoch von ihrem Wesen bleibt.«

Es gibt viele Möglichkeiten der Selbstsorge, eine Beratung kann dabei helfen, eine angemessene für sich selbst zu entdecken. Schon Sokrates hat seine Schüler durch logisches Argumentieren dazu gebracht, ihre Ansichten immer wieder kritisch zu hinterfragen und zu reflektieren. Die Einsicht in die Unsicherheit war für Sokrates der Ausgangspunkt des Strebens nach wahrer Erkenntnis. In dem Zusammenhang traf er die Aussage: »Ich weiß, dass ich nichts weiß«, die allerdings auf einer fehlerhaften Übersetzung beruht; richtiger müsste es heißen: »Ich weiß, dass ich nicht weiß.« Die sokratische Methode, das fortgesetzte Hinterfragen wird so zum Geburtshelfer der Erkenntnis, auch der Selbsterkenntnis.

Im besten Fall entsteht so eine innere Zufriedenheit, die unabhängig ist von äußeren Faktoren. Wer akzeptiert, dass nicht das Bankkonto, Ehemann oder Ehefrau, die Eltern oder der Chef schuld sind, wenn es einem schlecht geht, muss anfangen, Selbstverantwortung zu übernehmen. Daraus resultiert am Ende eine gewisse Freiheit, ein Ich zu entwickeln und als solches zu entscheiden.

So manch praktischer Aspekt der Philosophie lässt sich sogar ohne einen leibhaftigen Philosophen erschließen. Etwa was die Positionierung des Ich in Fragen von Ethik und Moral angeht. Denn jedes Ich verfügt über eine Anschauung der Welt – eine Weltanschauung. Damit ist nicht gemeint, ob man sich als Sozialdemokrat begreift oder als Liberaler, sich eher als Umweltschützer oder als Tierschützer sieht. Eher geht es um die persönliche Deutung der Vorgänge im Privatleben und in der Gesellschaft. Jeder, der seine Deutungen reflektiert und systematisiert, fügt sie damit unweigerlich zu einer mehr oder weniger fest gefügten Anschauung zusammen. Er entwickelt eine Richtschnur, mit deren Hilfe er die Welt versteht.

Mit moralisch-ethischen Fragestellungen werden wir tagtäglich konfrontiert, im Großen wie im Kleinen. Aber sind wir immer sicher, was wir denken sollen, wie wir handeln würden in bestimmten Situationen? Herauszufinden, auf welchem philosophischen Fundament man steht, dient insofern auch der Ich-Erkenntnis.

Doch nicht jede oder jeder weiß um seine Weltanschauung. Wie ist es beispielsweise beim Thema Lügen? Natürlich sind die meisten Menschen keine Anhänger des notorischen Lügens. Aber wie weit gehen Ausnahmen? Rechtfertige ich die Notlüge, dem Schenker eines scheußlichen Weinglases herzlich für diese Geburtstagsgabe zu danken? Vermutlich lautet die Antwort bei den meisten Menschen: Ja. Oder endet die Lügen-Toleranz erst bei der Frage des Chefs, ob einem die neue Vertriebsidee nicht auch so gut gefällt wie ihm? Das ist schon schwieriger zu beantworten.

Lässt sich herausfinden, wie das Ich mit solchen und ähnlichen Fragen umgeht – und vor allem: Können wir es vielleicht selbst herausfinden?

Ja, sagen drei Philosophen der Universität Braunschweig. Sie haben eine höchst originelle »Apparatur für weltanschauliche Diagnostik« erfunden: den Philomat. Kein Gerät im herkömmlichen Sinne, sondern schlicht ein Buch. Allerdings ein besonderes, das man weder wie einen Roman noch wie Sachbuch liest, sondern eher als papiernen Sachverständigen zurate zieht. Der Philomat soll, so der Anspruch seiner Erfinder, deutlich machen, was den Benutzer im Denken bestimmt. Soll verraten, innerhalb welcher philosophischen Leitplanken sich das Ich bewegt.

Ausgehend von Alltagssituationen fragt er danach, wie man als Mensch handeln würde. Jeweils zwölf Fragen repräsentieren ein Themengebiet wie: Töten, Lügen,

Freiheit, Jenseits oder Sinn. Die zwölf Themengebiete wiederum sind den berühmten vier kantischen Fragen zugeordnet: Was soll ich tun? Was darf ich hoffen? Was kann ich wissen? Was ist der Mensch?

Eine Frage lautet zum Beispiel: »Sie kommen von einem langen Arbeitstag nach Hause. Ihre Wohnung ist völlig verwüstet, Ihre Familie brutal ermordet. Ein Fremder, offensichtlich der Mörder, ist dabei, Dinge in eine Tasche einzupacken. Mit dem Rücken zu Ihnen gewandt wühlt er in einer Schublade. Sie haben eine Waffe. Was tun Sie?« Aus folgenden Antworten soll man nun jene auswählen, die am besten zur eigenen Haltung passt: a) Ohne zu zögern erschieße ich ihn von hinten; b) Ich spreche ihn an, und wenn er sich umdreht und mir in die Augen sieht, schieße ich ihm in den Kopf. Dann schieße ich auf ihn ein, bis das Magazin leer ist; c) Ich halte ihn mit der Waffe in Schach und benachrichtige die Polizei – die Justiz soll über ihn richten; d) Ich schleiche mich hinaus und benachrichtige die Polizei. Ich könnte nie jemanden töten. Auch nicht den Mörder meiner Familie; e) Ich schieße und versuche, ihn dabei nicht tödlich zu verletzen. Dann rufe ich die Polizei.

In der Auswertung erfährt man, welche tiefere Einstellung das Ich zu diesem Thema hat. Und auch wie die akademische Philosophie den jeweiligen Standpunkt beschreibt. Ob man etwa eher dem Konsequentialismus zuneigt oder der Deontologie. Erstere Richtung macht die Bewertung des Tötens von den jeweils unterschiedlichen Folgen abhängig, entscheidet also von Fall zu Fall, während sie kategorische Antworten ablehnt. Für Letztere ist das Leben ein Wert, der unbedingt zu schützen ist. Selbst ein Tyrannenmord wäre eine inakzeptable

Handlung; allein das Mitwissertum darum wäre schon verwerflich.

Das Durchspielen der Situationen regt zur Selbstreflektion an. In jeden Fall dient das Buch dazu, sich ein Stück weit über sein Ich und dessen Wertefundament klar zu werden. Die Autoren empfehlen übrigens dringend, im Buch keine sichtbaren Ankreuz-Spuren zu hinterlassen – der Philomat enthält unter anderem auch Fragen zum Versicherungsbetrug und zum Ehebruch. Testen lässt sich der Philomat im Internet, zur Frage wie man zum Töten steht: www.philomat.de/probelauf.

➤ Ob mithilfe eines papiernen Entscheidungshelfers oder tiefer gehend im direkten Gespräch: Die Welt der Philosophie kann mitunter ein wichtiger Impulsgeber bei Identitätskrisen sein. Das können runde Geburtstage sein, an denen man Bilanz zieht über sein Leben, was man erreicht hat und womöglich noch erreichen will. Aber auch in der Krise der Lebensmitte, in der man sein eigenes Verhalten plötzlich nicht mehr so recht interpretieren kann. Gerade dann tauchen oft die so typischen Sinnfragen auf, über die sich Menschen schon seit Jahrhunderten Gedanken gemacht haben: Was ist mir wirklich wichtig im Leben? Was ist mein wahres Ich? Insofern kann die Beschäftigung mit der Philosophie dem Leben tatsächlich so etwas wie neuen Sinn verleihen.

4 Rechenschaft ablegen

Den roten Lebensfaden erkennen • Eine Biografie
verfassen – und dadurch Selbsterkenntnis gewinnen

»*Schreibendes Denken ist ein Gespräch der Seele mit sich
selbst.*«   Marc Aurel

»*Zwei Variablen scheinen für ein gutes Leben entscheidend.
Die eine ist Stabilität. Die andere ist Veränderung. Schreiben
sorgt für ein Gefühl für beides.*«
Julia Cameron, Schriftstellerin

Über Boris Becker gibt es eine, über Courtney Love und
Roberto Blanco, Dieter Bohlen und Stefan Effenberg.
Selbst der noch minderjährige Sänger Justin Bieber hat
eine schreiben lassen. So manche Biografie bedient vor
allem den Jahrmarkt der Eitelkeiten, dient der Verlänge-
rung der Prominenz über die Fernseh- und Sportplatzzeit
hinaus, der Vergewisserung über die eigene Bedeutung.
Eine eher zweifelhafte Gesellschaft, in die man sich
Schreibender begibt, sollte man meinen.

Dabei blickt das Genre auf eine höchst seriöse Vergangenheit zurück. Wörtlich genommen bedeutet der aus
dem Griechischen stammende Begriff Autobiografie erst
einmal nichts anderes als »Lebensbeschreibung«.

Als erste weithin bekannt gewordene Autobiografie gilt jene des Kirchenlehrers und Bischofs Augustinus, die um etwa 400 nach Christus entstanden ist. Er nannte sie *Confessiones* (lat. für » Bekenntnisse «). Darin beschreibt Augustinus seine geistige Entwicklung und seine Bekehrung zum Glauben. Das Buch wurde in der frühen Neuzeit zum Vorbild für Menschen, die ihr Leben ebenfalls schreibend erkunden wollten.

Aber erst in der Renaissance wuchs ein breiteres Interesse an Autobiografien. Es bedurfte vieler Kriege, der europäischen Pesterfahrung und der allmählichen Entstehung einer bürgerlichen Gesellschaft, die dem Individuum – seinem Woher und Wohin – einen so hohen Stellenwert zubilligte, damit Menschen es überhaupt für wert hielten, über ihr persönliches Schicksal zu berichten.

Dem Philosophen und Pädagogen Jean-Jacques Rousseau imponierten die Bekenntnisse des Augustinus offenbar so sehr, dass er die eigenen Lebenserinnerungen *Les Confessions* nannte. Anders als dem Kirchenlehrer ging es Rousseau aber weniger um den Weg zu Gott als um seine – Rousseaus – von ihm als einzigartig erkannte Persönlichkeit. Auch Goethes Autobiografie *Dichtung und Wahrheit*, die das Leben des Dichters als Kunstwerk darstellt, hatte einen großen Einfluss auf die Entwicklung des Genres. Es gehe im Fall der goetheschen Biografie um nicht weniger als den Sinn des Lebens, konstatierten Literaturwissenschaftler.

Bis vor wenigen Jahrzehnten war das Grundmuster von Biografien meist ähnlich: Die Entwicklung des Selbst war eingebettet in die Chronik der Zeitläufte, das Ich gewann vor allem dann Bedeutung, wenn es Bezüge zur » großen

Lage« gab. Und meist waren Männer die Autoren. Das ging bis in die 1950er-Jahre so und galt auch für jene Autobiografien, die der Rechtfertigung des Lebens in totalitären Regimen dienten.

In den Jahren nach 1968 kam eine stärker subjektiv geprägte Erfahrungsliteratur in Mode. Ein Zeichen der Verinnerlichung, die ich-zentriert das eigene Leben in den Mittelpunkt aller Betrachtungen stellte. Nun standen vor allem die Identitätssuche und Selbstvergewisserung im Vordergrund. Ein Reflex auf eine Zeit, die dem Ich immer mehr Freiheiten gewährte, es aber auch allein ließ in einer Welt, die immer neue Lebensläufe und Rollenbilder möglich machte. Liebesbeziehungen, psychische Krankheiten sowie Missbrauchs- und andere Gewalterfahrungen standen daher häufig im Fokus von Biografien.

Viele Autoren und Autorinnen versuchten, angesichts der individuellen persönlichen Krisen, durch den Prozess des Schreibens überhaupt erst einmal ihr Ich auszuloten. So etwa Ingeborg Bachmann in ihrem autobiografischen Roman *Malina*, der Geschichte einer selbstzerstörerischen Liebe, komponiert vor allem aus inneren Monologen, Reflexionen, Albträumen und nicht abgeschickten Briefen. Das Schreiben sollte dabei helfen, das Leben zu ertragen, ihm einen Sinn zu geben. Vor allem Frauen treten nun als Autorinnen in Erscheinung, sowohl bei den Schriftstellerinnen als auch bei den Laien-Biografen.

Manche, die den Drang verspüren, vor sich selbst Rechenschaft abzulegen, ob handschriftlich in die Kladde oder am Computer, trauen sich das Schreiben selbst zu, andere besuchen ein Schreibseminar, wie sie von professionellen Biografen oder Schreibtrainern angeboten werden – oder beauftragen einen Ghostwriter, der anhand von Interviews eine Autobiografie im Namen des Auftraggebers verfasst.

Eine ganze Branche hat sich herausgebildet, um den Bedürfnissen gerecht zu werden. Selbst das Veröffentlichen bedarf in Zeiten des Digital Publishing keiner allzu großen finanziellen Mittel mehr – solange man als Autor nicht einem jener dubiosen Druckkostenzuschuss-Verlage in die Hände fällt.

Selbst wer heute gerade einmal 60 Jahre alt ist, blickt auf ein längeres Leben zurück als fast alle Menschen des Mittelalters. Und je individueller die Lebensverläufe sind, je weniger eingebunden der Einzelne in Rituale oder ständische Vorgaben ist, desto größer wird das Bedürfnis, nicht von außen vorgegebene Muster im eigenen Leben zu erkennen. Im Vordergrund der Betrachtung stehen oft Situationen, die das Ich als bedeutsam für sich selbst betrachtet. Bei Männern sind es häufig noch die Kriegserinnerungen, bei Frauen eher die Familienbande, persönliche Beziehungen zu anderen Menschen und die eigenen Gefühle.

»Durch die Klärung der Vergangenheit wird Gegenwart und Zukunft erst möglich: Fehler müssen nicht noch einmal gemacht werden, wenn sie als solche erkannt werden«, schreibt Stefan Schwidder, Mitgründer des Autobiografiezentrums (www.biografiezentrum.de). »Es ist wie eine Entdeckungsreise, an deren Ende man sich selbst wiederfindet. Wenn man seine eigene Vergangenheit versteht, kann man mit der Gegenwart und auch der Zukunft viel angemessener und besser umgehen.«

Die Essenz einer Autobiografie kulminiere dann in den Fragen: Wer bin ich? Warum bin ich so, wie ich geworden bin? War ich einmal ein anderer? Und: Wie werde ich in Zukunft sein? Was kann ich mit meinem Leben noch Sinnvolles anfangen?

»Wer seine Lebensgeschichte aufschreibt, sucht nach dem roten Faden in der individuellen Entwicklung. Im Prozess des autobiografischen Schreibens erfindet man sich in gewisser Weise neu; man konstruiert sich nachträglich seine Identität, passgerecht zur Gegenwart«, konstatiert die Schriftstellerin Herrad Schenk. Sie bietet auch Schreibwerkstätten für autobiografisches Schreiben an (www.herrad-schenk.de) und macht immer wieder dieselbe Erfahrung: »Die Überzeugung vom sinnhaften Ganzen des hinter ihnen liegenden Lebens, dass man schreibend nur nachzeichnen muss, existiert bei den meisten nicht mehr. Stattdessen sind sie schreibend auf der Suche nach sich selber und sehen dies häufig als einen nicht endenden Prozess.«

Das hatte schon Sigmund Freud in seinem Aufsatz »Erinnern, wiederholen, durcharbeiten« erkannt. Eine Biografie ist demnach nicht etwas Vorgegebenes, was lediglich erinnert werden muss, sondern die eigene Geschichte, die im Prozess des Erzählens und Verstehens überhaupt erst vor dem inneren Auge entsteht. Es geht also keinesfalls um eine detailgenaue Rekonstruktion der eigenen Geschichte, sondern gewissermaßen um eine Neukonstruktion.

Die Rückschau auf das eigene Leben kann daher manche Überraschung bereithalten. Denn obwohl man es so gut zu kennen glaubt, erschließen sich erst durch den Akt des

Erinnerns und Schreibens Zusammenhänge und Motive, die einem nicht vollständig bewusst sind. Da kann es um wiederkehrende problematische Beziehungsmuster in der Familie oder zum anderen Geschlecht gehen, um nicht eingestandene Eifersuchtsgefühle oder berufliche Schwierigkeiten.

Diese Art der schreibenden Identitätssuche kann dabei helfen, sich angesichts der Fährnisse des Lebens als stabile Persönlichkeit zu empfinden. Das verschafft nicht nur Einsichten in das Selbst, sondern kann auch das Selbstbewusstsein stärken und zur psychischen Gesundheit beitragen. Denn als je kohärenter (zusammenhängender) ein Mensch seine Persönlichkeit empfindet, desto stärker ist seine psychische Stabilität.

Das zumindest zeigen Studien von Psychologen, die sich mit der Salutogenese beschäftigt haben, einem medizinischen Präventionskonzept, das nach den Faktoren der Gesunderhaltung fragt: Kohärenz ist dafür eine entscheidende Voraussetzung: Das Gefühl, dass es einen Zusammenhang und Sinn im Leben gibt, dass das Leben nicht einem unbeeinflussbaren Schicksal unterworfen ist. Und dass ein Ich über Ressourcen verfügt, die es mobilisieren kann, um aktuelle Probleme zu meistern. Solche Menschen sind gegenüber den Fährnissen des Lebens widerstandsfähig, resilient.

Das biografische Schreiben hat demnach auch eine selbsttherapeutische Komponente, wie auch die Biografieberaterin und Therapeutin Margit Inka Postrach erkannt hat: »Eine Autobiografie ist nicht bloß das Heraufbeschwören von Erinnerungen und Zusammenfassung von Ereignissen, sondern ein Kunstwerk: verdichtetes, gedeutetes Leben. Nicht die Ereignisse, sondern die

Bedeutung, die Sie ihnen geben, und der Zusammenhang, den Sie beim Schreiben herstellen, stiften Sinn. Nicht was Sie erlebt haben, sondern wie Sie es bewerten, zeigt Ihre Lebensphilosophie, Ihre Kunst zu leben. Das Verstehen der eigenen Geschichte und die erzählerische Darstellung machen Sie zum Autor Ihres Lebens. Sie können sich von leidvollen Erfahrungen distanzieren und von einengenden Selbstbildern (»So bin ich eben«) oder von Zuschreibungen anderer (»Du warst immer ein schwieriges Kind«) befreien. Eine Autobiografie zu schreiben ist immer auch eine Möglichkeit, sich neu zu entwerfen.«

In gewisser Weise ähnelt das Schreiben einer Biografie einer Psychotherapie, mit dem Unterschied, dass man als Autor gleichzeitig auch die Rolle des Therapeuten ausfüllt: Man erinnert sich seiner Lebensgeschichte; die zunächst noch ungeordneten Gedanken und Fragmente vor dem Schreiben entsprechen dabei den Gedankensplittern, die beim freien Assoziieren beim Therapeuten zutage treten. Der Prozess des Schreibens ist dann der Versuch, das Geschehene zu verstehen und ihm eine Deutung zu geben.

Eine nicht ganz neue Erkenntnis, wie der Literaturwissenschaftler Thomas Anz anmerkt: »Der befreiende Effekt der Selbstreflektion ist der Autobiografie und der Psychoanalyse potenziell gemeinsam.« Er nennt ein Beispiel dafür: »Der Hausarzt Fontanes gab diesem vor der Einweisung in eine Nervenklinik den Rat, einmal etwas ganz anderes zu schreiben und die eigene Kindheit aufzuzeichnen. Dem Rat verdankte der Autor die Wiederherstellung seiner Gesundheit, und wir verdanken ihm den autobiografischen Roman *Meine Kinder-*

jahre.« Für Fontane war es sein erster wirklicher Erfolg
als Autor.

Nicht jeder muss ein Fontane werden, um ähnlich positive Erfahrungen zu machen. Der Biograf Andreas Mäckler beschreibt das an dem Beispiel der 80-jährigen Verena
Kempf-Obermüller, die versuchte, mit einer von ihm
unterstützten Biografie das Trauma ihres Lebens zu überwinden: »Als diese Frau und ich zusammenarbeiteten
und sie immer wieder ihr Leben in den dunkelsten Far-
ben schilderte und ihrer Familie die allergrößten Vor-
würfe machte, wies ich öfters auf eines der Gemälde, die
in ihrem Wohnzimmer hingen, und sagte: Schauen Sie,
so wie es in dieser Landschaft helle und dunkle Partien
gibt, Details und monochrome – einfarbige – Flächen, so
ist auch Ihr Leben wohlkomponiert. Sie haben lichte
Zeiten gehabt, sich glücklich gefühlt, aber auch die
schweren, dunklen Zeiten gehören zu Ihrem Leben. Lassen Sie uns alles so sorgfältig und gewissenhaft aufzeichnen und damit würdigen, denn es ist Ihr Leben. Sie
haben es durchlebt, durchlitten und durchliebt.«

Mäcklers Erfahrung ist es, dass sich beim »verstehen-
den Aufschreiben« nicht nur Wertungen und Deutungen verändern, sondern auch der Blick auf die Zukunft.
Plötzlich erkenne man, dass das, was negativ und bitter
erscheint, der Wendepunkt zu etwas Besserem sein könnte. »Ich musste mir alle furchtbaren Erinnerungen von
der Seele schreiben, sonst wäre ich daran erstickt«, sagt
Verena Kempf-Obermüller. »Ich spürte, wie der Schreib-
prozess meine seelischen Wunden heilen ließ.« Ihre
Autobiografie trägt den Titel *Wie ein Hauch auf dem
schönsten Planeten.*

Ein wichtiger Unterschied zwischen Psychotherapie und Schreiben ist jedoch, dass bei Ersterer die Bearbeitung der Lebensgeschichte im geschützten Raum zwischen zwei Menschen verbleibt, dem Therapeuten und dem Klienten. Beim autobiografischen Schreiben mündet sie normalerweise in ein Buch. Manch ein Autor zeigt das womöglich niemandem oder nur dem Partner, den Kindern und Enkeln. Andere möchten es in einem Verlag veröffentlicht sehen. Im besten Fall lesen viele andere Menschen sehr persönliche Dinge über den Autor, die Autorin. Das sollte bedenken, wer sich für diese Form der Aufarbeitung des eigenen Lebens interessiert.

Das Aufschreiben persönlicher Erlebnisse kann, wie schon länger bekannt ist, sogar spezielle Heilkräfte entfalten. Wissenschaftler der Universität Amsterdam haben eine Methode namens Interapy entwickelt, bei der Schreiben als Mittel gegen das Posttraumatische Belastungssyndrom eingesetzt wird. Dabei schreiben Betroffene ihre traumatischen Erfahrungen mehrfach detailgetreu auf und werden dabei per Internet von Psychologen betreut. Wann und in welcher Intensität sie schreiben, bestimmen sie selbst. Durch die Konfrontation mit sich sollen sie das Gefühl der Hilflosigkeit überwinden, Selbstkontrolle zurückgewinnen und der Opferrolle entkommen. Hinzu kommt: Mit jeder » Therapiestunde « an der Tastatur erlebt der Patient die traumatische Situation als weniger bedrohlich. Was auf den ersten Blick ungewöhnlich klingt, hat sich inzwischen bewährt. Renommierte Universitäten haben den Ansatz übernommen.

Als sogenannte Poesietherapie kann das Schreiben sogar Schmerzen etwa bei Krebs- oder Rheumapatienten lindern. Durch die Konzentration auf das Formulieren schüttet der Körper vermehrt den Botenstoff Dopamin aus – und der wirkt schmerzlindernd. Bei Rheuma- und Asthmapatienten, die persönliche Erzählungen oder Gedichte verfasst hatten, nahm der Schweregrad ihrer Erkrankung messbar ab; bei Patienten, die sachliche Texte verfassten, trat hingegen keine nennenswerte Veränderung ein.

Aber auch gesunde Menschen profitieren: US-Forscher etwa haben festgestellt, dass Menschen, die regelmäßig ihre Gedanken und Gefühle niederschreiben, über eine bessere Immunabwehr verfügen; sie leiden weniger häufig an Depressionen und gehen seltener zum Arzt als Nichtschreiber. Der Psychologe James Pennebaker konnte zeigen, dass College-Studenten, die mehrfach jeweils 20 Minuten lang über bewegende Erlebnisse geschrieben hatten, deutlich mehr aktive Immunzellen im Blut hatten als Studenten einer Kontrollgruppe.

Bis heute ist nicht ganz klar, weshalb das Schreiben eine so gute Therapie ist. Womöglich kommt der Akt des Formulierens einer Form des inneren Stressabbaus gleich. Im Laufe der Zeit entsteht dann ein Gefühl der Kontrollierbarkeit des körperlichen oder seelischen Leidens. Eine Forschungsarbeit konnte zeigen, dass Schreiben gewissermaßen das Arbeitsgedächtnis entlastet – die Probanden waren in der Lage, auch wieder an andere Dinge zu denken als nur an ihre schlimmen Erlebnisse. Im Moment des Schreibens kommt es zwar zu aufwühlenden Gefühlen, des Nachts zum Teil auch zu Albträumen – aber innerhalb weniger Wochen nehmen die emotional belastenden Gedanken an das Geschehen ab.

Das Beste am autobiografischen Schreiben aber ist: Es bedarf keiner Lebenskrise, um damit anzufangen. Es lohnt sich auch, nach dem Guten und Gelungenen im Leben zu suchen und sich darüber Selbstgewissheit zu verschaffen. Ganz gleich, was der Anlass ist, eines passiert in jedem Fall: Der Autor oder die Autorin erfährt durch diese Art der Selbsterkundung unweigerlich mehr über sich. Der Einzelne kann dadurch ein Stück weit mehr zum – auch im Wortsinne – Autor seines Lebens werden.

Einen Punkt gilt es jedoch für alle Autoren und auch Leser von Biografien zu bedenken. Es geht immer um eine ganz persönliche Sicht der Dinge. Der Soziologe Pierre Bourdieu spricht in dem Zusammenhang von einer »biografischen Illusion«. Eine objektive Wahrnehmung unserer Selbst oder unserer Lebensumstände ist nicht möglich. Das heißt, jedes autobiografische Schreiben ist subjektiv eingefärbt, allein schon durch den zeitlichen Abstand. Die Schriftstellerin Christa Wolf hat das als »subjektive Authentizität« bezeichnet – die einzig mögliche Darstellungsform für Autobiografien.

Ihr war klar, dass das Gedächtnis alles andere ist als ein Archiv, das akribisch die Vergangenheit festhält. Es ähnelt also keineswegs einem Computer, der alle Dateien, die ihm eingegeben werden, unverändert abspeichert. Das Gedächtnis interessiert sich nicht so sehr für die Fakten als vielmehr für deren Interpretation.

Ein drastisches Beispiel dafür, welche Kapriolen unser Gedächtnis schlagen kann, ist der Fall des US-Gedächtnisforschers Donald Thompson. Der wurde von einer Frau detailgenau als Vergewaltiger beschrieben – und auch wiedererkannt. Allerdings hatte Thompson ein wasserdichtes Alibi: Zur Zeit des Verbrechens war er live im Fernsehen; er gab ein Interview zum Thema Gedächtnisverzerrung. Die Frau hatte zufällig direkt vor der Gewalttat die Sendung gesehen und eine »Fehlattributierung« vorgenommen. Für sie sah der Professor wie der Täter aus, eine für sie absolut überzeugende Erinnerung, die aber dennoch falsch war. Inzwischen gibt es diverse Fachbücher zum Thema »False Memory«. Oft geht es dabei um Zeugenaussagen zu Missbrauchsfällen.

Ohnehin ist der Mensch als Zeitzeuge eine Fehlkonstruktion. Das zeigt sich etwa bei erinnerten Kriegserlebnissen, bei denen sich individuelle Berichte mehrerer Teilnehmer durch Gespräche miteinander allmählich ähnlicher werden und schließlich in einer kollektiven Erinnerung münden. Die aber hat oft nur noch begrenzt etwas mit der Wirklichkeit zu tun. So berichteten etwa während eines Vortrags eines Historikers über einen schweren Bombenangriff auf Dresden ältere Zeitzeugen übereinstimmend, dass britische Tiefflieger sie gejagt hätten, während sie vor den Flammen durch die Straßen geflohen seien. Der Historiker konnte jedoch belegen, dass das nicht sein konnte: Der Feuersturm hatte jeden Tiefflug unmöglich gemacht, zudem hatte eine Auswertung britischer Flugeinsatzpläne keinen Hinweis auf Tiefflieger erbracht.

Dennoch ist das trügerische Gedächtnis alles andere als ein Fehler der Evolution. Für den Einzelnen hat dies durchaus Vorteile. Denn, so sagt Hans Markowitsch, Professor für Physiologische Psychologie an der Universität Bielefeld, »das autobiografische Gedächtnis hat wenig mit der Vergangenheit zu tun, es ist vielmehr dafür da, dass wir uns in der Gegenwart und in der Zukunft orientieren können«. Im autobiografischen Gedächtnis sei die höchstpersönliche, subjektiv erlebte Lebensgeschichte abgespeichert – und damit auch die Weltdeutung des Einzelnen. Das ist einzigartig unter allen Lebenswesen: Nur der Mensch vermag sich bewusst an seine Biografie zu erinnern, nur er weiß, wie sich bestimmte Situationen im Leben angefühlt haben und wie er oder sie sich dabei gefühlt hat.

Die Erinnerungen sind es letztlich, die unsere individuelle Persönlichkeit prägen. Dadurch formt sich – in der Gemeinschaft, in der Kommunikation mit anderen – die Identität jedes Einzelnen, sein Ich. Nicht die exakten zeitlichen und räumlichen Lebensdaten spielen dabei die Hauptrolle, sondern die Gefühle, das Wahrnehmen und Erleben. Denn nur das landet im Langzeitspeicher, was als bedeutsam eingestuft wird. Und als bedeutsam wird nur bewertet, was mit Emotionen verbunden war. »Gefühle sind die Wächter unserer Erinnerung«, sagt Hans Markowitsch.

Bei traumatischen Ereignissen, wie etwa einem Bombenangriff oder einer Vergewaltigung, kann aufgrund des extremen Stresses die Speicherung der Erinnerung im Gehirn erheblich gestört werden. Manches wird einfach ausgeblendet, um sich selbst vor dem Schrecklichen zu schützen. Doch das Gehirn versucht die Lücken zu schließen – und geht dabei mitunter sehr frei vor, wie das Beispiel des US-Forschers Donald Thompson zeigt.

Beim autobiografischen Schreiben gibt es jedoch viele Möglichkeiten, sich dem längst verschüttet Geglaubten wieder zu nähern – ohne im stillen Kämmerlein ausschließlich in den Tiefen des eigenen Gedächtnisses zu graben. Hilfreich sind Gedächtnisstützen. Von denen gibt es oft mehr, als man meint: Existieren noch Briefe aus der Vergangenheit, vielleicht sogar Liebesbriefe? Haben Sie früher einmal Tagebuch geführt, oder gibt es ein Poesiealbum aus der Kindheit? Selbst Urlaubspostkarten, die Sie geschrieben, aber vielleicht nicht abgeschickt haben, können etwas über Sie verraten.

Oder haben Sie früher einmal Geschichten oder Gedichte geschrieben, in denen Sie Ihren Gedanken und Gefühlen Ausdruck gegeben haben? Und dann gibt es natürlich in fast jeder Familie Fotoalben: Wenn Sie zum Beispiel sich selbst plötzlich als Konfirmand wiedersehen, was geht Ihnen da durch den Kopf? Oder Sie spielen sich einmal die alten Schallplatten oder Kassetten vor, die vor Jahrzehnten Ihr ganzer Stolz waren – was fühlen Sie dabei? Trauern Sie einer bestimmten Zeit nach – oder sind Sie froh, dass das Leben weitergegangen ist? Fahren Sie dorthin, wo Sie früher gelebt haben: Wie fühlt es sich an, den alten Schulweg noch einmal zu gehen, in den Wald, in dem Sie mit Ihrem besten Freund gespielt haben, an jenem Bach zu stehen, an dem Sie die erste Eidechse gefangen haben?

Allerdings erfordert es auch Mut, sich der eigenen Vergangenheit zu stellen. Denn unweigerlich werden wir mit unseren innersten Gefühlen konfrontiert. Das drückt sich aus in Zitaten wie »Mein Leben besteht bis heute hauptsächlich aus Baustellen. Die größte Baustelle bin ich selbst, wie ein Haus, das nie fertig geworden ist« (aus einem Schreibkurs bei Herrad Schenk). Oder bei einer anderen Frau: »Darüber zu schreiben ging noch – es hat mich sogar erleichtert. Doch beim Vorlesen hat es mich wieder eingeholt« (aus einem Schreibkurs bei Herrad Schenk).

Es kann durchaus geschehen, dass die Erinnerung auch sehr schmerzliche Gefühle ans Licht bringt – nicht nur als matte Erinnerung, sondern in ganz ähnlicher Intensität wie beim ursprünglichen Erleben. Solche Erinnerungsschmerzen können sehr tief gehen, aber ihre Überwindung kann zu einer ungeahnten Erleichterung führen. Ein Teil der Last landet dann auf dem Papier – wobei die Frage, ob Sie Ihre Biografie auch veröffentlichen, gar nicht entscheidend ist. Wichtig ist der Prozess des Erinnerns, des Nachdenken, des Schreibens an sich. Der US-Psychologe James Pennebaker spitzt das zu folgender Aussage zu: »Sich über belastende Erfahrungen nicht mitteilen zu können ist meist noch traumatischer als das Ereignis selbst.«

Nur wenn es einem dauerhaft nicht gut geht mit den Erinnerungsschmerzen, sollte man auch den Mut haben aufzuhören oder sich Hilfe zu holen. Allerdings gibt es auch kleine Tricks, sich innerlich von dem Geschehen zu distanzieren: zum Beispiel die Gedanken statt in der Ich-Form in der dritten Person aufzuschreiben. Oder die Geschichte einer anderen Person zuzuschreiben, die auch einen anderen Namen erhält. Falls gewünscht, lässt der sich später immer noch durch den eigenen Namen ersetzen.

Hilma Karoline Wolf hat es durchgehalten und eine bewegende Biografie über ihr Leiden in einem christlichen Erziehungsheim im schleswig-holsteinischen Prisdorf gegen Ende des Dritten Reichs und in der Nachkriegszeit geschrieben. Bis zum Alter von 20 lebte sie dort, musste, wie sie erzählt, Schläge, Demütigungen und Zwangsarbeit erdulden. Sie berichtet unter anderem, dass am Heiligabend Kinder erbrochenen Kartoffelsalat aufessen mussten – sonst hätte es für alle Kinder keine Bescherung gegeben. *Herbstglück* heißt ihr Buch. Den Titel hat sie ihm gegeben, weil sie im Herbst ihres Lebens endlich ein glücklicher Mensch geworden sei. Im Alter von über 60 Jahren hatte sie angefangen, Belletristik zu studieren; mit dem Ziel, das Buch zu schreiben.

Wer Interesse hat, eine Autobiografie zu verfassen, kann drei unterschiedliche Herangehensweisen in Erwägung ziehen:

- Einfach anfangen, die Gedanken niederzuschreiben. Wer etwas zu erzählen hat, der kann es meist auch aufschreiben. Und wer aus der Motivation heraus schreibt, sein Leben und sein Ich besser zu verstehen, wird ohnehin nicht auf den Literaturnobelpreis oder die Bestsellerlisten schielen. Am besten fängt man mit etwas an, an das man sich gerne erinnert. Wer nicht gänzlich unvorbereitet beginnen will, für den können folgende Bücher hilfreich sein, die konkret Hilfestellung geben:

  Ich schreibe, also bin ich. Schritt für Schritt zur eigenen Biografie von Stefan Schwidder. Der Dozent und Trainer für kreatives Schreiben gibt Tipps etwa zu Schreibzeiten und Schreiborten, zu Hilfsmitteln und stilistischen Fragen sowie dem Aufbau von längeren Texten; er erläutert zudem den Umgang mit Schreibblockaden und mit schmerzhaften Erinnerungen.

  Ebenfalls empfehlenswert ist *Die Heilkraft des Schreibens. Wie man vom eigenen Leben erzählt* von Herrad Schenk. Die Biografin berichtet aus ihren Schreibwerkstätten und erläutert anhand vieler Textbeispiele die Praxis des Schreibens. Was beide Autoren auszeichnet: Sie nehmen ihren Lesern die Schwellenangst davor, selbst als Autor tätig zu werden.

• Eine Schreibwerkstatt besuchen oder einen Schreibcoach engagieren. Bei beiden Möglichkeiten steht Ihnen jemand mit Rat zur Seite, wenn Sie nicht weiterwissen. Die Experten machen auf Brüche oder Unlogisches im Geschriebenen aufmerksam, sie können kompetent Feedback zu ersten Kapiteln geben – und sich am Ende sogar um den Druck kümmern.

Einen guten Überblick über Workshops und Seminare bietet das Biografiezentrum auf der Website www.biografiezentrum.de. Dort lässt sich nach Bundesländern geordnet nach Biografen suchen, die sich dem Ehrenkodex des Biografiezentrums verpflichtet fühlen bezüglich der Transparenz von Leistungen sowie Preisen und der Verschwiegenheit gegenüber Dritten. Das Zentrum bietet auch Fortbildungen für Biografen an.

• Einen Biografen als Ghostwriter beauftragen. Der führt mit den Kunden meist einige mehrstündige Interviews zu deren Lebensgeschichte und benutzt die Aufzeichnungen dann als Rohmaterial für ein Buch. Ein nicht ganz billiges Unterfangen: 8000 bis 16 000 Euro für ein 100 bis 200 Seiten starkes Buch können durchaus zusammenkommen. Die Stundenhonorare der im Biografiezentrum zusammengeschlossenen Autoren liegen bei etwa 50 Euro.

➤ Der rote Faden der eigenen Lebensgeschichte – der Geschichte des Ich – lässt sich mit allen drei Wegen aufnehmen. Das Ziel aller Mühen ist ohnehin immer dasselbe, wie schon der Philosoph Sören Kierkegaard so treffend in seinen Tagebüchern bemerkte: Man müsse, so schrieb er, sein Leben zwar vorwärts leben, könne es aber nur rückwärts verstehen.

5 Wie mache ich mehr aus mir?

Lässt sich die Persönlichkeit optimieren? • Warum
gutes Coaching viel mehr kann, als fit fürs Berufsleben
zu machen

Sabine Asgodom ist eine der erfolgreichsten Coaches
Deutschlands, 2000 Euro für einen halben Tag Beratung
kann sie in Rechnung stellen. Doch geht es dabei längst
nicht nur um Berufliches. Asgodom erzählte in einem
Interview von einer gut gekleideten Erfolgsfrau, die einen
Termin bei ihr hatte. Vordergründig ging es um die
künftige Karriereplanung. Aber während der Beratung
ergänzte Sabine Asgodom die von der Klientin notierten
Ziele spontan um einen in diesem Zusammenhang un-
gewöhnlichen Satz: »Meine Ehe retten.«

Die Frau brach daraufhin in Tränen aus und räumte
ein, dass dies tatsächlich ihr größter Wunsch sei. Sabine
Asgodom hatte das Beispiel erwähnt, um zu verdeut-
lichen, dass es beim Coaching längst nicht nur um Kar-
rierefragen geht, sondern meist um das Leben als Ganzes,
um existenzielle Fragen. Auch wenn die Klienten das
meist nicht von sich aus so zielgerichtet auf den Punkt
bringen könnten. »Eigentlich«, sagt sie, »sind alle auf
der Suche nach mehr Lebenszufriedenheit und Glück.«
Dennoch sieht Sabine Asgodom sich nicht als Therapeutin oder Philosophin, sondern als jemanden, der anderen

Menschen eine »konkrete Anleitung zum Tun« geben könne.

Ein Coach ist meist Berater und Motivator in einer Person. Er oder sie hat es im Normalfall nicht mit behandlungsbedürftigen Patienten zu tun, sondern mit Menschen, deren Selbststeuerungsfähigkeit noch erhalten ist. Die meisten, die sich für ein Coaching entscheiden, stehen vor einer Weggabelung, etwa in beruflicher Hinsicht, und wollen wissen, welche Richtung ihrem inneren Wunsch, ihrem Ich am ehesten entspricht.

Lange Zeit hat man den Begriff Coaching vor allem mit Managern assoziiert, die nicht mehr richtig »funktionieren«: Wer sich nicht zum Psychiater traut, lässt sich heimlich coachen, hieß es despektierlich. Es ging meist zielgerichtet darum, bestimmte Verhaltensweisen einzuüben, die Persönlichkeit ein wenig aufzuplustern, seine Schwächen geschickt zu kaschieren oder sich Strategien anzueignen, wie man Mitarbeiter möglichst elegant loswird. Die Trainings waren vor allem ziel- und effizienzorientiert, sie sollten dazu dienen, im Gefüge eines Unternehmens besser zu funktionieren – Coaching als Schmierstoff für die Wirtschaft sozusagen.

Das aber sei ein falsches Verständnis erfolgreichen Coachings, sagt Professor Ferdinand Buer, der an der Universität Münster Soziologie lehrt und als Dozent in der Coach-Ausbildung tätig ist. Das übliche Bild vom Coaching als Managementberatung sollte dringend um die Themen Ethik- und Lebensberatung erweitert werden. Ein Coach müsse sich mit den Aspekten Glück, Verantwortung und Lebenskunst beschäftigt haben. Dabei gehe es zwangläufig um Fragen, wie sich das Ich in seinem beruflichen Umfeld sieht und positioniert – vor allem im Bezug zum privaten Leben. Jeder, der auf Dauer glücklich sein wolle, so Buer, müsse sich nicht nur um einen vergnüglichen, sondern auch um einen maßvollen und sinnvollen Lebensstil bemühen. Einen, den man mit seiner ganzen Existenz bejahen könne.

Eine besondere Art des ganzheitlichen Coachings, bei dem Klienten viel über ihr Ich erfahren, hat die Kölnerin Birgitt Morrien entwickelt.

Neben bekannten Techniken wie Gestaltarbeit oder Rollenspiel arbeitet Birgitt Morrien mit der sogenannten DreamGuidance (Traumführung). Was reichlich esoterisch klingt, hat bei näherer Betrachtung durchaus Bodenhaftung. Hinter der Methodik steht die Auffassung, dass die bewusste Wahrnehmung nur einen kleinen Teil der Wirklichkeit abbildet. Ziel sei es daher, sich seine Tagträume zugänglich zu machen. Weil sie, so Morrien, zu unbewussten Wünschen hinführen – die wiederum gezielt zum Umbau der Wirklichkeit genutzt werden könnten.

Die Kommunikationswissenschaftlerin hat selbst Tausende ihrer Träume festgehalten. Ihre daraus entstandenen Tagebücher sind ihr eine wichtige Wissensressource: »Mein erster notierter Traum datiert von 1973, und ich hole darin mithilfe einer Leiter ein Bild von einem hohen Regal. Es zeigt einen Mann mit Bart, und dieser Mann heißt Sigmund Freud.«

DreamGuidance ist aber keine Traumdeutung nach Freud, bei der nächtliche Erlebnisse analysiert werden. Birgitt Morrien unternimmt so etwas wie eine Gratwanderung zwischen einer normalen Beratung und einer therapeutischen Sitzung. Die Traumführung unterscheidet dabei nicht zwischen der Berufspersönlichkeit und der Privatpersönlichkeit, wie es in vielen herkömmlichen Coachings der Fall ist.

Auf einer Couch sitzen die Kunden nur, weil es so schön bequem ist und sie die Beine ausstrecken können, während ihre Gedanken auf Reisen gehen. Birgitt Morrien spricht dann mit monotoner, suggestiver Stimme und versenkt ihre Kunden in Tagträume, das Wachbewusstsein tritt zurück. Der Klient hat die Situation aber immer unter Kontrolle und kann jederzeit abbrechen, wenn es ihm nicht behagt.

Nach einiger Zeit tauchen vor den Augen der meisten Kunden dann innere Bilder auf. Erstaunlicherweise funktioniert die Methode bei sehr vielen Menschen. Nur für sehr kopfgesteuerte Typen sei eine DreamGuidance nicht ratsam. Einmal habe eine Führungskraft aus der Baubranche vor ihr auf der Coach gelegen, erzählt Morrien. Nach einer Viertelstunde habe er sich aufgerichtet und gesagt: »Nee, das ist hier doch nicht meine Baustelle.« Das könne man nur akzeptieren.

Den meisten ihrer Kunden gelinge es, Tagträume zuzulassen. Oft verknüpfen die Träume Bekanntes neu, helfen das lineare Denken zu überwinden und neue Perspektiven zu entwickeln. Schließlich versucht Morrien, ihren Kunden die Lebensträume zu entlocken: »Ich führe den Klienten in ein sehr fortgeschrittenes Lebensjahr, wo er sich aus der gelasseneren Perspektive des älteren Menschen an kostbare Lebensmomente erinnert.« Im zweiten Teil der Übung soll dann das ältere Ich dem jüngeren Ratschläge geben. Dabei gehe es um die Anbahnung neuer Perspektiven für sich selbst.

Birgitt Morrien interpretiert die Träume und versucht sie in die Lebenswirklichkeit des Kunden zu integrieren. »Eine neue Zukunftsperspektive ist oft eine Art mentaler Leuchtturm«, sagt sie. Ein sehr junger Klient etwa berichtete davon, wie er sich Jahre später als 37-Jähriger betrachtet, der sich gerade freinimmt, um den in der Wirklichkeit noch nicht geborenen Sohn aus dem Kindergarten abzuholen. Sieben Jahre später sieht er sich als Arbeitgeber von zehn Angestellten. An seinem 65. Geburtstag sitzt er mit Freunden, Verwandten und Enkeln an einer langen Tafel im Grünen. Einige Zeit nach dem Coaching ist sich der junge Mann sicher, dass er sich eine Angestelltenkarriere in einem Unternehmen nicht vorstellen kann. Sein Lebensglück knüpft er von nun an eine berufliche Selbstständigkeit.

Auf ihrer Homepage hat Birgitt Morrien Dutzende Fallgeschichten unter Echtnamen veröffentlicht. Sie zeigen, dass viele der Klienten offenbar Zugang zu verschütteten Potenzialen bekommen haben. In vielen Fällen sind die beruflichen Hürden und die notwendigen Weichenstellungen nur der Anfang. Am Ende stehen neue Entwicklungspfade im Einklang mit dem Selbst.

So auch bei Stefanie Hennigfeld, einer 1962 geborenen kaufmännischen Leiterin eines Fernsehsenders, die es leid war, sich ständig mit Finanzdingen zu beschäftigen. Sie schreibt (Auszüge):

»Auf dem Bildschirm flackerte eine Excel-Tabelle mit einer weiteren sinnlosen Rentabilitätsplanung. Sinnlos, weil meine Gesellschafter noch nie Interesse am Erfolg gezeigt hatten, sondern stets erfinderisch waren, alle Bemühungen um Verbesserung der Sendeinhalte im Hinblick auf Steigerung der Zuschauerzahlen im Keim zu ersticken. ... Mein Assistent meldete Frau Morrien an, sie hatte mich in der Woche zuvor um einen Termin gebeten, es ginge um Mitarbeiter-Coaching. Aber wieso, hatte ich gedacht, sollten eigentlich meine Mitarbeiter gecoacht werden? ...

Eine Woche später saß ich Birgitt Morrien dann in ihrer Coachingpraxis gegenüber, sie sehr entspannt, ich sehr um coole und souveräne Wirkung bemüht. ... Ich hasste meine Arbeit, fühlte mich aber allem (meiner Position, meiner Arbeit) und jedem (Gesellschafter, Mitarbeiter, mir selbst) gegenüber in der Dauerpflicht und war durch jahrelangen guten Verdienst finanziell angenehm verwöhnt, verbunden mit der recht massiven Sorge, diese finanzielle Sicherheit zu verlieren ...

Eine der schwierigsten Aufgaben war zu formulieren, was ich wollte. Wenn eine Veränderung im Berufsleben stattfinden sollte, wo und was war das Ziel? Und hier tappte ich lange im Dunkeln. Ich wollte ja so gerne visualisieren und »daydreamen« von meinem beruflichen Ideal – aber was um alles in der Welt war es nur?

Auf dem ersten Teil des Weges dahin, das zu erfahren, half mir Birgitt Morrien. Es wurde mir klar, dass ich dringend mit dem derzeitigen Job aufhören musste – und auch hier wieder: große Überraschung. Kaum hatte ich dieses Ziel formuliert und verinnerlicht, kam eine kurze unangenehme Phase, die mit einer für mich lukrativen Trennung von der mir inzwischen so verhassten Arbeit endete. Und ein Jugendtraum ging in Erfüllung – meine Partnerin und ich bezogen eine Finca auf Mallorca ...

Aus vielfältigen Gründen verließen wir nach zwei sehr schönen Jahren die Insel und kehrten nach Köln zurück. Und hier holte es mich wieder ein, das große nebelige

NICHTS, wenn ich an das dachte, was ich mit dem Rest meines Lebens anstellen wollte ... Und hier kam wieder Birgitt Morrien ins Spiel ... Ähnliche Übungen wie sechs Jahre zuvor – wie z. B. die imaginäre Reise zu meinem 75. Geburtstag, verbunden mit Rückblicken in mein gelebtes und noch zu lebendes Leben – brachten mir vielerlei Einsichten, über mich, meine Einstellung zu mir und dem Erfolg und zu dem, wie ich meine Zukunft sah. Zum Teil fiel es mir wie Schuppen von den Augen, und ich erlangte im wahrsten Sinne des Wortes klare Sicht auf mein Ziel.

Heute arbeite ich in meinem Sehzentrum mit Menschen, die unter Sehstress leiden (und wer tut das nicht?), Kindern mit Lese-Rechtschreib-Schwäche und Hyperaktivitätssyndrom, Sportlern, die sich mit der Verbesserung ihrer Sehleistung einen Vorteil dem Gegner gegenüber verschaffen, und all denen, die ihre Sehkraft erhalten und/oder verbessern wollen. Ich bin sehr ausgeglichen und glücklich über Erfolg und Anerkennung. Größte Befriedigung ist es für mich zu sehen, dass mein Einsatz vielen Menschen wirklich hilft und ich ihr Leben positiv beeinflusse ... «

Stefanie Hennigfeld hat in gewisser Weise zu sich selbst gefunden, hat ihre Persönlichkeit und Wünsche ein Stück weit besser kennengelernt. Und sie ist sich sicherer als zuvor, was sie will, von sich selbst und vom Leben.

Anders als die meisten ihrer Kollegen hat Birgit Morrien einen wissenschaftlichen Anspruch an ihre Arbeit – und stellt sich einer unabhängigen Erfolgskontrolle. Eine Studie über acht Jahre mit 80 Teilnehmern in Zusammenarbeit mit dem Institut für Wirtschaftsinformatik der Universität Hannover bestätigte zwei wichtige Forschungshypothesen: DreamGuidance wirkt tatsächlich klärend in Entscheidungssituationen. Und es fördert die Entwicklung von Lösungsstrategien in der Selbsteinschätzung der Befragten, die Wertschätzung der eigenen Intuition und Gefühle nimmt zu. Ein derart entwicklungsorientiertes Coaching ist auch heute noch eher die Ausnahme denn die Regel. Aber es werde von den Klienten mehr und mehr eingefordert, konstatiert Christopher Rauen, Vorsitzender des Deutschen Bundesverbandes Coaching.

Rauen hat – ganz ähnlich wie Sabine Asgodom – die Erfahrung gemacht, dass viele Menschen vordergründig ein Coaching in Anspruch nehmen mit dem Wunsch, sich beruflich weiterzuentwickeln. Tatsächlich seien sie aber vor allem an einer Stabilisierung ihres derzeitigen Zustands interessiert, an der Abmilderung aktueller Krisen, ganz gleich ob privater oder beruflicher Natur. Deshalb sei es auch nicht sinnvoll, nur an persönlichen Defiziten zu arbeiten. Im Zentrum der kurzen Interventionen sollten immer die Stärken eines Menschen stehen. Sie zu stützen und auszubauen sei das Ziel.

Das verlangt vom Coach eine tief gehende Analyse der Ausgangssituation und die Sensibilität, auch schmerzhafte Entwicklungen zu erkennen und anzusprechen. Im Zweifelsfall muss er den Mut aufbringen, einem Klienten schonend beizubringen, dass er oder sie bestimmte Ziele nicht erreichen wird – selbst auf die Gefahr hin, den Auftrag zu verlieren. Das aber passiert nur in den seltensten Fällen, denn der Kampf um die Kunden ist hart.

Auf bis zu 40 000 wird die Zahl der Coaches allein in Deutschland geschätzt. Der Begriff ist nicht geschützt, jeder kann ihn sich auf die Visitenkarte drucken lassen.

Bei Amazon finden sich mehr als 8000 Buchtreffer zum Thema. Entsprechend viele Blender gibt es, die für üppige Honorare simple Psychotricks an den Mann und die Frau bringen wollen.

Christopher Rauen berichtet von Fällen, wo Klienten mit einem unverbindlichen Vorgespräch angelockt werden, um am nächsten Tag eine Rechnung in vierstelliger Höhe zu erhalten; bei denen Gespräche gegen den Willen des Klienten per Video aufgezeichnet oder Klientinnen unvermittelt zum Thema Sexualität befragt werden. Vor allem eines, sagt Rauen, müsse einen immer misstrauisch machen: Wenn ein Coach vorgibt, für jedes Anliegen seines Klienten geeignet zu sein, und bei jeder Gelegenheit sein Könnertum preise.

Einen ähnlich wissenschaftlichen Ansatz wie Birgitt Morrien verfolgt das Bochumer »Profiling Center«. Dieser Einrichtung geht es nicht um die Erstellung eines Täterprofils, wie der Name vermuten lassen könnte, sondern um das Persönlichkeitsprofil der Klienten – vor allem um deren Stärken.

Das Institut ist im Technologiezentrum der Ruhr-Universität Bochum angesiedelt. Geleitet wird es von der Diplompsychologin Lisa Krelhaus, die an der Akademie der Universität den Bereich Wirtschaftspsychologie aufgebaut hatte. Am Profiling Center arbeitet sie mit Ansätzen der lösungsorientierten Kurztherapie.

Dieser Ansatz betont, dass es hilfreicher ist, sich auf eigene Wünsche, Ziele und Ressourcen zu konzentrieren als auf Probleme und deren Entstehung. Die von Krelhaus entwickelte »Potenzialanalyse« umfasst mehrere psychologische Testverfahren und ausführliche Interviews, die Klarheit über die wichtigsten Aspekte der Persönlichkeit geben sollen. Die Psychologin verfährt nach einem Drei-Säulen-Modell: Klarheit (»Wer bin ich?«), Orientierung (»Wo will ich hin?«) und Effizienz (»Wie kann ich das umsetzen?«). Ein von Krelhaus entwickelter Motivationstest lässt sich auch in ihrem Buch *Wer bin ich – und wer will ich sein? Ein Arbeitsbuch zur Selbstanalyse und Zukunftsgestaltung* absolvieren.

Der Berliner Journalist Andreas Wenderoth hatte für einen Auftrag der Zeitschrift *Geo Wissen* das Institut aufgesucht. Als Mann jenseits der 40, der sich fragt: »Was tue ich eigentlich alles, was überhaupt nicht zu mir passt? Wo will ich hin? Was wird einmal von mir bleiben?« Und der sich fragt, wieso sein Kollege, den er für nicht wesentlich begabter hält als sich selbst, soeben seinen dritten Bestseller verfasst hat. »In dieser Lage wäre wohl eine Reise ins Reich der eigenen Potenziale angebracht.«

Nach den Eingangstests empfiehlt Krelhaus ihm, eine Vision zu entwickeln: als positives Bild einer möglichen Zukunft. Anders als eine Utopie sei eine Vision realisierbar und in einem tieferen Sinne beflügelnd. Als Hilfe gegen die bei ihm diagnostizierte »mangelnde Handlungsorientierung« rät sie: »Erst denken und nicht handeln. Dann handeln und nicht denken!« Sollten Zweifel auftreten: »Konzentrieren Sie sich auf die Realisierung der einmal gefällten Entscheidung!« Grundsätzlich gebe es zwei Herangehensweisen für jegliche kreative Tätigkeit, also auch für das Schreiben eines Buches: Entweder man konstruiert das Ergebnis im Vorfeld oder man vertraut dem Impuls, der beim Machen entsteht.

Krelhaus fordert ihren Klienten auf, sich vorzustellen,

in welcher Stimmung er wäre, wenn er sich bereits mitten in der Arbeit befände. Sie entdeckt ein zufriedenes Lächeln in seinem Gesicht – und sagt: »Jetzt sehen Sie so aus, als hätten Sie es schon verwirklicht! Ja, dafür lohnt es sich doch! Wann legen Sie los?« Ihr Klient schreibt, er habe das Gefühl, einen Schatz entdeckt zu haben. Jetzt müsse er ihn nur noch heben.

Die Psychologin Krelhaus hat die Erfahrung gemacht, dass viele Menschen mehr über die eigene Persönlichkeit erfahren möchten. Dabei könne ein gutes Coaching helfen. Denn um sich selbst verwirklichen zu können – ob in der Arbeit oder privat – muss der Einzelne Klarheit darüber gewinnen, was er wirklich will, über seine Motive, Werte und Einstellungen. Was die Triebfedern des eigenen Handelns sind. Das wiederum gelingt nur, wenn man sein Ich kennt, seine Bedürfnisse, und diese auch formulieren kann.

➤ Zwei Hindernisse allerdings gibt es auf dem Weg zur persönlichen Weiterentwicklung: Zum einen gehen viele von der Illusion aus, dass sich Probleme lösen lassen, ohne dass man sich selbst verändern muss. Diese Illusion entsteht meist, weil Menschen Angst vor Veränderungen haben. Außerdem gehen wir oft davon aus, dass unsere Probleme von Mitmenschen aus unserem Umfeld verursacht sind und damit verschwinden, wenn die anderen – der Ehemann, die Mitarbeiterin, die Chefin – sich ändern oder ausgetauscht werden. Das aber ist nicht der Fall. Eigenverantwortung zu übernehmen ist deshalb gefragt. Das erfordert Reife und Mut. Den zu entwickeln – dazu kann ein gutes Coaching beitragen.

Was das Körperäußere verrät

6 Schau mir in die Augen!

Blau oder braun? Die Augen als Fenster zur Seele •
Was kann die Irisdiagnose?

Im Jahr 1983, im James-Bond-Film »Sag niemals nie«,
war es noch reine Fiktion: Verbrecherische Ärzte setzten
einem Captain der US-Air-Force eine exakte Nachbil-
dung eines Auges des amerikanischen Präsidenten ein.
Der Mann war heroinsüchtig und wurde von dem Erz-
schurken Blofeld erpresst. Der Captain sollte einen
Augenscanner überlisten und auf einem NATO-Stütz-
punkt Gefechtsattrappen durch echte Nuklearspreng-
köpfe austauschen. Aber natürlich konnte James Bond
alias Sean Connery den Weltuntergang in letzter Minute
verhindern.

Im Jahr 1998 bei den Olympischen Winterspielen im
japanischen Nagano war die Fiktion zum Teil Realität
geworden: Die Waffenkammer, in der die Gewehre der
Biathleten aufbewahrt wurden, war mit einem Augenscanner gesichert. Hinein gelangte ein Sportler nur, wenn
das biometrische Muster seiner Iris mit dem zuvor gespei-
cherten Referenzmuster seines Auges übereinstimmte.

Ein solches System zu überlisten ist kaum möglich.
Denn jeder Mensch hat eine einzigartige und fast unver-
änderbare Regenbogenhaut. Selbst Aufnahmen im Ab-

stand von 25 Jahren sind in den meisten Fällen nicht zu unterscheiden; allenfalls bestimmte Krankheiten können das Aussehen einer Iris verändern. Forscher der Universität Cambridge haben sich einmal die Mühe gemacht, Irisfotos von zwei Millionen Menschen zu vergleichen. Sie stießen auf keine einzige Doppelung. Selbst eineiige Zwillinge haben eine unterschiedliche Iris, obwohl ihre Gene zu 100 Prozent identisch sind.

Die Einzigartigkeit des Auges hat den Menschen schon lange fasziniert, nicht zuletzt wird dieses Sinnesorgan als Fenster zur Seele bezeichnet; insofern wäre es auch ein Spiegel der Persönlichkeit.

Im Mittelalter träufelten sich Frauen Extrakte aus der Schwarzen Tollkirsche in die Augen, um die Pupillen zu erweitern und damit attraktiver zu wirken; daher der lateinische Name Atropa *belladonna* (= schöne Frau) für die giftigen Beeren. Die Sprache der Augen wird auf der ganzen Welt verstanden: Man kann jemandem schöne Augen machen, ihn oder sie mit Blicken verschlingen und später vielleicht mit Blicken durchbohren.

Heutzutage gilt die Iriserkennung als ein biometrisches Merkmal, mit dem sich ein Mensch sicherer identifizieren lässt als durch seinen Fingerabdruck. Was aber nimmt ein Augenscanner so genau unter die Lupe? Und welcher Zusammenhang besteht zwischen dem einzigartigen, filigranen Muster der Regenbogenhaut und dem gesundheitlichen Zustand und der Persönlichkeit ihres Besitzers? Gibt es überhaupt einen?

Im Grunde setzt sich die Iris aus Bindegewebe und Muskeln zusammen. Mit den Augenmuskeln lässt sich die Pupille bei Helligkeit verkleinern und bei Dunkelheit erweitern. Das Bindegewebe besteht aus zwei Lagen:

Einer inneren Lage, die Blutgefäße enthält, und einer äußeren, die mit Pigmenten übersät ist. Wenn diese farbgebenden Substanzen besonders dicht gepackt sind, wirkt das Auge braun. Sind sie weniger dicht gepackt, erscheint es grün – und bei einer noch geringeren Anzahl Pigmente schimmern die Blutäderchen durch, und das Auge wirkt blau.

Die Entwicklung der Iris setzt im dritten Schwangerschaftsmonat ein und ist im achten Monat abgeschlossen. Dann haben sich charakteristische Merkmale herausgebildet wie Erhebungen, Furchen, Flecken und Ringe. Insgesamt lassen sich rund 400 charakteristische Details aufzählen – und damit rund achtmal mehr als bei einem Fingerabdruck. Die Augenfarbe wird zwar vererbt, das Irismuster aber bildet sich unabhängig von den Genen heraus.

Genau das macht es zu einem so perfekten Merkmal für die Identifikation eines Menschen. Ein bis zwei Sekunden braucht ein Augenscanner, um eine Iris zu analysieren und die Messwerte mit einer Datenbank abzugleichen. Im größeren Maßstab geschieht das bereits in den Vereinigten Arabischen Emiraten, wo sich alle Einreisenden einem Iriserkennungstest unterziehen müssen und die Daten mit einer »schwarzen Liste« abgeglichen werden. Auch an einigen Flughäfen in Europa und den USA muss sich das Personal auf diese Art und Weise ausweisen.

Ein Krimineller mit einem nachgebildeten Auge oder gar dem Auge eines Toten hätte keine Chance, einen modernen Scanner zu überlisten. Denn diese beleuchten das Auge blitzschnell mit verschiedenen Helligkeiten und registrieren, ob sich die Pupille tatsächlich weitet.

Einen großen Nachteil hat die Iriserkennung allerdings: Jeder, der Zugang zu den Daten bekommt, erhält mehr Informationen über die Besitzer der Iris, als zu einer Personenidentifikation nötig ist. Mit den entsprechenden Methoden ausgewertet, können psychische und physische Leiden aufgespürt werden, darunter Stoffwechselkrankheiten wie etwa Diabetes oder Gelbsucht – und auch Drogenmissbrauch. Selbst einige Persönlichkeitsmerkmale lassen sich so erkennen.

Für die Anhänger der Iridologie (= Irisdiagnostik) ist so etwas ein alter Hut: In den Augen lesen können Menschen schon seit vielen Jahrhunderten, so die Behauptung.

Die Geschichte der Iridologie ist tatsächlich uralt. Schon vor vielen Hundert Jahren leiteten Chinesen bestimmte gesundheitliche Tendenzen aus der Größe und Form der Augen ab. In der indischen Lehre des Ayurveda ist die Augenfarbe Bestandteil der Konstitution (Dosha) eines Menschen. Und 1670 beschrieb ein Philippus Meyens in der *Chiromatica Medica* die Grundprinzipien der Iridologie. Der ungarische Arzt Ignaz von Péczely griff dann im späten 19. Jahrhundert die alten Thesen auf und veröffentlichte sie im Lehrbuch *Entdeckungen auf dem Gebiete der Natur- und der Heilkunde. Anleitung zum Studium der Diagnose aus den Augen.*

Ein Anatom der Universität Heidelberg will dann Mitte des 20. Jahrhunderts nachgewiesen haben, dass von überall im Körper Nervenverbindungen zur Iris bestehen. Heute wenden Tausende von Heilpraktikern die Irisdiagnose an und schwören auf deren Möglichkeiten bei der Erkennung von Krankheiten.

So soll es möglich sein, aus der Farbe, der Dichte und den unterschiedlichen Zeichnungen der Regenbogenhaut den seelischen und körperlichen Zustand eines Menschen abzuleiten – oder doch zumindest die Anfälligkeit für bestimmte Krankheiten, wie vorsichtigere Iridologen betonen. » Ein dicker Pupillenrand «, also der Übergang zwischen Iris und Pupille, heißt es in dem Buch *Practical Iridology*, » deutet auf einen Menschen hin, der den Herausforderungen des Lebens mit Enthusiasmus, vielleicht sogar Aggressivität entgegenblickt ... « Und » ein dünner Pupillenrand charakterisiert einen Menschen, der vor den Herausforderungen des Lebens zurückscheut und oft ziemlich schüchtern und ängstlich ist «.

Viele Erkrankungen zeigen sich, so behaupten Irisdiagnostiker, in exakt definierten Abschnitten der Iris. Die rechte Körperhälfte sei auf der Iris des rechten Auges und die linke auf der des linken Auge repräsentiert, der Kopf am oberen Rand, die Füße unten. Iriskarten oder Iriszirkel teilen die Regenbogenhaut, ähnlich dem Ziffernblatt einer Uhr, in verschiedene Abschnitte auf.

So fänden sich Anzeichen für eine Lebererkrankung bei acht Uhr, solche für Blinddarmerkrankungen bei sieben Uhr, Hals- und Ohrenbeschwerden zwischen zehn und elf Uhr und Gallenerkrankungen bei viertel vor acht. Herzbeschwerden würden an der Iris des linken Auges sichtbar, etwa zwischen zwei und drei Uhr. Gallensteine lassen sich angeblich durch dunkle Flecken erkennen, während Gallenentzündungen weiße Streifen hervorrufen.

Doch solche Zuordnungen sind schlicht unwissenschaftlich. Das zeigt sich auch daran, dass es mehr als 20 unterschiedliche Iriskarten gibt, die Anspruch auf eine korrekte Zuschreibung erheben. Doch jede verteilt die Krankheiten etwas anders auf dem Ziffernblatt. Auch die Behauptung, dass viele Bereiche des menschlichen Körpers durch Nervenbahnen mit der Iris verbunden sind, konnte mehrfach widerlegt werden.

Im Jahr 2008 stellte eine wissenschaftliche Studie der Irisdiagnostik ein denkbar schlechtes Zeugnis aus. Von 68 an einem Tumor erkrankten Patienten konnten die Heilpraktiker nur drei richtig identifizieren, obwohl sie sich jedes Mal sicher waren, richtig zu liegen. Irisdiagnostiker sind auch nicht in der Lage, zuverlässig herauszufinden, wer an einer Darm- oder Herzerkrankung, Asthma oder Gallensteinen leidet – allesamt Erkrankungen, die sie vorgeben, erkennen zu können. Tatsächlich jedoch lag ihre Trefferquote laut einer Studie nicht höher als durch schlichtes Raten.

Der wissenschaftliche Beirat der Bundesärztekammer warnt sogar ausdrücklich vor der Irisdiagnostik – wohl auch wegen solcher bekannt gewordener Fälle: Ein Patient, dessen Depression von einem Irisdiagnostiker als Nervenentzündung analysiert wurde, nahm sich das Leben. Den Eltern eines Kindes mit Diabetes mellitus Typ 1 empfahl eine Iridologin, die Insulindosis zu reduzieren. Das Kind starb nach fünf Tagen.

Trotz aller Pseudowissenschaft ist eines nicht von der Hand zu weisen: Es scheint sehr wohl Zusammenhänge zwischen der Iris und den Charaktereigenschaften eines Menschen zu geben. Die entscheidende wissenschaftliche Arbeit dazu stammt aus dem Jahr 2007, von dem schwedischen Psychologen Mats Larsson, der an der Universität Örebro arbeitet.

Larsson unterzog mehr als 400 Studenten einem aufwendigen Persönlichkeitstest und untersuchte die Iris eines jeden einzelnen. Vor allem interessierte ihn die Häufigkeit und Stärke von kleinen, linsenförmigen Furchen, die von der Pupille sternförmig nach außen laufen, und von sogenannten Kontraktionsringen – zarte Bogenabschnitte oder geschlossene Kreise auf der Regenbogenhaut.

Dabei ergaben sich erstaunliche Zusammenhänge: Je mehr Furchen die Studenten aufwiesen und je dichter gedrängt diese waren, desto stärker waren bei ihnen Charaktereigenschaften ausgeprägt, die eine große Rolle bei zwischenmenschlichen Beziehungen spielen: darunter Einfühlungsvermögen, Vertrauen, Offenheit für neue Erfahrungen, Liebenswürdigkeit, Sorge um andere.

Kontraktionsringe hingegen traten in überdurchschnittlicher Anzahl bei Studenten mit impulsivem Verhalten auf; diese Probanden waren auch weniger in der Lage, ihre Bedürfnisse aufzuschieben, und liefen daher eher Gefahr, eine irgendwie geartete Sucht zu entwickeln.

Konnte das nicht schlicht Zufall sein? Wie sollten mit dem bloßen Auge kaum sichtbare Merkmale der Iris unterschiedliche Persönlichkeiten hervorbringen?

Natürlich sind die Furchen und Ringe nicht direkt für Charaktereigenschaften verantwortlich. Sie treten aber gemeinsam mit ihnen auf – und Ursache dafür ist nicht der Zufall, sondern vielmehr das Erbgut, wie Mats Larsson herausfand. Das überraschte den Wissenschaftler im Nachhinein nicht einmal, denn beim menschlichen Embryo sind die Entwicklung der Augen und des Gehirns eng miteinander verknüpft.

Inzwischen ist ein Gen namens Pax6 ausgemacht, das

sowohl die Entwicklung des Irisgewebes als auch die des vorderen cingulären Kortex im Gehirn bestimmt. Genau diese Region aber hat erheblichen Einfluss auf die Ausbildung der Persönlichkeit, insbesondere auf Empathie und Selbstkontrolle. Da die Charakteristik der Iris fast vollständig angeboren ist, begeben sich Neugeborene mit unterschiedlichen Regenbogenhäuten vermutlich von Anfang an auf getrennte Entwicklungspfade.

Auch an anderen Körpermerkmalen zeigt sich, dass in der frühen embryonalen Phase dieselben Körperzellen sowohl für die Hirnentwicklung als auch für die Entwicklung des Gesichts zuständig sind: So spiegelt sich eine Behinderung wie das Downsyndrom in einer besonderen Mimik wider.

Auch in früheren Jahrzehnten sind ernsthafte Wissenschaftler bereits auf interessante Zusammenhänge zwischen Augenfarbe und Persönlichkeitsmerkmalen gestoßen, und zwar hauptsächlich bei Kindern. So gelten Jungen und Mädchen mit dunklen Augen als eher extravertiert und als leichter aus der Ruhe zu bringen, während unter stark introvertierten Kindern häufiger solche mit blauen Augen zu finden sind.

Vielleicht ist das auch eine Erklärung dafür, dass wir blaue Augen bei Erwachsenen eher als kühl oder gar kalt empfinden. Ab dem Alter von etwa neun Jahren schwinden die Verhaltensunterschiede aber mehr und mehr, was wiederum daran liegen könnte, dass die Umwelteinflüsse in der Familie und im Freundeskreis eine immer wichtigere Rolle spielen und die früheren Besonderheiten überlagern.

Für solche charakterlichen Unterschiede gibt es auch eine biologische Erklärung: So ist die Produktion von

Melanin, das für die Braunfärbung der Iris verantwortlich ist, wahrscheinlich an die körpereigene Herstellung von Hormonen wie dem Kortisol gekoppelt. Kortisol wiederum beeinflusst das Verhalten: Ist es im Übermaß vorhanden, fährt die Melaninproduktion im Auge herunter, und es wird gleichzeitig jene Region im Gehirn gehemmt, die für eine rasche emotionale Reaktion zuständig ist.

Über die Zusammenhänge zwischen der Persönlichkeit und den unscheinbaren Irismerkmalen sollte das Auge als Ganzes nicht »aus dem Blickfeld« geraten. Schließlich können Blicke die subtilsten Nuancen übermitteln – durch die Bewegungen der Muskeln um die Augenpartie, die Stellung der Augenbrauen, durch den Glanz der Augen, der Größe der Pupillen und die Art des Blinzelns.

Der Mensch ist in besonderer Weise ein Augenwesen. Dieser Leitsinn ermöglicht einem visuell ausgerichteten Wesen wie uns eine sichere Orientierung. Über die Augen aufgenommenen Informationen werden im Gehirn verarbeitet – und lösen dort unterschiedlichste Reaktionen aus, die dann zum Teil auf das Auge zurückwirken.

So setzen sich professionelle Pokerspieler nicht etwa deshalb eine Sonnenbrille auf, weil es cool wirkt. Sondern weil sie wissen, dass ein gutes Blatt dazu führt, dass sich die Pupillen unwillkürlich weiten. Auch bei anderen Anblicken kam es bei Männern – so ergaben Versuche mit unbekleideten Frauen – mitunter zur Verdopplung des Pupillenumfangs. Die Weitung der Pupille ist, sieht man einmal davon ab, dass dies auch ein Zeichen für Drogenkonsum sein kann, ohnehin meist mit positiven Dingen verbunden. Daher sind uns Menschen mit großen Pupillen in der Regel sympathischer als solche mit kleinen.

Filmschauspieler, die eine ausdrucksstarke Augenpartie haben, vermögen ein Publikum auf der ganzen Welt zu verzaubern. Denn die Augen erzählen gewissermaßen, was ihre Besitzer fühlen und denken. Man denke nur an das freche Blinzeln einer Shirley McLaine, den unschuldigen Augenaufschlag einer Audrey Hepburn oder den dämonischen Blick eines Norman Bates in Hitchcocks »Psycho«.

Auch die Missachtung anderer Menschen können wir bestens mit unseren Blicken ausdrücken. Nicht nur das Wegschauen, auch der »leere Blick«, das Nichtfixieren des Gegenübers, macht den anderen zur Nichtperson. Der weiß sofort, was Sie von ihm halten. Ein ständig intensiver Blick kann hingegen sagen: Verschwinde hier! Er gilt als ein Zeichen eines klassischen Territorialkampfes – wer kann am längsten dem Blick des Gegenübers widerstehen? Der, der die Augen niederschlägt, unterwirft sich dem anderen und gilt als Verlierer.

Selbst das Erkennen von Krankheiten überlässt die moderne Medizin längst nicht mehr der Pseudowissenschaft Iridologie. So weisen Blutungen, Gefäßausbuchtungen und andere Anzeichen auf der Netzhaut auf einen Diabetes hin. Ständig entzündete Augen dagegen können auf chronische Darmerkrankungen hindeuten, geplatzte Adern im Augapfel ein Alarmsignal für zu hohe Blutzuckerwerte sein. Unterschiedlich große Pupillen können auf Blutdruckprobleme hinweisen, auch ein bevorstehender Schlaganfall kündigt sich bisweilen so an. Verfärbt sich das Augenweiß gelblich, deutet dies auf Leberprobleme hin, etwa auf eine Fettstoffwechsel- oder Entgiftungsstörung.

Sind die gesamten Augäpfel vergrößert (Basedow'sche Krankheit), könnte das ein Zeichen für eine Überfunktion der Schilddrüse sein. Manche Augenärzte halten das Symptom vor allem für einen ausdrucksstarken »Schrei der Seele«. Bei einer Studie am Universitätsklinikum Marburg stellte sich heraus, dass mehr als 60 Prozent der Betroffenen zuvor von einem schweren Verlust getroffen wurden, mal betraf es den Partner oder ein Elternteil, mal den Arbeitsplatz oder die Kinder, die sich von der Familie gelöst hatten. Die seelische Belastung hatte die Autoimmunerkrankung erst ausgelöst.

Der Zustand der Augen soll künftig auch als Frühwarnsystem dienen, etwa in Situationen, wo eine ärztliche Behandlung nicht möglich ist. So will die US-Raumfahrtbehörde NASA ein berührungsloses Augen-Diagnosegerät, das Biofluid Sensor System, auf dem geplanten Flug zum Mars einsetzen; das Gerät wirkt wie ein Hightech-Helm aus einem Science-Fiction-Film. Damit sollen bei einer jahrelangen Weltallmission Krankheiten im Frühstadium erkannt werden. Das gilt etwa für einen Diabetes, vor allem aber auch für den Grauen Star – eine Augenerkrankung, die besonders Astronauten gefährlich werden kann, weil sie ständig mit aggressiver Strahlung aus dem Weltall bombardiert werden.

Andere Mediziner und Techniker versuchen, Frühformen von Alzheimer mit einem speziellen Augenlaser aufzuspüren. Ein kleiner Puls Infrarotlicht, der ins Auge geschossen wird, dient dazu, winzige Mengen an Beta-Amyloid aufzuspüren. Das ist genau jenes Protein, das sich im Gehirn von Alzheimer-Kranken anreichert und das sich normalerweise erst post mortem im Zuge einer Obduktion nachweisen lässt.

Nicht nur die Iris, selbst noch das Augenlid kann interessante Dinge über uns und andere verraten. Vor allem wie schnell das unwillkürliche Öffnen und Schließen der Lider erfolgt – das Maß dafür ist die sogenannte Blinkrate.

Nur kurz nach der Geburt ist die Blinkrate praktisch bei null; Kleinkinder blinzeln oft nur ein- bis zweimal in der Minute. Die Frequenz steigt aber bis ins jugendliche Alter stetig an und bleibt dann im Erwachsenenleben recht stabil. Die Blinkrate beträgt dann meist zwischen 15 und 20 Lidschläge in der Minute; auf diese Weise wird das Auge regelmäßig mit Tränenflüssigkeit versorgt. Das ist aber nur ein Durchschnittswert: Wer laut vorliest oder am Computer arbeitet, bei dem sinkt die Blinkrate oft deutlich ab, dafür steigt sie bei einer Unterhaltung im Schnitt auf 26. Auch bei Erschrecken und emotionalem Stress, Wut und Ärger blinzelt ein Mensch häufiger.

An der Blinkrate lassen sich aber auch überraschendere Dinge abschätzen: zum Beispiel ob eine Frau die Antibabypille nimmt oder eine Person raucht. Frauen, die die Pille nehmen – so ergab das Auszählen bei Probandinnen –, blinzeln etwa 20 Mal in der Minute, Frauen, die sie nicht nehmen, nur 15 Mal und damit ebenso häufig wie Männer. Ursache für die erhöhte Blinkrate ist das in der Pille enthaltene Hormon Östrogen; es regt die körpereigene Produktion des Nervenbotenstoffs Dopamin an. Genau dasselbe vermag auch das Nikotin aus Zigaretten. Dopamin erhöht den nervlichen Erregungszustand und damit auch die Lidschlagrate.

Im Extremfall kann die Blinzelgeschwindigkeit sogar auf schwere Krankheiten hindeuten: Parkinson-Patienten, die einen Mangel an Dopamin im Gehirn haben, blinzeln vergleichsweise wenig, Schizophrene hingegen, deren Nervensystem ständig übererregt ist, blinzeln ungewöhnlich schnell. Bei Depressionen wiederum verlängert sich vor allem die Dauer des einzelnen Lidschlags.

➤ Was sagt uns das? Zweifellos bieten die Augen einen tiefen Einblick in den seelischen und gesundheitlichen Zustand eines Menschen. Sie verraten dabei sogar oft mehr, als dieser selbst preisgeben würde.

Gesellschaftspolitisch sollten wir daher mit Irisdaten nicht leichtfertig umgehen. Denn es wird immer auch Wissen gesammelt, das für mehr als nur für Zugangskontrollen verwendet werden kann. Womöglich wird es schon in einigen Jahren gelingen, ganze Persönlichkeitsprofile aus biometrischen Daten abzuleiten. Im Film »Minority Report« griff Regisseur Steven Spielberg einer solchen Zukunft voraus: ausschwärmende Roboterspinnen scannen dort die Augendaten von Menschen, die dann von Regierung und Unternehmen genutzt werden, um unliebsame Personen aufzuspüren und zu verfolgen.

Noch ist es einfacher, bei anderen die Zeichen der Augen zu lesen als bei sich selbst: Wir müssen in einen Spiegel blicken, um uns in die Augen zu sehen. Dies aber verändert die »Untersuchungssituation«, denn wir können uns im Spiegel natürlich nicht in einem unbeobachteten Moment erwischen.

Aber warum nicht einmal den Partner oder eine gute Freundin, einen guten Freund fragen, was er oder sie in unseren Augen sieht. Das könnte insofern aufschlussreich sein, als dass Forscher zeigen konnten, dass uns nahestehende Menschen sehr zuverlässige Aussagen über unser Selbst treffen können. In manchen Bereichen, wie Kreativität, Extrovertiertheit oder Intelligenz, sogar realistischere als wir selbst.

7 Bin ich ein Superschmecker?

Was die Geschmackspapillen mit unseren Krankheiten
und Gefühlen zu tun haben • Der mikroskopische Blick
auf die Zunge

Geschmacksfragen können die bekanntesten Familien
der Welt entzweien. So auch die Familie Bush aus den
USA. Während einer Pressekonferenz im Jahr 1990 sagte
der damalige US-Präsident George Bush senior vor lau-
fender Kamera: »Das ist jetzt das letzte Mal, dass ich
etwas zum Thema Brokkoli sage. Meine Familie ist über
diese Frage entzweit: Barbara liebt Brokkoli und sie versucht, ihn mir schmackhaft zu machen.«

Just in diesem Moment, so Bush weiter, würden wieder ganze Wagenladungen nach Washington gefahren.
Und dann sagte der Präsident, mit einem Gesichtsausdruck, der eindeutig angewidert wirkte (wie noch
heute auf Youtube zu sehen ist: www.youtube.com/
watch?v=JIKmp-Ualzg): »Ich hasse Brokkoli schon seit
der Zeit, als meine Mutter mich gezwungen hat, ihn zu
essen. Doch jetzt bin ich der Präsident der Vereinigten
Staaten von Amerika. Und ich werde nie wieder welchen
essen!«

US-Farmer und Gesundheitsexperten, die seit vielen
Jahren den Verzehr des gesunden Kreuzblütlers propa-
gierten, waren entsetzt. Doch der Präsident ließ das Ge-

müse tatsächlich vom Speiseplan des Weißen Hauses streichen. Später legte Bush senior noch einmal nach und sagte vor Journalisten, er finde auch Karotten widerwärtig: Möhren seien für ihn nichts anderes als orangefarbener Brokkoli. Erst sein Sohn George W. Bush verkündete – allerdings eher halbherzig – zur Ehrenrettung des Gemüses, dass er Brokkoli »ganz in Ordnung« finde. Und verriet, dass er die Röschen gerne isst, den Strunk aber nicht mag.

Was ging da vor in der Präsidentenfamilie, dass sie solche Geschmacksfragen in aller Öffentlichkeit austrug? Offenbar war das Verständnis für die Vorlieben des jeweils anderen gering: Während Barbara sich nicht vorstellen konnte, dass man keinen Brokkoli mag, konnte George senior nicht begreifen, dass Menschen das Grünzeug freiwillig essen. In der Familie Bush lebte man offenbar in verschiedenen Geschmackswelten.

Der Grund dafür könnte sein, dass Bush senior ein sogenannter Supertaster ist.

Über Geschmack lässt sich bekanntlich nicht streiten. Wir gehen normalerweise davon aus, dass sich unser Empfinden für Nahrungsmittel im Laufe der Jahre durch Erfahrungen herausgebildet hat und unserer freien Willensentscheidung unterliegt. Doch ganz so ist es nicht: Mindestens drei gänzlich verschiedene Geschmackswelten gibt es, in denen Menschen leben – und diese wiederum sagen etwas aus über das Geschmacks-Ich, unser gesundheitliches Wohl und Wehe: Es sind die Geschmackswelten der »Nontaster« (Nichtschmecker), der »Taster« (Normalschmecker) und eben der »Supertaster« (Superschmecker). Weltweit gehört etwa ein

Viertel der Menschen zu den besonders guten oder schlechten Schmeckern, jeder Zweite ist ein Normalschmecker.

Welcher Schmeck-Typ Sie sind, lässt sich durch einen einfachen Selbstversuch herausfinden: Nehmen Sie einen Lochverstärker zur Hand, den man normalerweise dazu verwendet, gelochtes Papier nach dem Abheften vor dem Ausreißen zu schützen. Der Durchmesser des Lochs sollte sechs Millimeter betragen, das ist der Standard für solche Ringe. Außerdem benötigen Sie blaue Lebensmittelfarbe.

Kleben Sie nun zunächst den Lochverstärker etwas seitlich versetzt nahe der Zungenspitze auf die Zunge. Der Bereich, der im Loch zu sehen ist, ist das »Forschungsfeld«. Ihn pinseln Sie mit der Lebensmittelfarbe ein; das geht besonders gut mit einem Wattestäbchen. Nun engagieren Sie am besten einen Helfer, der sich Ihr eingefärbtes Zungenareal aus der Nähe ansieht, vorzugsweise mit einer Lupe. Die Lebensmittelfarbe lässt jede Geschmackspapille als winzige rosafarbene Erhebung auf einem bläulichen Untergrund sichtbar werden.

Ihr Helfer muss nun schlicht zählen: Kommt er auf bis zu zehn Geschmackspapillen, so sind Sie ein Nichtschmecker. Zählt er 15 bis 30 Erhebungen, ist alles im Normalbereich. Liegt die Anzahl der Papillen darüber, sind Sie vermutlich ein Superschmecker. Was man nicht ohne Weiteres sehen beziehungsweise zählen kann: Superschmecker haben meist vergleichsweise kleine Papillen – aber diese beherbergen mehr Geschmacksknospen als die anderer Menschen. Jede einzelne Geschmacksknospe hat wiederum eine winzige Öffnung, durch die im Spei-

chel gelöste Essensbestandteile direkt an die Geschmacks-
sinneszellen in der Zunge gelangen.

Wer nur herausfinden will, ob er ein eher guter oder
ein eher schlechter Schmecker ist, kann es sich auch einfacher machen: Wem es gelingt, mit geschlossenen Augen
Sahne von Vollmilch und Vollmilch von Magermilch
zu unterscheiden, hat ein recht gutes Geschmacksempfinden.

Grundsätzlich unterscheidet die Zunge dank der
Papillen fünf Geschmacksrichtungen: süß, sauer, salzig,
bitter und umami (japanisch für vollmundig). Letztere
entspricht der fleischbrüheähnlichen Geschmacksrich-
tung der Aminosäure Glutamin, für die erst im Jahr 2000
eigene Rezeptoren in der Zunge nachgewiesen wurden.
Anders als lange vermutet, sind aber alle Regionen der
Zunge für jede der Geschmacksausprägungen empfind-
lich. Nur eben von Mensch zu Mensch höchst unterschiedlich.

Das war lange Zeit nicht bekannt. Die Entdeckung, dass
ein Teil der Menschheit ein sehr reduziertes Geschmacksempfinden hat, geht zurück auf das Jahr 1931: Als der US-
Chemiker Arthur L. Fox in seinem Labor die mit Harn-
stoff verwandte Substanz Phenylthiocarbamid (PTC)
herstellte, entwichen einige weißliche Kristalle in die
Luft und verflüchtigten sich. Seine Mitarbeiter verspür-
ten plötzlich einen ungemein bitteren Geschmack auf
der Zunge, der ihnen derart scheußlich war, dass sie das
Labor verlassen mussten. Fox hingegen schmeckte:
nichts.

Kurz darauf verteilte er auf einem wissenschaftlichen
Kongress Proben der Substanz – und bekam Urteile von

»ekelhaft bitter« bis »fad wie Sand«. Das Phänomen der »Geschmacksblindheit« beschrieb Fox schließlich im angesehenen Wissenschaftsmagazin *Science* – und machte sein mangelndes Geschmacksempfinden auf diese Weise zu einem neuen Forschungsfeld.

Am schnellsten lässt sich das Geschmacksempfinden heute mit der geruchsneutralen und gesundheitlich unbedenklichen Substanz »Prop« (6-n-propylthiouracil) testen: Auf ein Stück Papier gestrichen, das mit der Zunge abgetastet wird, stellt sich sofort heraus, wer in welche Kategorie fällt. Eine Methode allerdings, die für Superschmecker alles andere als angenehm ist, empfinden sie doch oft einen lang nachwirkenden regelrechten Bitterschock.

Inzwischen hat sich gezeigt, dass die Geschmacksblindheit weltweit unterschiedlich verbreitet ist: Im Mittelmeerraum sind etwa 25 bis 30 Prozent der Menschen Nichtschmecker, während es in der Volksgruppe der skandinavischen Samen nur sieben Prozent sind, bei den Westafrikanern drei Prozent und bei den Navajo-Indianern gerade einmal zwei Prozent. Auch in Asien finden sich große Unterschiede: In Indien zählen 43 Prozent zu den Nichtschmeckern, in Japan sieben Prozent.

Lange Zeit gingen Forscher davon aus, dass es nur Schmecker und Nichtschmecker gibt. Erst in den 1990er-Jahren entdeckte Linda Bartoshuk von der Universität Yale, dass bestimmte Schmecker aufgrund einer genetischen Besonderheit in einer dritten Geschmackswelt leben. Bartoshuk nannte sie »Supertaster«. Ähnlich wie Arthur L. Fox hatte die Forscherin persönlich großes Interesse an dem Thema, denn sie war seit Langem verwundert darüber, dass ihr nichts zu süß sein konnte, dass sie sich sogar Zucker in den Wein kippte. Bartoshuk gehörte ganz offensichtlich zu den Nichtschmeckern.

Die von ihr entdeckten Superschmecker verfügen, wie sich herausstellte, über dominant vererbbare Genvarianten, die dazu führen, dass ihre Zungen geradezu übersät sind mit Geschmackspapillen. Dicht an dicht drängen sie sich auf der Oberfläche. Genau das, was der Lochverstärker-Test nachweisen kann.

Warum aber sind Erbfaktoren für das individuelle Geschmacksempfinden des Menschen mitbestimmend? Der Hauptgrund dafür klingt zunächst einmal überraschend: Weil die Aufnahme von Nahrung für den Menschen im Grunde höchst gefährlich ist. Denn mit jedem Bissen gelangen Bestandteile fremder pflanzlicher oder tierischer Organismen in unseren Körper. Manche davon wehren sich mit Stacheln gegen das Gefressenwerden, andere stellen tödliche Gifte her oder stecken voller tückischer Mikroben. Allein Hunderttausende pflanzlicher Abwehrstoffe sind heute bekannt.

Die Nase und vor allem die Zunge des Menschen müssen deshalb darüber wachen, was in den Körper gelangen darf. Diese Türsteher »wissen« normalerweise auch, was sich gut miteinander verträgt und welche Substanzen Gifte neutralisieren. Dieses Wissen schlägt sich auch in Essgewohnheiten nieder: So wirkt etwa Senf gegen das schädliche Benzpyren in Geräuchertem, und Fleischgewürze wie Oregano, Salbei und Thymian neutralisieren potenziell Leber schädigende Substanzen in einem Steak.

Eine gute Wahrnehmung gerade von bitteren Geschmacksstoffen (wie den Chemikalien Prop und PTC) bewahrt vor vielen der giftigen Inhaltsstoffe in Pflanzen –

etwa Alkaloiden wie Atropin oder Chinin, mit denen Pflanzen sich vor dem Verzehr schützen.

Insofern verwundert es nicht, dass Frauen häufiger zu den Superschmeckern zählen als Männer. Denn sie müssen während einer Schwangerschaft vermeiden, dass das Ungeborene mit gefährlichen Nahrungsgiften in Kontakt kommt. Gerade in den ersten drei Monaten der Schwangerschaft reagieren Frauen daher oft sehr sensibel auf ungewöhnliche Geschmacks- und Geruchsstoffe; manchmal hält diese Empfindlichkeit sogar über die Schwangerschaft hinaus an. Erst mit den Wechseljahren, wenn eine Fortpflanzung biologisch nicht mehr möglich ist, nimmt bei ihnen die geschmackliche Intensität von Bitterstoffen ab. Für Männer war es evolutionär gesehen oft besser, nicht allzu wählerisch zu sein: Sie mussten vor allem möglichst viele Kalorien zu sich zu nehmen, um ausdauernd genug für die Jagd zu sein.

So manche Bitteraversion hat sich inzwischen fast weltweit durchgesetzt. So können 98 von 100 Menschen zyanidhaltige Bitterstoffe schmecken, weil sie bestimmte Rezeptoren dafür haben. In Afrika allerdings ist der Anteil der Nichtschmecker dieses Giftes siebenmal höher, vor allem in Regionen mit vielen Malariamücken. Aus gutem Grund: Das Essen von zyanidhaltigen Bittermandeln oder zyanidhaltigem Maniok führt oft dazu, dass die Esser eine Sichelzellenanämie bekommen – eine durchaus schmerzhafte Erkrankung, die aber einen entscheidenden Vorteil bietet: Schutz vor einer oft tödlichen Malariainfektion.

Zu welcher Geschmacksgruppe man als Mensch zählt, das hat – wie das Beispiel der Familie Bush zeigt – auch

Auswirkungen auf den Alltag. Dazu noch einmal Linda Bartoshuk: »Süßes ist für Supertaster viel süßer als für andere, mitunter doppelt so süß. Supertaster spüren auch Schmerz auf der Zunge viel intensiver als ihre Mitmenschen. Und sie empfinden natürlich Pfeffer oder Chili und selbst Mineralwasser mit Kohlensäure schon in kleineren Mengen als unangenehm. Und nicht zuletzt: Supertaster nehmen Fette in der Nahrung viel sensibler wahr.«

Supertaster empfinden dank ihres ausgeprägten Mundgefühls Fett oft als unangenehm. Bei einem wissenschaftlichen Versuch konnten sie zwei Salatdressings auseinanderhalten, die sich nur in einem Punkt unterschieden: Das eine hatte einen Fettgehalt von 10 Prozent, das andere einen von 40 Prozent. Nichtschmecker scheiterten an der Aufgabe.

Das hat Folgen für das gesamte Essverhalten: Superschmecker kommen US-Forschungen zufolge im Schnitt auf einen Body-Mass-Index von 23,5, während Nichtschmecker schon im Alter von 30 Jahren einen BMI von mehr als 25 aufweisen – und damit die offizielle Grenze zum Übergewicht überschritten haben.

Der Grund für das unterschiedliche Essverhalten ist simpel. Nichtschmecker finden Fett schlicht leckerer als andere Menschen. Und nicht nur das: Auf fetthaltige Leckereien zu verzichten erfordert bei ihnen extreme Selbstkontrolle. Superschmeckern hingegen macht es nicht viel aus, sich dauerhaft fettarm zu ernähren. Und so liegt der Anteil von Fetten an den aufgenommenen Kalorien bei Nichtschmeckern bei durchschnittlich 39 Prozent, während Superschmecker nur 25 Prozent der Kalorienmenge als Fett zu sich nehmen.

Manche Superschmecker haben allerdings die Vorteile ihrer Geschmackswahrnehmung verloren – etwa, wenn sie in der Kindheit unter einer oder mehreren Mittelohrentzündungen litten. Die Entzündung kann die Geschmacksfasern, die durch das Mittelohr laufen, schädigen. Als Erwachsene haben sie dann zwar die papillenübersäte Zunge eines Superschmeckers – aber das Geschmacksempfinden eines Nichtschmeckers.

Auch bei anderen gesundheitlichen Fragen spielt das Geschmacksempfinden eine Rolle: So findet sich in Familien mit mehreren Alkoholikern meist auch eine größere Anzahl von Nichtschmeckern. Als Superschmecker hätte der ein oder andere wahrscheinlich lieber Abstand von den oft bitter und scharf schmeckenden Getränken genommen. Dafür haben Nichtschmecker den Vorteil, dass sie lieber Obst und Gemüse mit Bitterstoffen essen, wie Grapefruit oder Brokkoli, denen eine gewisse Schutzwirkung vor einigen Krebserkrankungen nachgesagt wird; Ähnliches gilt für grünen Tee und Sojaprodukte.

Es ist auch kein Zufall, dass in tropischen Regionen der Anteil der Superschmecker vergleichsweise klein ist. Denn die vielen scharfen Gewürze erträgt man besser als Nichtschmecker – und kann so von deren Vorteilen profitieren. Der Extrakt von Chilischoten etwa enthält gleich mehrere Inhaltsstoffe, die Bakterien und Pilze abtöten, solche, die Fleisch und andere Nahrungsmittel in der Hitze schnell verderben lassen und die gesundheitsschädlich oder sogar tödlich für den Menschen sind. Kein Wunder also, dass in tropischen und subtropischen Gebieten viel schärfer gewürzt wird als in nicht so heißen

Regionen. Umgekehrt dürften sich kaum norwegische Kochbücher finden lassen, die scharf gewürzte Gerichte aufführen; schon für Südeuropäer schmecken viele Lieblingsspeisen der Nordeuropäer eher laff.

Die Tatsache der so unterschiedlichen Geschmacksempfindungen hat sogar eine Debatte unter Weinkritikern ausgelöst: Ob nicht jeder Experte zunächst preisgeben müsse, welche Art Schmecker er ist. Nur so könne man als Konsument die Empfehlungen richtig einschätzen. Der Großkritiker Robert Parker etwa outete sich als Superschmecker, er möge kein stark gewürztes Essen. Dafür aber kann er geschmackliche Nuancen beim Wein sehr fein wahrnehmen.

Auch Spitzenköche und Berufsgourmets gehören oft zu den Superschmeckern – das Geschmacksempfinden ist sozusagen das Geheimnis der Gourmets. Sie meiden daher Speisen, die sehr fett oder süß sind. Andererseits gelten sie als besonders anspruchsvoll, oft ist ihnen etwas zu sauer oder zu süß. Ein Nichtschmecker hingegen würzt ständig nach und ist häufig ein Fan des künstlichen Geschmacksverstärkers Glutamat.

Vor nicht allzu langer Zeit erst hat sich herausgestellt, dass die Geschmackswahrnehmung auch Einfluss auf die Gefühlswelt haben kann. Das hat nichts damit zu tun, dass sich nach dem Essen einer Tafel Schokolade oder nach dem zweiten Glas Wein vielleicht die Stimmung bessert. Vielmehr geht es um ein grundlegendes emotionales Wahrnehmungsmuster.

Herausgefunden hat dies der Psychologe Michael Macht von der Universität Würzburg mithilfe eines aufwendigen Versuchs. Dazu hat er rund 120 Probanden in die drei Schmeckergruppen aufgeteilt und sie zu ihrer momentanen Befindlichkeit befragt. Dabei ging es um ihre Stimmung, ihre Anspannung, ihren Ärger, ihre Angst, ihre Traurigkeit und ihre Freude. Dann hat Macht ihnen drei Filmausschnitte gezeigt: Eine Sequenz aus »The Champ«, in der ein Junge seine Trauer über den Tod des Vaters herausschreit; sie sollte das Gefühl der Trauer bei den Betrachtern verstärken. Eine Sequenz aus »Pretty Woman«, in der ein Mann versucht, eine Frau zu vergewaltigen; sie sollte den Ärger verstärken. Und zum Vergleich eine emotional neutrale Sequenz über die Herstellung und den Gebrauch von Kupfer.

Nach dem Betrachten jedes Films mussten die Versuchspersonen wiederum ihre Emotionen bewerten. Das Ergebnis: Beim Betrachten des neutralen und des traurigen Filmausschnitts ließen sich keine Unterschiede feststellen. Sehr wohl aber bei der versuchten Vergewaltigung aus »Pretty Woman«. Ganz unabhängig von ihrer sonstigen Persönlichkeit empfanden Superschmecker deutlich mehr Ärger und Anspannung als Nichtschmecker oder Normalschmecker.

Michael Macht hat eine Erklärung dafür: Superschmecker, die Bitteres und damit potenziell Gefährliches intensiver wahrnehmen, werden auch von entsprechenden Filmsequenzen emotional stärker angesprochen. Der Ärger führe bei ihnen zur Aktivierung: Bittere Nahrung, bei ihnen chemisch über die Zunge vermittelt, löse bei ihnen Ekelgefühle aus. Sie spucken sie aus, während ein Nichtschmecker sie nicht einmal bemerkt. Nehmen sie ähnlich aufwühlende Reize über die Augen wahr, wie beim Betrachten der Filmszene, führe dies ebenfalls zu einer stärkeren emotionalen Reaktion, in diesem Fall

Ärger. Offenbar reagieren Superschmecker direkter und emotionaler auf Gefahren – und ihr Bedürfnis zu handeln ist größer als bei anderen Menschen. Dass dies bei der traurigen Szene nicht so war, könne, so Macht, daran liegen, dass Trauer anders als das Betrachten einer versuchten Vergewaltigung kein sofortiges Eingreifen erfordere.

Auch die Schmerzwahrnehmung des Körpers wird mitunter von der Geschmackswelt beeinflusst, in der ein Mensch lebt. Das zumindest legt eine denkwürdige Studie der US-Amerikanerin Beverly Whipple aus dem Jahr 1989 nahe. Die Sexualforscherin war schon einige Zeit der Erkenntnis nachgegangen, dass sexuelle Selbstbefriedigung das Schmerzempfinden dämpft. Allerdings nicht bei allen Menschen gleichermaßen.

Beverly Whipple vermutete, Ursache sei womöglich das Essverhalten. Sie stellte die These auf, dass der häufige Verzehr von Chilischoten die Zentren der Schmerzempfindung im Körper so stark überschwemme, dass Selbstbefriedigung normale Schmerzreize nicht mehr zu dämpfen vermag. Um das zu belegen, musste eine Studie her. Die fand im chilibegeisterten Mexiko statt.

Die Wissenschaftlerin teilte 25 Probandinnen in drei Gruppen ein. Jene, die Chilischoten lieben und dementsprechend viel davon essen; jene, die den scharfen Geschmack gar nicht mögen; und eine dritte Gruppe, die ein normales Verhältnis zu Chilis hat. Für die Studie sollte es sich dann jede Frau auf einem Liegestuhl bequem machen. In der einen Hand einen weichen Handschuh zur Stimulierung, in der anderen Hand eine Apparatur zur Schmerzmessung, bei der sich eine Metallspitze langsam in die Haut bohrt. Je tiefer die Spitze in die Haut drang, ohne dass die Frau den Versuch abbrach, desto geringer war ihr Schmerzempfinden.

Das Ergebnis war eindeutig: Jene Frauen, deren Blut mit Capsaicin – dem Schmerz auslösenden Inhaltsstoff von Chilischoten – gesättigt war, spürten den Schmerz viel eher; die lindernde Wirkung der Selbstbefriedigung hatte kaum eine Chance, den Schmerz zu dämpfen. Bei jenen Frauen aber, die kaum Chilis aßen, machte sich die schmerzlindernde Wirkung der Selbststimulierung bemerkbar, sie hielten viel mehr Schmerzen aus; ihre » Schmerzgrenze « verschob sich um 40 Prozent.

Zum Glück für die Chililiebhaber, die in der Regel zu den Nichtschmeckern zählen dürften, tritt die geringere Schmerzunempfindlichkeit nur bei der Selbstbefriedigung auf. Die grundsätzliche Schmerzwahrnehmung der drei Frauengruppen unterschied sich ansonsten kaum.

Vielleicht wird es schon bald speziell angepasste Lebensmittel für die großen Geschmacksgruppen geben. Nichtschmecker könnten sich dann an maßgeschneiderten Geschmacksstoffen delektieren, die noch dem fadesten Industrienahrungsmittel Wohlgeschmack mitgeben. Superschmecker ließen sich auf diese Weise vielleicht doch zu Brokkoli verführen, wenn der bittere Beigeschmack durch einen Zusatzstoff maskiert wird. So entwickelte die US-Biotechnologiefirma Linguagen schon im Jahr 2004 einen Bitterblocker, der Normal- und Superschmecker zu partiellen Nichtschmeckern machen sollte. Doch die Substanz hatte einen unangenehmen Eigengeschmack, sodass sich der Bitterblocker nicht durchsetzen konnte. Und so wird auch George Bush senior wohl weiterhin keinen Brokkoli auf dem Teller sehen wollen.

Der Verzicht auf bittere Gemüse wie Chicorée oder Zitrusfrüchte wie Grapefruit und die in ihnen reichlich enthaltenen sekundären Pflanzenstoffe (Flavonoide) ist einer der wenigen Nachteile für Superschmecker. Ansonsten dürfen sie sich glücklich schätzen: Alkohol schmeckt ihnen durchaus, aber meist nicht in größeren Mengen. Fette liegen ihnen gar nicht erst schwer im Magen, weil ihnen schon das Mundgefühl sagt, stopp, bloß nicht zu viel davon essen. Ihnen fällt es viel leichter als anderen Menschen, sich fettarm zu ernähren und schlank zu bleiben.

Das Wissen darum bringt es allerdings mit sich, dass einer für das Ich durchaus angenehmen Vorstellung der Boden entzogen wird: Dass es allein der persönlichen Willensstärke zu verdanken sei, dass sich die Pfunde nicht so schnell sammeln wie bei anderen. Dass vielmehr die dicht an dicht stehenden Geschmackspapillen mit dafür verantwortlich sind. Weniger ein eigenes Verdienst also, sondern eines der Biologie.

➤ Der geschärfte Geschmackssinn geht – auf eine letztlich noch nicht geklärte Weise – auch mit einer großen Sensibilität für menschliche Gefühle einher, vielleicht sogar mit mehr Mitgefühl. Auf den ersten Blick mag das überraschend sein, doch letztlich sind es immer Sinneseindrücke, die dafür verantwortlich sind, wie Menschen auf die Umwelt reagieren. Wer also in der S-Bahn sitzt und belästigt wird, für den könnte es demnach von Vorteil sein, einen Superschmecker in der Nähe zu haben. Der würde womöglich eher helfend eingreifen als ein Nichtschmecker.

8 Wie lang ist er denn?

Ein Zeichen von Männlichkeit – und wie Frauen es bei
ihrem Gegenüber erkennen • Der Fingerlängenvergleich

Zeige mir deine Hand, und ich sage dir, wer du bist! Das
klingt nach Jahrmarkt, nach Handlesern oder Chiroman-
tikern, wie sie sich selbst nennen. Entstanden ist die
»Kunst« des Handlesens schon vor mehr als 5000 Jahren in Indien. In der Folgezeit hat sie sich nach China,
Ägypten, Persien und schließlich bis nach Europa verbreitet. Auch honorige Männer wie der griechische Philosoph Anaxagoras praktizierten sie. Der italienische
Künstler Caravaggio hat das Treiben der Handleser Ende
des 16. Jahrhunderts sogar in einem seiner Gemälde ver-
ewigt.

»Gelesen« wurde damals wie heute in der Handinnenfläche. Die Beschaffenheit der Haut, ihre Farbe und
besonders die Ausprägung und Länge der Linien, etwa
der Herzlinie, Lebenslinie und natürlich der Schicksals-
linie, sollten Geheimnisse preisgeben. Über das Wohl
und Wehe des Besitzers, seine Persönlichkeit, über beste-
hende oder drohende Krankheiten und vor allem über
die Zukunft.

Mediziner von heute lächeln natürlich ob solch vermeintlicher Spinnereien, qualifizieren Handleser rund-

heraus als Scharlatane ab. In der Regel waren sie es sicher auch. Und doch! Wenn heute Ärzte Patienten mit sogenannten Trommelschlägelfingern oder Kolbenfingern zu Gesicht bekommen, deutet die ungewöhnliche dicke Form der Gliedmaßen oft auf Herz- oder Lungenkrankheiten hin. Mitunter gibt sogar die Beschaffenheit der Nägel wichtige Hinweise: So lassen eingedrückt aussehende Napf- oder Hohlnägel eine Eisenmangelanämie vermuten. Und weiße Längsstreifen (Mees-Streifen) können auf eine Vergiftung mit Arsen oder Thallium hindeuten. Allerdings würden Mediziner heute nicht mehr davon sprechen, dass etwa eine zarte Hand auf eine zerbrechliche Persönlichkeit hinweise – oder gar die Zukunft aus ihr ablesen.

Ein ganz besonderes Merkmal der Hand allerdings, das weitreichende Folgen für das Ich haben kann, ist in den letzten Jahren in den Fokus seriöser Wissenschaftler gerückt. Auf die Spur gekommen waren ihm bereits die Chiromantiker. Schon vor Tausenden von Jahren wurde dem Ringfinger eine besondere Bedeutung zugesprochen. Er galt als Finger »der Zeugungskraft und der Liebe«; es gebe von ihm sogar eine direkte Verbindung via Nervenbahn zum Herzen, hieß es. Auch deswegen trugen die alten Ägypter ihre Liebes- und Trauringe eben an jenem vierten Finger, den wir noch heute als Ringfinger bezeichnen. Aber die Wissenschaften waren noch nicht weit genug fortgeschritten, als dass die Gelehrten damals etwas über biologische Zusammenhänge hätten in Erfahrung bringen können.

Ob auch ihnen aufgefallen war, was der größte Frauenheld der Geschichte, Giacomo Casanova (1725 – 1798), schließlich in Worte fasste, ist nicht überliefert: »Meine

Hand ist so geformt wie die aller Abkömmlinge Adams, der Zeigefinger ist kürzer als der Ringfinger.« Casanova war geradezu stolz auf seinen langen Ringfinger. Aber natürlich konnte auch er nicht wissen, was für ein Mechanismus dafür verantwortlich ist, dass bei den meisten Männern der Ringfinger im Verhältnis zum Zeigefinger länger ist – länger vor allem als bei Frauen. Und dass sich eine ausgeprägte Männlichkeit durchaus in einem verhältnismäßig langen Ringfinger zeigen kann.

Sie schauen gerade auf Ihre Finger? Vielleicht haben Sie ja Interesse an einem kleinen Selbstversuch. Nur so zur Bestätigung. Aber sagen Sie nachher nicht, Sie hätten es lieber nicht wissen wollen.

Also los!

Besitzen Sie einen Kopierer? Ja? Das macht es einfach. Nein? Auch kein Problem, dann gehen Sie in einen Copyshop. Zur Not geht es auch ohne Kopierer, aber die exakte Messung ist dann nicht so einfach.

Das, was vermessen werden soll, haben Sie ohnehin immer am Mann beziehungsweise an der Frau. Es sind zwei Ihrer Finger. Legen Sie zunächst die rechte Hand mit der Handinnenfläche auf den Kopierer, strecken Sie die Hand und machen Sie nun eine Kopie. Wichtig ist, dass Sie auf der Kopie die kleinen waagerechten Linien auf der Innenseite der Finger sehen können. Ist das Bild zu dunkel, wählen Sie eine hellere Einstellung. Nun messen Sie die Länge des Ring- und des Zeigefingers: jeweils die Strecke von der Fingerspitze bis zu der waagerechten Linie, an der der Finger in die Handinnenfläche übergeht (beim Zeigefinger gibt es ohnehin meist nur eine Linie, beim Ringfinger sind es mehrere, deren unterste meist tiefer liegt als die des Zeigefingers).

Wichtig ist, dass Sie die Messung möglichst in der Fingermitte vornehmen. Dann geben Sie die Länge des Zeigefingers in Millimetern in einen Taschenrechner ein und teilen sie durch die Länge des Ringfingers in Millimetern. Das Ergebnis ist der sogenannte Fingerquotient. Das ist der Wert, um den sich von nun an alles dreht, soll er doch Auskunft geben über die Ausprägung von Weiblichkeit und Männlichkeit – und geht es nach manchen Forschern sogar über Persönlichkeitsmerkmale.

Männer haben meist einen Wert zwischen 0,95 und 0,98. Frauen erreichen in der Regel Werte zwischen 0,97 und 1,0. Das heißt bei Frauen ist der Zeigefinger mitunter gleich lang wie der Ringfinger (Quotient 1,0), bei Männern ist der Zeigefinger fast immer kürzer als der Ringfinger (Quotient kleiner als 1,0).

Wenn Sie es noch genauer haben wollen, messen Sie auch die Fingerlängen Ihrer linken Hand und ermitteln den Quotienten. Dann addieren Sie die Quotienten der rechten und der linken Hand und teilen das Ergebnis durch zwei. Der Wert, den Sie dann erhalten, ist Ihr durchschnittlicher Fingerquotient.

Der kann Ihnen übrigens bei der Berufswahl weiterhelfen.

Sind Sie ein Mann und haben Sie – sagen wir mal – einen Fingerquotienten von 0,95, sollten Sie es an der Börse versuchen, als Aktienhändler. Das würden die Forscher der Universität Cambridge sicher nicht so direkt empfehlen, aber genau diese Schlussfolgerung lässt sich aus der Studie ziehen, die sie Anfang 2009 veröffentlicht haben: Sie vermaßen 44 britische Aktienhändler und stellten fest, je erfolgreicher die Männer, desto kleiner ihr Fingerquotient. Noch erstaunlicher: Die Männer mit dem längsten Ringfinger machten sogar elfmal so viel Umsatz wie Männer, bei denen Ring- und Zeigefinger annähernd gleich waren.

Sind Sie eine Frau und haben Sie einen eher männlichen Fingerquotienten von vielleicht 0,97? Dann sollten Sie überlegen, ob Taxifahrerin nicht ein Beruf für Sie wäre. Petra Kempel von der Universität Siegen fand zu ihrem eigenen Erstaunen (»Zunächst habe ich gedacht: Was für ein Schwachsinn!«) heraus, dass bei Tests zur räumlichen Orientierung Frauen mit einem männlichen Fingerquotienten deutlich besser abschnitten als andere Frauen. Sie hatte zum Beispiel getestet, ob die Probandinnen in der Lage waren, einen Würfel im Geiste zu drehen. Ob diese Frauen vielleicht besonders gut einparken können, wurde die Wissenschaftlerin natürlich auch gefragt. Das fand sie nicht sonderlich charmant.

Gibt es eine Erklärung für diese scheinbar unerklärlichen Zusammenhänge? Oder beruhen sie auf reinem Zufall wie eine hohe Geburtenzahl in einem Dorf, in dem viele Störche nisten? Keineswegs, denn es scheint so etwas wie eine Kausalbeziehung zwischen dem Fingerquotienten und bestimmten Verhaltensweisen sowie körperlichen Eigenschaften zu geben.

Für die Erklärung gilt es, etwas auszuholen. Bis zurück in die Urzeit. Genau gesagt – so genau man in diesen zeitlichen Dimensionen sein kann – bis 400 Millionen Jahre zurück. Damals machten die ersten Wirbeltiere »die Erfahrung«, dass es sich auch an Land recht gut leben ließ. Allerdings nur, wenn man sich auch fortbewegen konnte. Also mussten Beine und Arme, Zehen und die Vorläufer von Fingern her. Aber die schönsten Arme und Beine hätten natürlich nichts genutzt, wenn deren Besitzer sich nicht auch hätten fortpflanzen können. Und weil die ersten Landtiere die für die Fortpflanzung notwendigen Eizellen und das Sperma – anders als noch heute die Frösche – nicht einfach im Wasser deponieren konnten, entstanden Vagina und Penis. Entwicklungsgeschichtlich zeitgleich mit Beinen und Armen.

Nun ist die Natur oft recht praktisch veranlagt, und so auch in diesem Fall. Für die Anpassung der Ex-Schwimmer an die Geländegängigkeit – also für Fortbewegungswerkzeuge und Fortpflanzung – war seither dieselbe Gruppe von Erbanlagen zuständig, die für die Genregulation zuständigen sogenannten Hox-Gene. Die Ausbildung der Finger und der Geschlechtsmerkmale verlief also parallel, bei Mann und Frau allerdings unterschiedlich. Zunächst besitzen zwar alle Embryos die gleichen Anlagen für Keimdrüsen, aus denen sich später Hoden oder Eierstöcke entwickeln. Aber ab der siebten Schwangerschaftswoche erhält ein Fötus mit männlichem Kerngeschlecht eine Extra-Hormondusche an Androgenen, den männlichen Hormonen – darunter vor allem reichlich Testosteron. Es sorgt dafür, dass sich aus den Keimdrüsen Penis und Hoden bilden und nicht etwa Gebärmutter und Eileiter.

Die unterschiedlichen hormonellen Welten, in denen »männliche« und »weibliche« Föten aufwachsen, haben aber direkte Auswirkungen auf das Fingerwachstum. Schon in der 14. Schwangerschaftswoche ist das Fingerlängenmuster eines Embryos voll ausgebildet. Und es bleibt das ganze Leben lang konstant. Tierversuche zeigen recht eindeutig den Zusammenhang zwischen Hormonen und Fingerquotient: Verabreicht man ungeborenen Mäusen, Ratten oder Affen eine Zusatzportion

Testosteron, so wächst ihr vierter »Finger« länger als normal. Umgekehrt funktioniert es auch: Mehr von dem weiblichen Hormon Östrogen lässt den zweiten Finger besonders stark wachsen.

Der Fingerquotient ist also ein Zeichen dafür, ob eine besonders männliche Ausprägung vorliegt. Das war es, wovon Casanova sprach. Und heute ist klar, dass er vermutlich nicht nur auf die Länge seines Fingers stolz war. Untersuchungen aus den vergangenen Jahren haben gezeigt, dass bei Männern mit langem Ringfinger auch der Penis häufig vergleichsweise lang ist und die Hoden mehr bewegliche Spermien produzieren.

Das Hormon Testosteron indessen ist aber vielseitiger, als dass es sich nur auf die Fortpflanzungsorgane auswirken würde. Auch die rechte Hirnhälfte profitiert davon, vor allem das Zentrum für die räumlich-visuelle Wahrnehmung. Was auch die Erklärung für die Taxifahrer-Fähigkeiten von Frauen mit eher männlichem Fingerquotienten ist. Und was die Börsenmakler angeht: Testosteron erhöht die Aggressivität, Durchsetzungsfähigkeit und Risikobereitschaft – bei manchen sicher auch bis zum Börsencrash. Als Dopingmittel im Sport ist das Hormon noch immer beliebt.

Doch woher weiß man das alles? Vieles davon hat der Biologe John Manning von der Universität Liverpool angestoßen. Seine gesammelten Erkenntnisse hat Manning 2008 im *Finger Book* zusammengefasst. Die menschlichen Finger, heißt es darin zum Beispiel, seien ein »Fenster in den Mutterleib«. Und weiter: »Unser früher Kontakt mit Testosteron und Östrogen hat fundamentale Auswirkung darauf, wie unsere Organe angelegt sind. Das hat Folgen für unsere Veranlagung für bestimmte Krankheiten im späteren Leben.« Sehr feminine Finger erhöhen Manning zufolge das Risiko für eine spätere Depression, sehr maskuline Hände das für eine frühe Arthrose.

Unumstritten sind Mannings Thesen in der Fachwelt nicht. Schließlich beschäftigt sich der Forscher mit dem brisanten Thema, wie Männlichkeit und Weiblichkeit entstehen (wobei ihn die weiblichen Eigenschaften deutlich weniger interessieren). Doch inzwischen befasst sich auch eine Reihe anderer Wissenschaftler mit dem Thema Fingerlänge.

Eine neuere Untersuchung ist zu dem Ergebnis gekommen, dass besonders maskuline Finger überdurchschnittlich häufig auch bei Kindern mit der Aufmerksamkeitsstörung ADHS zu finden sind. Ganz ähnlich ist es bei dem Krankheitsbild Autismus (und in geringerem Maße auch bei der milderen Form von Autismus, dem Asperger-Syndrom) – was nicht verwundert, gilt Autismus doch ohnehin als ein Verhalten, das häufiger bei Männern als bei Frauen vorkommt. Manche Forscher sind sogar der Ansicht, dass das autistische Gehirn die Extremform eines männlich geprägten Gehirns darstellt.

Noch umstritten ist der Befund, dass homosexuelle Männer meist femininere Hände haben als heterosexuelle. Belegt ist aber, dass homosexuelle Frauen häufiger einen vergleichsweise kurzen Zeigefinger haben, vor allem jene, die die männliche Rolle in einer Partnerschaft übernehmen. Und nicht nur das: Solche Frauen haben, wie eine andere Untersuchung ergab, oft auch ausgeprägte sportliche Fähigkeiten.

Könnte die Messung des Fingerquotienten möglicherweise dazu dienen, eine Karriere als Sportler in Betracht zu ziehen? Die Länge der Finger mithin eine wichtige Weichenstellung für das künftige Leben übernehmen? Manning glaubt herausfinden zu können, wer ein sportlicher Superstar werden könnte: »Ich bin sicher, dass wir in einer Gruppe Kinder feststellen könnten, wer das Zeug zu einem guten Mittelstrecken- oder Langstreckenläufer hat, da ist die Beziehung sehr deutlich.« Ein einfaches Mittel für Talentscouts, jedenfalls viel simpler als aufwendige Gentests, die heute mitunter eingesetzt werden, um das Potenzial eines Sportlers auszuloten.

Bislang gibt es zwar noch keinen Weltstar, der anhand seiner Finger entdeckt worden wäre. Aber in der Rückschau funktioniert die Technik sehr gut. Das zeigte sich, als Manning mit einem Reporter der *Sunday Times* Athleten dazu überredete, ihre Finger messen zu lassen. Das war alles andere als einfach, denn welcher Mann will schon über sich herausfinden, dass er eher feminine Finger hat und für seinen Sport eigentlich gar nicht gut geeignet ist. Lynn Davies, Weitsprung-Olympiasieger von 1964, hat dennoch mitgemacht. Sein Fingerquotient liegt bei 0,93, einem höchst männlichen Wert. Demselben Wert übrigens, den auch Jonathan Edwards hat, der britische Weltrekordler im Dreisprung.

Dass solche Sportskanonen meist sehr männlich wirken, ist unumstritten. Erstaunlich ist, dass dies offenbar in der Tendenz für alle Männer mit einem geringen Fingerquotienten gilt. Das jedenfalls ergab eine amerikanische Studie. Dafür mussten Frauen Männergesichter einschätzen, ohne dabei die Hände zu sehen. Dabei zeigte sich: Je männlicher die Herren der Schöpfung auf die Frauen wirkten, desto kleiner war ihr Fingerquotient. Die wahrscheinlichste Erklärung dafür ist, dass Testosteron beim Wachstum zur Herausbildung stärker männlich empfundener Gesichtszüge führt.

➤ Ob es da ein Zufall ist, dass Frauen bei der Partnersuche häufig Wert auf »schöne Hände« eines potenziellen Partners legen? Wahrscheinlich sind sie sich dessen gar nicht bewusst, aber der Begriff »schön« bezieht sich vermutlich nicht nur auf gepflegte Nägel oder die Feingliedrigkeit der Finger, sondern unbewusst auch auf das Längenverhältnis zwischen Zeige- und Ringfinger. Evolutionspsychologen wissen schon seit Langem, dass sowohl Frauen als auch Männer subtile Signale der Fruchtbarkeit und Zeugungsfähigkeit beim anderen Geschlecht wahrnehmen – selbst wenn ihnen das oft gar nicht bewusst wird.

9 Weshalb dick nicht gleich dick ist

Wie die äußere Erscheinung und das Essverhalten
das Körper-Ich und die Gesundheit prägen •
Macht ein dicker Bauch das Gehirn »schlank«?

Eigentlich hatten sich die 20 Frauen und Männer nur für
ein Programm der Weight Watchers angemeldet, wie
schon Millionen andere Menschen in aller Welt. Welt-
bekannt wollten die übergewichtigen Schweden nicht
unbedingt werden, zumindest nicht auf diese Weise. An
jenem Mittwochabend im Januar 2010 stellten sie sich
zum wöchentlichen Gemeinschaftswiegen im Weight-
Watchers-Zentrum der Stadt Växjö auf, so wie es Tradi-
tion ist. Eine subtile Strategie, den sozialen Gruppen-
druck zu nutzen: Wer nachweisen kann, dass er sein
Gewichtsziel erreicht hat, dem ist die Anerkennung der
anderen gewiss.

Die Teilnehmer standen in einer Reihe, um sich nach-
einander auf die Waage zu stellen, als es ein gewaltiges
Rumpeln gab. »Zuerst dachten wir, es sei ein Erdbeben.
Dann krachte an einer Ecke des Raumes der Boden
ein«, erzählte ein Mann der Tageszeitung vor Ort. Der
frisch verlegte Holzboden hatte unter dem Gewicht der
Abnehmwilligen nachgegeben. Verletzt wurde niemand.
Die Teilnehmer ließen sich von all dem nicht beirren und
setzen das Wiegen in einem anderen Raum fort, wo der

Boden standhielt. Doch die Meldung von dem Miss-geschick ging von Schweden aus um die Welt.

Das ist nur ein kleines Beispiel dafür, wie die äußere Erscheinungsform unseres Ich – unser Körper – den Blick von außen auf uns prägt. Dass unsere Erscheinung viel darüber aussagt, wie uns andere und wir selbst uns sehen. Im Falle des Übergewichts sieht sich das Ich meist als potenziell gefährdet an, gar als stigmatisiert. Zu Unrecht – wie sich noch zeigen wird.

Wie verletzend eine solche Stigmatisierung jedoch erst einmal ist, hat am eigenen Leib auch das ehemalige Supermodel Tyra Banks erlebt. Sie legte sich vor einigen Jahren ein spezielles »Kostüm« an, das mit Polstern an allen möglichen und unmöglichen Stellen des Körpers Fettleibigkeit vortäuschte. Aus der schlanken Afroameri-kanerin wurde eine vermeintliche 160-Kilogramm-Frau mit Brille. Als solche ging sie unerkannt spazieren.

»Am meisten schockiert hat mich«, berichtete Banks später, » dass die Leute mich einfach anstarrten und lach-ten. « Womöglich hat dieses Erlebnis dazu geführt, dass sie bis heute entspannt mit Gewichtsfragen umgeht. Bei einem Urlaub in Australien wurde Banks, die zu der Zeit als Moderatorin und Produzentin arbeitete, von Papa-razzi äußerst unvorteilhaft abgelichtet. Von »America's Next Top Moppel« war danach die Rede.

Doch Banks ließ sich davon nicht beirren: Kurz darauf trat sie in genau demselben Bademantel in ihrer Show auf, ließ sich von den Beleuchtern gewollt unvorteilhaft in Szene setzen – und forderte ihre Kritiker heraus: »Wer wirklich findet, ich sei übergewichtig, soll hierher kom-men und meinen fetten Hintern küssen. « Ein Video, dass diesen Auftritt dokumentierte, schoss auf Platz eins der

YouTube-Charts. Und in der von ihr moderierten Castingshow »America's Next Top Model« gewann im Jahr 2008 erstmals ein Nachwuchsmodel mit der Konfektionsgröße 42.

Viele Frauen würden bei dieser Kleidergröße wohl an ihrem Selbstwert zweifeln, zumal sie ihr Gewicht nicht so einfach ablegen können wie Tyra Banks ihr »Kostüm«. Zufrieden mit ihrem Äußeren, ihrem Körper-Ich sind mittlerweile immer weniger: Nur acht Prozent der deutschen Frauen sind mit ihrem Körper einverstanden und nur zwei Prozent fühlen sich schön; selbst sechsjährige Kinder fragen sich schon, ob ihre Körper in Ordnung sind. Nie zuvor gab es eine gesellschaftliche Norm, medial vermittelt in Frauenmagazinen und Castingshows, die Menschen Schichten übergreifend und von Jung bis Alt demselben Ideal nacheifern ließ.

Ein Schönheitsideal hat es allerdings schon immer gegeben, nur hat es sich in der Geschichte mehrfach gewandelt. Was zeigt, dass unser Selbstbild in hohem Maße von gesellschaftlichen Bewertungen abhängig ist.

In der Frühzeit des Menschen ging es vor allem darum, satt zu werden. Zeiten mit reicher Jagdbeute folgten immer wieder Perioden des Hungers. Solche Phasen überlebten vor allem jene Menschen, die in guten Zeiten sehr viel essen konnten und in der Lage waren, Energie effizient in Form von Fett zu speichern. Das muss über lange Zeiträume als erstrebenswert gegolten haben. Beleg für diese These sind die rund 25 000 Jahre alten, dicklichen Tonfiguren, die an mehreren Stellen in Europa gefunden wurden; eine davon ist die altsteinzeitliche Venus von Willendorf.

Doch wir Menschen wären nicht das, was wir sind, hätten sich unsere Urahnen nicht 1,8 bis 1,9 Millionen Jahre zuvor das Feuer untertan gemacht. Aus ehemals affenartig gebeugten Wesen, die auf Bäumen schliefen, entwickelte sich *Homo erectus*, der aufrechte Mensch. Der war ein eher schlechter Kletterer und hat bereits am Boden geschlafen. Wagen konnte er das nur, weil er in der Lage war, sich mit Feuer die Raubtiere vom Leib zu halten.

Über die Zeit entwickelte er sich zum *Homo sapiens* weiter. Entscheidenden Anteil daran hatte die Erfindung des Kochens. Das zumindest sagt der in Harvard lehrende Anthropologe Richard Wrangham. Erst die Beherrschung des Feuers und das Kochen von Gemüse und Fleisch habe dazu geführt, dass die Frühmenschen sich mit vielen gut und leicht verdaulichen Kalorien versorgen konnten – und nicht wie Schimpansen sechs Stunden täglich Rohkost mümmeln mussten. Derart gut versorgt habe sich das Gehirn über die Jahrtausende drastisch vergrößern können, während sich die Kiefermuskulatur zurückbildete und der Magen-Darm-Trakt schrumpfte.

Der Mensch fing demnach nicht an zu kochen, weil er schlau geworden war, sondern er wurde intelligenter, weil er das Kochen gelernt hatte. Auch sein modernes Selbstverständnis, das Bewusstsein seiner selbst und seiner Beziehungen zu den Artgenossen bildete sich dabei heraus. Denn Feuer und Kochen veränderten grundlegend das soziale Miteinander.

Schimpansen etwa teilen kein Futter, jeder isst für sich allein. Die Urmenschen dagegen saßen zum ersten Mal gemeinsam um das Feuer und die gekochten Nahrungsmittel. Sie mussten lernen, ihre impulsiven Reaktionen zu zügeln und die anderen zu respektieren. Sie mussten ihr Ich im Zaum halten. Direkter Augenkontakt und das Öffnen des Mundes, eigentlich ein Zeichen von Aggression, durften beim gemeinsamen Mahl nicht dazu führen, aufeinander loszugehen. Und wo gekocht wurde, brauchte es Schutz. Denn ein Feuer war weithin zu sehen, und es gab Nahrung, die es zu stehlen lohnte. Das prägte auch das Zusammenleben von Mann und Frau. Er ging auf die Jagd, sie kümmerte sich um das Kochen. Doch der Kampf um die Kalorien blieb über viele Jahrhunderttausende hart.

Männer wie Frauen, die gut Fett speichern konnten, prägten daher bis weit ins Mittelalter hinein das körperliche Idealbild. Erst in der Folgezeit gab es auch Phasen, in denen schlanke Körper gefragt waren. Insofern ist der im 20. Jahrhundert einsetzende und bis heute anhaltende Schlankheitskult eine weltgeschichtliche Ausnahme – und Zeichen eines beispiellosen Überflusses an Nahrungsmitteln.

Seit dem letzten Jahrhundert gibt es erstmals auch eine (schein-)wissenschaftliche Begründung dafür, weshalb man schlank zu sein hat. Weshalb man sein Ich in einen Körper zwängen sollte, der sich allzu oft nur unter größten Entbehrungen erzwingen lässt. Die Idee vom Idealgewicht kam auf, weil es angeblich mit der höchsten Lebenserwartung verbunden ist. Mit dem sogenannten Broca-Index ließ es sich Ende des 19. Jahrhunderts bestimmen: Man subtrahierte von der Körpergröße in Zentimetern schlicht 100 und zog noch einmal zehn Prozent bei Männern und 15 Prozent bei Frauen ab.

In den 1950er-Jahren kam dann der Body-Mass-Index

auf. Ein US-amerikanischer Lebensversicherer hatte einen Zusammenhang zwischen dem Körpergewicht und der Todesfallhäufigkeit ermittelt – und mit dem BMI ein Maß für die Prämienhöhe seiner Versicherung entwickelt. Für den BMI teilt man das Körpergewicht in Kilogramm durch das Quadrat der Körpergröße in Meter.

Allerdings ist der BMI kein wissenschaftliches Maß, keine objektive Größe. Denn schließlich muss irgendwer festlegen, ab welchem Wert Übergewicht, Untergewicht und Fettleibigkeit einsetzen. Die Grenzwerte dafür haben sich mehrfach verschoben: Mitte der 1980er-Jahre etwa galten Männer ab einem Wert von 28 als übergewichtig. Dieser Wert wurde einige Zeit später auf 27,8 abgesenkt und Mitte der 1990er-Jahre nochmals auf 25. In den USA führte diese Verschiebung dazu, dass es über Nacht nun nicht mehr 62 Millionen übergewichtige, angeblich gesundheitlich gefährdete Bürger gab, sondern 97 Millionen – ohne dass auch nur irgendjemand ein Pfund zugelegt hätte. Nach dem heutigen Maßstab ist selbst der Schauspieler George Clooney übergewichtig.

Inzwischen gilt der Broca-Index als hoffnungslos veraltet – und selbst die Bedeutung des BMI wird angezweifelt, was seine Aussagekraft über das Gesundheits- und Schlankheitsideal des Körper-Ich stark einschränkt. Beiden Maßen ist es nämlich egal, »was« da auf der Waage steht. Ob also der Anteil an Muskeln, Fett oder Wasser besonders hoch ist. Die Waage sagt nichts darüber aus, was im Körper zu- oder abgenommen hat.

Gerade Kraftsportler mit geringem Fett- und hohem Muskelanteil sind laut BMI häufig übergewichtig, obwohl bei ihnen keine Gesundheitsgefährdung vorliegt.

Denn bei gleichem Volumen wiegt Muskelgewebe aufgrund seiner hohen Dichte mehr als Fettgewebe. Äußerlich schlanken Menschen aber, die sich kaum bewegen und daher vor allem um ihre inneren Organe herum Fett anlagern, wird hingegen Normalgewicht oft attestiert – obwohl sie ein vergleichsweise großes Gesundheitsrisiko mit sich herumtragen.

»Der BMI spielt nicht einmal eine Rolle für das Schlaganfall-, Herzinfarkt- oder Todesrisiko eines Menschen«, sagt etwa Harald Schneider vom Klinikum der Ludwig-Maximilians-Universität München. Der Mediziner und seine Kollegen beobachteten acht Jahre lang die gesundheitliche Entwicklung von knapp 11 000 Menschen. Sie schauten, wer krank wurde und warum und wer an welchen Krankheiten gestorben war.

Sie verglichen schließlich auch, welches von vier körperbezogenen Maßen die beste Aussage über den Gesundheitszustand getroffen hatte: der BMI, der Bauchumfang, das Verhältnis von Hüft- zu Bauchumfang (waist-to-hip-ratio) und das Verhältnis von Bauchumfang zur Größe (WHtR, waist-to-height-ratio). Das Ergebnis ihrer Studie aus dem Jahr 2010 verblüfft: Der BMI sagt demnach am wenigsten etwas darüber aus, ob ein Mensch erkrankte oder gar verstarb. Es gab auch einen klaren Sieger: das Verhältnis vom Bauchumfang zur Körpergröße. »Je höher der WHtR, desto größer das Risiko für Herzinfarkt und Schlaganfall«, sagt Harald Schneider.

Man braucht also keine Waage, um sein Körper-Ich zu beurteilen, sondern nur ein Maßband: Am besten stellen Sie sich dafür morgens vor dem Frühstück vor einen Spiegel. Nehmen Sie das Maßband und legen Sie es in der Mitte zwischen Beckenknochen und unterstem Rippenbogen (meist ist das die Höhe des Bauchnabels) einmal um den Bauch und atmen Sie dabei leicht aus. Falls die Beckenknochen nicht sichtbar sind, können Sie diese ertasten und mit einem Filzstift markieren, ebenso den untersten Rippenbogen. Dann lässt sich das Maßband problemlos zwischen den Markierungen um den Bauch legen. Den auf diese Weise ermittelten Wert teilen Sie dann durch Ihre Körperhöhe in Zentimetern. Der Wert, den Sie dann erhalten, ist das entscheidende Maß.

Aber ab wann wird der Bauchumfang gefährlich? Experten gehen davon aus, dass bis zum Alter von 40 Jahren ein Wert von 0,5 nicht überschritten werden sollte; ab 40 dürfen es dann auch 0,6 sein. Bei einer Frau von über 40 mit einer Körpergröße von 1,68 Metern darf er also durchaus 100 Zentimeter betragen. Für einen 35 Jahre alten und 180 Zentimeter großen Mann heißt das: Der Bauchumfang sollte maximal 90 Zentimeter betragen. Daraus lässt sich eine simple Faustregel ableiten: Wer einen Bauchumfang hat, der nicht mehr als halb so groß ist wie die Körperhöhe in Zentimetern, ist auf jeden Fall im grünen Bereich. Das lässt sich auch ohne Taschenrechner leicht ermitteln.

Laut einer amerikanischen Studie eignet sich diese Faustformel sowohl für Männer wie Frauen, Erwachsene wie Kinder als auch für Europäer und Menschen anderer Ethnien. Sie könnte zum neuen universalen Maß für die körperliche Gesundheit werden.

Falls Sie also einen BMI von mehr als 25 haben (also oberhalb der Grenze zum Übergewicht liegen, was gerade als Mann aufgrund der eher großen Muskelmasse schnell mal passieren kann), aber einen unproblematischen Bauchumfang, sind Sie vermutlich eher von kräftiger Statur, aber sportlich gut trainiert. Anders verhält es sich, wenn der BMI im Normbereich liegt, der Bauchumfang aber nicht. Das kann ein Zeichen dafür sein, dass Sie sich eher wenig bewegen und sich Fett an den inneren Organen angelagert hat.

Die Forscher um Harald Schneider versetzen dem Body-Mass-Index am Ende ihrer Studie einen regelrechten Todesstoß: »Der BMI allein sollte nicht mehr als ein Maß verwendet werden, wenn es darum geht, Risiken abzuschätzen und über Strategien für eine Gewichtsabnahme zu entscheiden.«

Heute entpuppt sich vor allem der Bauch als echtes Problem für das Körper-Ich vieler Menschen. Selbst Kinder sind betroffen: Beispielsweise hat der BMI bei britischen Kindern unter zehn Jahren zwischen 1970 und 1990 kaum noch zugenommen. Im gleichen Zeitraum aber hatten die Jungen 23 Prozent mehr Fettmasse und die Mädchen sogar 35 Prozent mehr Fettmasse angelagert als Altersgenossen vor 20 Jahren. Die Muskelmasse war hingegen bei beiden Geschlechtern zurückgegangen. Einem BMI-Rechner wäre diese Entwicklung gänzlich entgangen.

Selbst äußerlich schlanke Menschen schleppen mitunter ein nicht erkanntes »Fett«-Risiko mit sich herum. Sie werden im englischen Sprachraum auch Tofi genannt: thin outside, fat inside. Wie jener 28-jährige Brite, den Professor Jimmy Bell vom Londoner Imperial College unter seinen Probanden hatte. Der Mann mied Fast Food, ging zum Surfen und bewegte sich zumindest den halben Tag, weil er für eine Fernseh-Produktionsfirma arbeitete. Bei einer Größe von 1,77 Metern wog er 79,3 Kilogramm, was einem BMI von 24 entsprach; sein Unterhautfettgewebe war nicht sonderlich ausgeprägt, also eigentlich kein Anlass zur Beunruhigung.

Dann ließ ihn Professor Bell in einen Magnetresonanztomografen schieben. Der Wissenschaftler begab sich in den Nachbarraum und setzte sich vor den Computerbildschirm. Der Scanner fuhr über den Bauch des Probanden. Organe und Knochen wurden als dunkle Flecken sichtbar, so weit war alles normal. Aber dann sah Bell Regionen, die etwas heller waren. Sie umschlossen die Organe wie einen Kokon. Es waren versteckte Fettpolster, das Eingeweidefett, auch viszerales Fett genannt. »Er ist schlank und keineswegs übergewichtig«, sagte Schwarz über seinen Probanden, »aber man sieht genau die Regionen mit dem viszeralen Fett.« So etwas komme selbst bei äußerlich schlanken Männern vor. Nicht die Gesamtfettmasse sei das Problem. Doch von den knapp 21 Litern Körperfett waren bei dem Briten fast vier Liter viszerales Fett; als unbedenklich gilt ein Liter.

Ganz anders bei japanischen Sumo-Ringern, die man beim ersten Anblick für extrem gesundheitsgefährdet halten könnte. Schiebt man diese jedoch in einen Magnetresonanztomografen, so zeigt sich Erstaunliches: Selbst Athleten, deren BMI bei 56 liegt, was als extrem fettleibig gilt, und die jeden Tag 5000 Kalorien zu sich nehmen, haben nur wenig viszerales Fett. Bei ihnen ist das Fett vor allem direkt unter der Haut gespeichert. Und trotz ihres gewaltigen BMI haben sie einen niedrigen Cholesterinwert.

Dass dies keine abnormen Einzelfälle sind, zeigt auch die sogenannte EPIC-Studie mit mehr als 500 000 Teilnehmern in zehn europäischen Ländern. Auch hier spielte, wenn es um die Sterblichkeit ging, der BMI nur eine

Nebenrolle. Frauen und Männer mit leichtem Übergewicht erwiesen sich als besonders langlebig. Dagegen hatten Normalgewichtige ein erhöhtes Sterberisiko, wenn ihr Anteil an Bauchfett hoch war. Jeder Anstieg des Bauchumfangs um fünf Zentimeter über das normale Maß hinaus erhöhte das Risiko, vorzeitig zu sterben: um 17 Prozent bei Männern und um 13 Prozent bei Frauen.

Dass Normalgewicht immer gesund ist und Übergewicht immer krank macht, ist demnach eine Gleichung, die nicht aufgeht.

Über Jahrzehnte hinweg galt das Fettgewebe schlicht als träge, nichtsnutzige Masse. Zwar hatte der französische Stoffwechselexperte Jean Vague schon vor rund 60 Jahren entdeckt, dass Fettzellen am Bauch anderes bewirken als jene an Hüften und Oberschenkeln, aber durchgesetzt hatte sich seine Erkenntnis lange Zeit nicht. Heute wird das Körperfett nicht mehr als »tote Masse«, sondern als ein höchst aktiver Teil des Stoffwechsels angesehen, der unterschiedlichste Hormone und andere Stoffe freisetzt. Wer an Gewicht zulegt, dessen Fettzellen werden zunächst größer und größer – und irgendwann setzen sie Botenstoffe frei, die nahe gelegenen Zellen signalisieren, dass sie sich teilen und weitere Fettzellen produzieren sollen. Während ein schlanker Erwachsener über etwa 40 Milliarden Fettzellen verfügt, können es bei einem Fettleibigen durchaus 120 Milliarden sein.

Und nicht alle Fettzellen sind gleich: Wissenschaftler der Universität Oxford fanden kürzlich heraus, dass solche an Hüften, Oberschenkeln und Gesäß sogar schädliche Fettsäuren abfangen und einlagern, die durch Bauchfett entstanden sind. »Fett auf Hüften und Oberschenkeln ist gut, am Bauch aber schlecht«, sagt Untersuchungsleiter Konstantinos Manolopoulos. »Dass die Verteilung des Körperfetts eine Rolle spielt, wissen wir schon lange. Aber dass Fett am unteren Teil des Körpers geradezu gesundheitsförderlich ist, haben wir erst kürzlich herausgefunden.«

Anders das viszerale Fett im Bauchraum. Zu Urzeiten hatte es noch einen evolutionären Sinn: Es war eine Art Reservetank, der in Windeseile Energie für die Muskeln mobilisieren konnte, etwa wenn der Mensch fliehen musste. Probleme gab es erst, als die Anlässe zur Flucht nicht mehr gegeben waren, das fette Essen aber dennoch ständig bereitstand. Wie in der heutigen Zeit. Dann schwappen die Fette ungenutzt ins Blut.

In jeder viszeralen Fettzelle befinden sich neben den Botenstoffen rund 100 weitere Substanzen. Insofern gleicht das Fettgewebe einer Chemiefabrik, die den gesamten Körper beeinflusst. Der Tumornekrosefaktor Alpha etwa wirkt auf das Immunsystem, das Angiotensinogen auf den Blutdruck, PAI-1 auf die Blutgerinnung, Leptin und Resistin auf den Kohlenhydratstoffwechsel. Die Folgen sind vielfältig: Der Tumornekrosefaktor und das Resistin schwächen die Wirkung des körpereigenen Insulins, das Risiko eines Diabetes steigt. Darüber hinaus können sich die Gefäßwände leicht entzünden, die Verengung von Gefäßen wird begünstigt und die Auflösung von Blutpfropfen schwieriger. So kann letztlich der gesamte Stoffwechsel aus dem Ruder laufen.

Gegen das viszerale Fett helfen keine Diäten – die ohnehin meist nur zu einem gesundheitsschädlichen Auf und Ab des Gewichts führen. Hinzu kommt, und das wiegt noch schwerer: Durch die meisten Diäten schwindet zunächst der Muskelanteil. Das gaukelt dann lediglich eine Besserung vor, während die Fettdepots bestehen bleiben. Selbst das Fettabsaugen hilft nicht, denn dabei wird allenfalls das eher harmlose Unterhautfett entfernt.

Ein dicker Bauch kann indes nicht nur krank machen, sondern das Ich noch auf eine andere Weise schädigen. » Do expanding waistlines cause shrinking brains? «, fragte im Jahr 2009 das britische Wissenschaftsmagazin *New Scientist*. » Lässt die Zunahme des Bauchumfangs das Gehirn schrumpfen? «

Zu dem Verdacht kam es, nachdem der US-Neurologe Paul Thompson fast 100 Senioren im Abstand von fünf Jahren einem Hirnscan unterzogen hatte; keiner der Probanden litt unter Alzheimer. Beim Vergleich der Gehirnbilder stellte sich indessen heraus: Fettleibige Senioren hatten weniger Gehirnmasse als schlanke aufzuweisen, unter anderem in so wichtigen Bereichen, die für die Erinnerung zuständig sind und die Planung von Handlungen. Der Unterschied an Masse betrug insgesamt acht Prozent.

» Das ist ein starker Rückgang von Gehirnmasse. Er vermindert die kognitiven Reserven und erhöht das Risiko von Alzheimer und anderen Gehirnerkrankungen «, sagt Paul Thompson. Und weiter: » Die Gehirne der Übergewichtigen sahen acht Jahre älter aus als Gehirne von schlanken Menschen, die der Fettleibigen sogar 16 Jahre älter. « Wie es dazu kommt, ist noch nicht endgültig geklärt. Der Wissenschaftler vermutet, dass der hohe Fettanteil die Arterien angreift und die Zufuhr von Blut und Sauerstoff ins Gehirn einschränkt. Das könne

dazu führen, dass Hirnzellen absterben und die Gehirnmasse schrumpft.

Thompsons Team konnte aber auch zeigen, dass sportliche Betätigung das Gehirn schützt. Ohnehin bewahrt
die Kombination aus gesunder Ernährung und viel Bewegung am besten vor Fett an den falschen Stellen. Besonders wirksam ist eine Kombination von Kraft- und Ausdauertraining. Dabei ist aber oft ein frustrierender Effekt
zu beobachten. Da die leichten Fettzellen schwinden,
gleichzeitig aber schwerere Muskelzellen aufgebaut werden, ist auf der Waage erst einmal Stillstand angesagt; das
Gewicht kann sogar zunächst leicht nach oben gehen.
Ausdauertraining erhöht langfristig jedoch die Insulin-
sensitivität, und Krafttraining reduziert die Fettmasse.
Beides zusammen lässt den Bauchumfang schwinden.
Nach einem halbjährigen Training ist das viszerale Fett
oft bis zu 25 Prozent abgeschmolzen.

Doch es gibt noch andere Auswirkungen, die langfristig die Mühe lohnen. Sportliche Betätigung hebt nicht
nur die Stimmung, sie schützt auch vor Diabetes. In einer
großen US-Studie zeigte sich, dass Menschen, die vier
Jahre lang mindestens zweieinhalb Stunden Sport in der
Woche trieben, ein um 58 Prozent geringeres Diabetesrisiko hatten als ein Couch-Potato. (Wer etwas über sein
persönliches Diabetesrisiko in Erfahrung bringen will,
kann dies unter www.diabetes-risiko.de/risikotest.html).

Ein sportlich trainierter Körper dient nicht zuletzt
auch der Psyche. Bewegung etwa hilft gegen leichte und
mittelschwere Depression – die Volkskrankheit, an der
mehrere Millionen Deutsche leiden – ebenso gut wie
Medikamente. Schon nach 16 Wochen Aerobic-Training

fühlten sich Probanden ebenso gut wie jene, die Psychopharmaka schluckten. Ähnlich wie die Gabe von Serotonin-Wiederaufnahmehemmern, einer üblichen Medikamentierung bei Depression, erhöht Bewegung die Produktion des Botenstoffs Serotonin, der Signale von einer zur nächsten Gehirnzelle übermittelt; depressiven Menschen mangelt es hingegen an Serotonin.

Sport kann Depressionen auch vorbeugen. Frauen etwa sind nach acht Jahren ohne Sport doppelt so depressionsgefährdet wie solche, die ihren Körper mit Joggen, Schwimmen oder Gewichtestemmen in Form halten. Sogar gegen Demenzerkrankungen wie Alzheimer lässt sich anrennen, wie eine US-Studie aus dem Jahr 2006 zeigt. Das Demenzrisiko sank um ein Drittel bei Menschen, die dreimal in der Woche sportlich aktiv waren.

Eine bestimmte Art von Fett könnte sich der Mensch aber zum Verbündeten machen, um den Bauchumfang zu reduzieren. Das sogenannte braune Fett, das sich schon optisch vom weißen Fett unterscheidet. Lange Zeit war nur bekannt, dass Neugeborene einiges davon haben und Tiere, die Winterschlaf halten. Denn die wichtigste Aufgabe dieser Fettart ist es, den Körper warm zu halten. Es vermag Energie in Wärme umzusetzen, wie ein leistungsfähiger Heizofen.

Im Unterschied zu weißen Fettzellen, die nur einen Tropfen Öl enthalten, finden sich in braunem Fett viele kleine Tröpfchen und zudem winzige Zellkraftwerke, die Mitochondrien. Diese enthalten Eisen, was zur charakteristischen Färbung des Fettes führt. Und sie enthalten ein Protein, das Energie in Wärme verwandelt. 50 Gramm braunes Fett – in etwa die Menge, die ein Erwachsener aufweist – können ungefähr 500 Kalorien am Tag verbrennen.

Auf die Spur braunen Fettes bei Erwachsenen waren Wissenschaftler gekommen, weil sich bei manchen Körperscans ein seltsames Phänomen zeigte. Mitunter schienen die Bilder unbrauchbar zu sein, weil sich am Schlüsselbein und an den Schultern seltsame Flecke zeigten. Dazu kam es aber nur, wenn die Aufnahmen in kalten Räumen gemacht wurden. Waren die Räume gut geheizt, trat das Phänomen nicht auf.

Weitere Untersuchungen zeigten dann, dass selbst Erwachsene noch kleine Depots an braunem Fett haben, vor allem im Nacken und an der Hüfte. Wenn Freiwillige für längere Zeit in einem eiskalten Raum ausgeharrt hatten, erhöhte sich ihr Stoffwechsel in jenen Regionen auf das 15-Fache gegenüber Regionen mit weißem Fett. Es zeigte sich auch, dass Menschen mit sehr wenig braunem Fett meist dicker sind als andere.

Eine faszinierende Frage stellte sich: Lässt sich die Stoffwechselaktivität des braunen Fettes nutzbar machen, um Fette andernorts abzuschmelzen?

Theoretisch bieten sich zwei Strategien an. Erstens zu verhindern, dass das braune Fett mit dem Älterwerden schwindet. Denn die meisten Fälle von Übergewicht entstehen im mittleren Lebensalter, genau dann, wenn sich das braune Fett zurückzieht. Allerdings weiß man noch nicht, wie denn der Schwund zu stoppen wäre. Oder zweitens den Anteil am braunen Fett zu erhöhen. Wissenschaftlern ist es gelungen, braune Fettzellen in Mäusen zu züchten. Vielleicht, so eine Spekulation, könne man bald einem Übergewichtigen Körperzellen entnehmen und sie so programmieren, dass sie – zurücktransplantiert in den Patienten – dort braunes Fett produzieren, was fortan die Pfunde wegschmelzen lässt. Auch über Medikamente, die die körpereigene Produktion von braunem Fett ankurbeln, denken Forscher nach.

Wer sein Körper-Ich über eine möglichst lange Zeit konservieren will und wen Hungergefühle und ein ausgemergeltes Äußeres nicht stören, könnte sich auch der Cronie-Bewegung anschließen. Wobei Cronie die Abkürzung für »Calorie Restriction with Optimal Nutrition« ist, was auf Deutsch so viel heißt wie Kalorienverzicht bei optimaler Ernährung. Das Vorhaben ähnelt einer lebenslangen Diät. Die weltweit etwa 3000 Cronies verzichten täglich auf 20 bis 30 Prozent der normalen Kalorienzufuhr, und das für Monate und Jahre, bestenfalls bis ans Lebensende, was aber gerade deshalb lange auf sich warten lassen soll.

Aus Tierversuchen mit Mäusen ist schon lange bekannt, dass ein dauerhafter Hungerzustand die Lebenszeit um 50 Prozent erhöhen kann. Ähnlich bei Makaken, denen Wissenschaftler seit vielen Jahren ein Drittel der normalen Tagesration vorenthalten: Nach 20 Studienjahren lebten von den Hungerkünstlern noch 80 Prozent der Tiere, während es bei den Normalessern gerade 50 Prozent sind. Erstere litten auch viel weniger unter typischen Alterskrankheiten wie Diabetes, Krebs und Herzleiden.

Bei Menschen lässt sich so etwas natürlich kaum erforschen, denn dann müsste man bereits Babys hungern lassen und viele Jahrzehnte auf Ergebnisse warten. Cronies hingegen unternehmen einfach einen Selbstversuch. Sie essen große Mengen vitaminreiches Obst und Gemüse sowie Vollkornprodukte. Ihr Kalorienverzicht hat einige Nachteile, wie häufigeres Kältegefühl oder eine gewisse soziale Isolation bei Essenseinladungen.

Ihre Körperwerte hingegen sind vorbildlich. Untersuchungen haben gezeigt, dass Cronies einen niedrigen Blutdruck und niedrige Cholesterinwerte haben. »Sie haben Herzen, die im Vergleich zur Altersgruppe 15 Jahre jünger sind«, berichtet der Ernährungsmediziner Luigi Fontana von der Washington University in St. Louis, der über mehrere Jahre Cronies untersucht hat. Eine von ihnen ist die 39-jährige Paige Collins-Rideout aus Georgia. Seit eineinhalb Jahren ernährt sie sich von 1500 Kalorien täglich und wiegt bei einer Körpergröße von 1,70 Metern 50 Kilogramm. Sie berichtet, dass sich ihre Stimmung verbessert habe, sie besser einschlafen könne, ihr Erinnerungsvermögen zugenommen habe und sie mental klarer sei: »Ich möchte meinen Alterungsprozess verlangsamen, sodass ich mit dem Renteneintritt noch genug Energie und Vitalität habe, um ein erfülltes Leben zu leben.«

Auf breiter Linie durchsetzen wird sich die Kalorienreduktion aber wohl kaum, denn für die meisten Menschen dürften die Einbußen an Lebensqualität alle Vorteile aufwiegen.

Aber vielleicht ließe sich von den Vorteilen profitieren, ohne die Nachteile in Kauf nehmen zu müssen. Pharmafirmen entwickeln Medikamente, die den Körper nur glauben machen sollen, er bekomme nicht genügend Kalorien. Die Mittel sollen bestimmte Enzyme, die Sirtuine, aktivieren, die dem Körper eine Kalorienrestriktion vorgaukeln und Genaktivitäten unterdrücken, die den Alterungsprozess vorantreiben. »In fünf oder sechs Jahren«, so die optimistische Botschaft von Christoph

Westphal, Gründer von Sirtris Pharmeceuticals, »wird es Medikamente geben, die die Lebensdauer verlängern.«

Ob viszerales Fett, braunes Fett oder bizarr anmutende Strategien gegen das Altern: Unsere Körperkomposition und unser Umgang mit Nahrungsmitteln sind eng verknüpft mit dem Ich und der Wahrnehmung der Welt. Sehen wir uns als Organismus, der sich schlicht durch die Zeit treiben lässt? Oder nicht vielmehr als ein Wesen, das sein gesundheitliches Wohl, sein Köper-Ich selbst in die Hand nimmt mit dem Ziel, ein ausgeglichenes und zufriedenes Leben zu führen?

Das heißt nicht, seinen Körper von einer Diät zur anderen zu quälen. Denn längst hat die moderne Gewichtsforschung gezeigt, dass praktisch jeder Organismus ein für ihn optimales Gewicht kennt, einen bestimmten »Setpoint«. Strenge Diäten oder ständige Völlerei können ihn allerdings dauerhaft aus dem Gleichgewicht bringen. Aber meist pegelt der Körper sich nach einiger Zeit wieder selbst ein. Der bekannte Jo-Jo-Effekt ist der beste Beleg dafür: Nach einer Diät führt er dazu, dass die verlorenen Pfunde bald wieder auf den Hüften sind; der Körper lässt sich nicht so leicht übertölpeln und fährt seinen Energieverbrauch herunter. Aber ebenso schwierig ist es für schlanke Menschen, sich willentlich großes Übergewicht anzufuttern, wie wissenschaftliche Experimente gezeigt haben.

Insofern ist es für das Körper-Ich meist am besten, sich mit seinem individuellen Gewicht zu arrangieren, auch wenn es im Bereich des Übergewichts liegt. Denn Versuche, sein typisches Gewicht langfristig zu verlassen, schaden nicht nur dem Körper, sondern beschädigen auch die Psyche. Nach einem anfänglichen Stimmungshoch zu Beginn einer Diät verschlechtert sich die Laune oft merklich. Die geistige Kreativität, die alte Wendigkeit im Denken gehen verloren. Viele Menschen träumen dann vom Essen, werden ängstlich und teilweise sogar depressiv; auch die körperliche Leistungsfähigkeit kann nachlassen.

➤ Doch sich dem gesellschaftlichen Druck zur schlanken Linie zu entziehen, das erfordert ein enormes Selbstbewusstsein. Wer also übergewichtig ist und dennoch im Einklang mit sich und der Umwelt lebt, hat zweifellos die Erfahrung gemacht, dass er oder sie über ein stabiles Ich verfügt, das sich nicht immerfort selbst oder von anderen infrage stellen lässt. Auch das ist eine wichtige Botschaft, die unsere Körperform über unser Ich bereithält.

Was das Körperinnere verrät

10 Der tiefe Blick ins Erbgut

Die DNA-Entschlüsselung für jedermann ist
erschwinglich • Wie die Gene unser Leben und
die Gesundheit prägen

Gerade etwas mehr als ein Jahrzehnt ist es her, dass der
damalige US-Präsident Bill Clinton im Juni des Jahres
2000 verkündete: »Wir lernen die Sprache, in der Gott
Leben schuf.« Der bislang verborgene Bauplan unseres
Selbst lag erstmals offen vor, wenn auch zunächst in
einem ziemlichen Kauderwelsch. Der Genomforscher
Craig Venter hatte die Doppelhelixstruktur der DNA mit
seinem Schrotschussverfahren gewissermaßen in alle
Einzelteile zerlegt; mehrere Jahre hatte das Vorhaben
gedauert. Praktisch zeitgleich legte das öffentlich ge-
förderte Humangenomprojekt eine Erbgut-Kartierung
vor. Entsprechend groß war die Euphorie: »Die Ent-
schlüsselung des Genoms wird den größten Einfluss aller
in der Menschheitsgeschichte eingeführten Technolo-
gien haben«, prophezeite der US-amerikanische Soziologe Jeremy Rifkin.

Auch wenn der Beweis dafür noch nicht erbracht ist –
das Geheimnis um das Prinzip der Evolution ist zumindest ein klein wenig gelüftet. In der Folgezeit machte man
sich daran, die drei Milliarden Basenpaare der DNA, die
aus jeweils zwei der Basen A, C, T und G bestehen, wie-

der mühsam zusammenzufügen: zu etwa 25 000 Genen. Es ist ein ziemlich dickes Buch des Lebens geworden: Würde man alle seine Buchstaben drucken – sagen wir in einem Buch von rund 300 Seiten Umfang –, bedürfte es etwa 5000 solcher Bücher, um nur das Genom eines einzelnen Menschen zu veröffentlichen.

Insofern mutet es phantastisch an, dass sich in den letzten Jahren eine Technik entwickelt hat, die es schon bald ermöglicht, das Erbgut eines Menschen in nicht einmal 24 Stunden auszulesen. Glaubt man deren Anbietern, ist es nur noch eine Frage der Zeit, dass dies zu Kosten von 1000 Euro möglich sein wird, also zu einem Dreimillionstel der Kosten für die Erstentschlüsselung im Jahr 2000. Dann stellt sich für fast jeden Menschen in den westlichen Industrieländern die Frage: Kaufe ich mir einen neuen LCD-Fernseher oder schaue ich für dasselbe Geld in mein ganz persönliches Buch des Lebens?

Doch was gibt es dort überhaupt zu lesen? Unsere Erbsubstanz erscheint vielen Forschern als eine Art biologische Bibel, die verschlüsselte Weisheiten über das Selbst enthält. In dem Code könne der Einzelne Antworten auf die großen Lebensfragen finden: Wo komme ich her (siehe auch Kap. 12)? Was kann ich gegen Krankheiten tun, die mich bedrohen? Bin ich für ein langes Leben gerüstet? Und vor allem: Was in meiner ganz persönlichen DNA macht mich zu mir?

Francis Collins, der Leiter des mit öffentlichen Mitteln finanzierten Humangenomprojekts, schwärmt, die DNA sei » das persönliche Lehrbuch für jeden Menschen, das einem im buchstäblichen Sinn das Leben retten kann «.

Dagegen hätte wohl niemand etwas. Demnach scheint es keiner ernsthaften Überlegung wert zu sein, die neuen

Erkenntnisse zu nutzen, um mehr über sich selbst zu erfahren. Doch wer eingehender überlegt, stellt fest, dass sich noch andere, beunruhigendere Fragen stellen: Was will ich überhaupt wissen? Und wie viel will ich wissen? Hilft mir das Wissen tatsächlich oder belastet es mich auch? Erfahre ich vielleicht sogar, dass sich mein Ich in naher Zukunft aufzulösen droht? Science-Fiction ist das keineswegs, sind doch Genvarianten bekannt, die das Risiko, an Alzheimer zu erkranken, deutlich erhöhen.

Hypochonder sollten also die Finger von solchen Tests lassen. Wolfram Henn, der die genetische Beratungsstelle der Universität des Saarlands leitet, bezeichnet den Blick ins eigene Erbgut daher auch als »ultimativen Schritt der Selbstentblößung«. Einen riskanten Schritt, wie er meint: »Die unerfreulichen Nachrichten können zu massiven Ängsten, Depressionen bis hin zum Suizid führen.«

Angesichts dessen ist es nicht erstaunlich, dass Menschen höchst unterschiedlich mit den neuen Möglichkeiten umgehen. Der amerikanische Bestsellerautor Richard Powers etwa ließ für sein Buch *Das größere Glück* einen Großteil seines Genoms analysieren – als einer der ersten von neun Menschen überhaupt. Zuvor hatte er – wie er schreibt – eine Einverständniserklärung unterschrieben, in der es sinngemäß hieß: »Das Offenlegen der genetischen Informationen kann Ihr Arbeitsverhältnis tangieren, Ihre Versicherungen und Ihr Verhältnis zur Familie. Sie könnten Informationen erhalten, die Sie nicht vorausahnen konnten.«

Dennoch ließ Powers sich etwas Blut abzapfen – und bekam einige Zeit später ein edles, mit schwarzem Stoff ausgeschlagenes Kästchen aus Palisanderholz überreicht, das einen passwortgeschützten USB-Stick enthielt. Der Datenträger enthält gewissermaßen einen Blick in Powers Gegenwart – und in seine Zukunft.

Powers kann sich nun mit ein paar Mausklicks durch den Bauplan seines Lebens klicken: Auf dem Bildschirm sieht er eine Darstellung seiner Chromosomen, die abschnittsweise eingefärbt sind. Wenn alles in Ordnung ist, leuchtet der entsprechende Bereich grün, neutrale Bereiche sind gelb markiert, unbekannte grau. Und dann gibt es einige Stellen, die rot eingefärbt sind. Powers erfuhr unter anderem, dass er Anlagen für Alzheimer und Übergewicht hat. Das ist kein unabwendbares genetisches Schicksal, es muss nicht so kommen, aber sein Risiko ist erhöht.

Insgesamt fanden sich in Powers Erbgut 248 genetische Varianten, die das Auftreten ganz unterschiedlicher Erkrankungen wahrscheinlicher machen als bei einem Durchschnittsmenschen. Inzwischen warnt der Autor davor, sein persönliches Glück durch eine DNA-Analyse steigern zu wollen: »Man öffnet doch keine Kiste, in der sich nur schlechte Nachrichten befinden können.« Die Genanalyse habe ihm zum Hypochonder gemacht. Oft überlege er etwa, ob er in letzter Zeit vergesslicher geworden ist. Offenbar hatte sich selbst ein reflektierter Mensch wie Powers zuvor nicht gründlich überlegt, was das neue Wissen bedeuten kann.

Ganz anders ging Esther Dyson mit dem Wissen um. Die Unternehmerin und Intellektuelle der IT-Szene hat für das Personal Genome Project ihr Erbmaterial und ihre Krankenakte zur Verfügung gestellt. All das steht für jeden einsehbar im Internet (www.personalgenomes.

org/public/3.html). Dort kann man nun lesen, wie hoch ihr Blutdruck ist, dass ihr mit sechs Jahren die Mandeln entfernt worden sind, sie sich mehrfach eine Nahrungsmittelvergiftung zugezogen hat. Und dass sie auf ein bestimmtes Schlafmittel allergisch reagiert, ihr bereits ein Darmpolyp entfernt wurde.

Sie sagt: »Ich habe keine Angst vor meinen Genen. Die meisten Leute sagen doch: Wir bereden das Thema Vererbung und Erbkrankheiten lieber in der Familie. Aber eigentlich haben sie keine klare Haltung dazu.« Dyson hingegen sieht vor allem die Chancen, die mit der Offenlegung verbunden sind. Und verweist auf die Disposition für den Typ-2-Diabetes, die sich genetisch feststellen lässt. Ernähre man sich aber richtig und treibe Sport, sei die Krankheit vermeidbar.

Hat sie keine Befürchtungen, dass nun Wildfremde in ihrem Erbgut lesen können? »Es gibt auch private Dinge in meinem Leben, nur meine Gene gehören ganz einfach nicht dazu. Jeder sollte selbst definieren, was privat ist, und meine Grenzen liegen woanders.« Allerdings enthalten ihre Gene keine wirklich schlechten Nachrichten. Anders als bei Richard Powers fand sich bei ihr keine Disposition für eine schwere Krankheit.

Auch der Berliner Genetiker Jens Reich sieht den Zeiten, in denen jeder Bürger sein Erbgut lesen kann, entspannt entgegen. »Na ja,« antwortet der ehemalige Bundespräsidentschaftskandidat der Grünen auf die Frage, wie er es denn mit seinen Daten halte, das »eine oder andere Gen würde mich schon interessieren.« In seiner Familie habe zum Beispiel der Vater Alzheimer gehabt, dessen Mutter wiederum senile Demenz. »Wenn ich nun wüsste, ob ich noch 20 Jahre geistig frisch bleibe oder nur noch fünf, dann könnte ich das in meine Lebensplanung einbeziehen.« Wenn jemand aufgrund des Wissens um seine genetische Ausstattung etwas gegen eine starke Verengung der Herzkranzgefäße machen könne, dann sei das im Grunde ein »unverbindliches Angebot«, seine Lebensweise darauf abzustellen. Aber er könne auch entscheiden, »sein Leben zu leben und sich nicht durch Ernährung und Sport zu kasteien«.

Wer sich sicher ist, dass er mithilfe einer Genomanalyse mehr über sich erfahren möchte, nicht zur Hypochondrie neigt und nicht auf den Euro schauen muss, der kann sich für 68 500 Dollar bei dem Bostoner Unternehmen Knome (gelesen wie »Know me«) sein komplettes Erbgut sequenzieren lassen. Die Sparversion, für die immerhin noch 20 000 Gene gelesen werden, kostet 24 500 Dollar. Entschließt sich der Partner oder die Familie ebenfalls zu diesem Schritt, gibt es Mengenrabatt, dann sind »nur« noch 19 500 Dollar pro Person fällig. Auch Richard Powers war dort Kunde – und wie der Autor erhält jeder Kunde einen USB-Stick mit seinem Erbgut.

Um sich in den Tiefen der genetischen Informationen nicht zu verlieren, werden die Käufer zu einem privaten Tischgespräch im exklusiven Harvard Club in Boston geladen, bei dem ihnen Knome-Wissenschaftler eine Einführung in das Lesen der eigenen Erbinformationen zuteil werden lassen. Eingeschlossen in das Leistungspaket ist ein zweijähriges Online-Update, das heißt die jeweils neuen wissenschaftlichen Erkenntnisse werden den Käufern zugänglich gemacht, vor allem jene zu ihren speziellen Risiken.

Sie erhalten auch den Knome Explorer, einen Webbrowser, mit dem sich Gen für Gen durch das eigene Erbgut navigieren lässt. Ein weiteres Instrument ist der »Bodyviewer«. Mit dem kann der Kunde quasi wie in einem Internet-Lehrbuch sein Körperschema am Bildschirm durchmustern. Klickt er auf das Gehirn, erscheint sogleich eine Liste von typischen Erkrankungen, und es wird zum Beispiel die Genetik der Alzheimerkrankheit erläutert: Welche Varianten im ApoE4-Gen das Risiko für die Krankheit erhöhen – und natürlich, ob und welche man selber trägt. So wissen Forscher seit Längerem, dass jeder vierte Amerikaner eine Variante des ApoE4-Gens hat, die das Alzheimer-Risiko immerhin verdreifacht. Hat eine Person von jedem Elternteil eine solche Variante vererbt bekommen, steigt das Risiko sogar auf das Fünfzehnfache.

Wer sich keine Komplettsequenzierung leisten mag, kann sich schon für wenige Hundert Euro eine Art Schnappschuss des eigenen Erbguts anfertigen lassen – von Firmen wie Navigenics oder 23andMe.

Das Verfahren ist immer ähnlich: Der Interessent erhält ein Plastikröhrchen zum Hineinspucken. Eine Bedienungsanleitung erklärt, dass man mindestens eine halbe Stunde vorher nicht geraucht, sich die Zähne geputzt oder gegessen haben darf und möglichst gesund sein sollte. Nach getaner Arbeit geht die Sendung mit der Post ins Genlabor. Dort werden per Genchip-Analyse einige Hunderttausend sogenannter SNPs (Single Nucleotide Polymorphisms, gesprochen »snips«) untersucht. Das sind Variationen einzelner Basenpaare in einem DNA-Strang, die schnell und einfach zu bestimmen sind.

Auf diese Weise lässt sich herausfinden, ob der oder die Getestete eine oder mehrere der bekannten Anlagen etwa für Prostatakrebs, Schizophrenie, Rheuma, das Hirnleiden Creutzfeldt-Jakob oder die Aufmerksamkeitsstörung ADHS hat. Mithilfe der online zur Verfügung gestellten Auswertung lässt sich dann – unterstützt durch eine grafische Darstellung – das individuelle Risiko einschätzen. Man erfährt also nicht, ob man erkranken wird, sondern um wie viel höher das individuelle Risiko gegenüber dem Bevölkerungsdurchschnitt ist. Eine Aussage könnte lauten: »Durchschnittlich einer von fünf Europäern wird im Alter zuckerkrank, das mittlere Risiko liegt demnach bei 20 Prozent. Bei Ihnen persönlich liegt das Risiko bei 30 Prozent.«

Doch selbst der kleine Schnappschuss leuchtet mehr aus als nur Krankheiten. Der Getestete erfährt bei 23andMe auch, ob er eine Genvariante hat, die einen gewissen Schutz vor einer HIV-Infektion bietet, ob er resistent gegen eine spezielle Art der Malaria ist, wie stark ein Medikament gegen Blutgerinnung bei ihm wirkt, ob er ein »Superschmecker« ist (siehe Kapitel 7), wie gut seine Körperabwehr gegen den Norovirus in Form ist und ob er mehr »schnelle« oder »langsame« Muskelzellen hat, also eher ein Sprintertyp oder ein Ausdauersportler ist. Dieser spezielle Nachweis wird bisweilen auch bei der Sichtung von sportlichen Talenten eingesetzt.

Anderes hat scheinbar rein anekdotischen Wert: Die Analyse des Gens ABC11 sagt etwas darüber aus, ob die Ohren trockenen oder eher feuchten Schmalz produzieren (Europäer haben zu 97 Prozent die feuchte Variante, während in Asien der trockene Typ weitverbreitet ist). Doch die Genvariante für feuchten Ohrenschmalz ist auch dafür verantwortlich, dass Chemotherapeutika bei bestimmten Arten von Brustkrebs nicht anschlagen – weil die Medikamente in dem Fall wieder aus den Zellen herausgeschleust werden, noch bevor sie ihre Wirkung entfalten können.

23andMe will aber mehr als nur genetische Krankengeschichte liefern. Die Firma möchte so etwas wie das Facebook für Genprofile werden, ein Social Network erschaffen, in dem man sein Profil mit denen anderer Getesteter vergleichen kann, sich über Befunde und Symptome austauscht. »Wir glauben«, heißt es auf der Website, »dass der Wert Ihrer genetischen Information im Laufe der Zeit immer weiter wachsen wird.« Denn »in der vernetzten Informationswelt von heute geht es nicht länger nur um das Ich. Vielmehr geht es darum, das Verständnis von uns selbst dadurch zu verändern, dass wir alle alles zusammenbringen.«

Solche Gedanken sind nicht verwunderlich, wenn man weiß, dass an der Spitze des kalifornischen Unternehmens 23andMe Anne Wojcicki steht, die Frau von Sergey Brin, dem Gründer von Google. Brin selbst hat sich auch testen lassen; von ihm ist bekannt, dass er ein erhöhtes Risiko für die parkinsonsche Krankheit hat. Ursache ist eine Mutation mit der Bezeichnung G2019S auf dem LRRK2-Gen. Brins Mutter und eine Tante sind bereits an Parkinson erkrankt.

Auch die Geschäftsführerin von Navigenics hat ihren eigenen Test durchlaufen – und festgestellt, dass sie anfällig für Zöliakie ist. Zu dieser chronischen Erkrankung der Dünndarmschleimhaut kommt es infolge einer Unverträglichkeit gegen Gluten, ein in vielen Getreidesorten vorkommendes Klebereiweiß. Seither weiß sie, woher ihre häufigen Blähungen und Bauchschmerzen kommen, und sie achtet nun auf eine glutenfreie Ernährung.

Auch viele andere Männer und Frauen scheint die Kenntnis ihres Erbguts zu echten Verhaltensänderungen bewegt zu haben, hin zu einem gesünderen Lebensstil. US-Forscher befragten mehr als 1000 Menschen, zwei bis sechs Monate nachdem sie sich einem Gentest unterzogen hatten. Jeder Dritte gab an, dass er oder sie mehr Wert auf eine gute Ernährung legt, 14 Prozent treiben mehr Sport. Das ist nicht wenig, wenn man weiß, wie schwer es Menschen fällt, ihr Verhalten längerfristig umzustellen.

Genomanalysen haben allerdings durchaus noch ihre Tücken. Das zeigte sich an dem Fall einer jungen Autorin des amerikanischen Wissenschaftsmagazins *Discover*, die ihr Erbgut bei mehreren Firmen auf bestimmte Krankheiten untersuchen ließ. Eigentlich hätten die Ergebnisse übereinstimmen müssen, schließlich war das Genmaterial jedes Mal von ihr.

Bei Navigenics ergab sich folgendes Bild: ein erhöhtes Risiko für Makuladegeneration, Arthrose, Fettleibigkeit, Schuppenflechte und chronische Darmentzündung. Bei 23andMe hieß es hingegen: leicht erhöhtes Risiko für Schizophrenie und eine bipolare Persönlichkeitsstörung. Je nachdem, ob sie angab, Europäerin oder Asiatin zu sein, ergab sich entweder ein besonders hohes oder besonders niedriges Risiko für Diabetes.

Zur Ehrenrettung der Unternehmen ist zu sagen, dass die Autorin Eurasierin ist. Die Studien über die Zusammenhänge zwischen Krankheitsrisiken und Genen sind aber zumeist bei Europäern gemacht worden. Daher sind die Ergebnisse auf Menschen aus anderen Ethnien nicht unbedingt übertragbar – und besonders kompliziert wird es für Menschen, die nicht eindeutig einer Ethnie zuzuordnen sind.

Letztlich fand die Autorin heraus, was viele Menschen entdecken werden, die ihr Erbgut untersuchen lassen: Höre am besten auf zu rauchen, vermeide Übergewicht, beweg dich viel und achte auf deinen Blutdruck. Das kann einem natürlich auch jeder Hausarzt sagen. Aber wenn es die eigenen Gene sind, ist die Überzeugungskraft für viele Menschen ungleich höher. So kam die *Discover*-Autorin am Ende zu folgender Feststellung: » Ich war froh, die Tests gemacht zu haben. Ich habe eine Reise in meine Vergangenheit, Gegenwart und Zukunft unternommen. Es war eine Erfahrung, die mir eine neue Sicht auf mein Leben verschafft hat. Was auch immer mein biologisches Schicksal ist, ich denke, ich kann es nun ein Stück weit selbst in die Hand nehmen. «

Ein solches Wissen über sich kann also durchaus sinnvoll sein. Fraglich ist es jedoch bei Krankheiten wie Alzheimer, bei denen es keine sichere Art der Prävention gibt. Auf manche Erkenntnis verzichten die Firmen daher freiwillig: Etwa ob jemand an Chorea Huntington erkranken wird, ein in jedem Fall tödlich verlaufendes Gehirnleiden (früher auch Veitstanz genannt), oder an Amyotropher Lateralsklerose (ALS), der Muskelschwäche-Krankheit des Astrophysikers Stephen Hawking. Es wäre ein Leichtes, dies herauszufinden, weil nur ein einzelnes Gen dafür verantwortlich ist, aber für beide Krankheiten gibt es weder eine Therapie noch auch nur irgendeine Art der Vorbeugung.

Forscher glauben, dass selbst eine solche Diagnose

nicht zu einer tiefen Verzweiflung führt. »Wir alle leben ja schließlich mit einer fatalen genetischen Auflage«, sagt etwa der US-Evolutionspsychologe Steven Pinker, »sie nennt sich Sterblichkeit. Und die meisten von uns haben Techniken, damit umzugehen, entweder Verdrängung, Resignation oder Religiosität.«

Bei Pinker selbst dürfte es am ehesten etwas wie Verdrängung sein: Er hat Wert darauf gelegt, nichts über seine ApoE-Variante zu erfahren, denn eine davon vervielfacht das Risiko, an Alzheimer zu erkranken. Alles andere hat er öffentlich gemacht. Wie Esther Dyson gehört Pinker zu den sogenannten PGP-10, den ersten zehn Freiwilligen des Personal Genome Projects, dem derzeit ambitioniertesten Vorhaben der Genforschung.

Initiiert hat es der Genetiker George Church von der Harvard Medical School. Das Erbgut von zehn Freiwilligen hat er bereits mit dem Polonator G.007 entschlüsselt, einer eigens angeschafften, 155 000 Dollar teuren Sequenziermaschine der neuesten Generation. In den kommenden Jahren will er das Erbgut von 100 000 weiteren Freiwilligen sequenzieren.

Und nicht nur das. Das Ziel ist eine »genetische Krankenakte« für alle Teilnehmer, die sie lebenslang begleitet und damit ständig den Zugriff auf die neuesten Therapien ermöglicht. Dafür hat jeder Teilnehmer erst einmal seine herkömmliche Krankenakte einzureichen und persönliche Fragen zu beantworten, wie etwa: Wie lange sehen Sie täglich fern? Oder: Wohnen Sie in der Nähe von Hochspannungsleitungen?

Durch die Untersuchung von Phänotyp und Genotyp – also der äußeren Erscheinung und dem Erbgut –

sollen dann langfristig Rückschlüsse auf Wechselwir-
kungen zwischen genetischen Einflüssen und Umwelt-
einflüssen möglich werden. Dann könnte sich etwa
herausstellen, dass bestimmte Gene das Lungenkrebsri-
siko erhöhen, aber nur wenn der Betreffende in einer ver-
kehrsreichen Gegend wohnt. Oder dass der Cholesterinwert eines Getesteten zwar weit über dem Normalwert
liegt, dass aufgrund seiner individuellen genetischen
Ausstattung aber kein Grund zur Sorge besteht.

George Church selbst ist in der Internetdatenbank als
Nummer 1 (www.personalgenomes.org/public/1.html)
geführt, Esther Dyson ist die Nummer 3, Stephen Pinker
die Nummer 6 (www.personalgenomes.org/public/6.
html).

Church ist sich sicher, dass die Kenntnis des eigenen
Erbguts über kurz oder lang auch etwas über die Verhaltensweisen des Einzelnen verrät: »Ich glaube nicht, dass
es grundsätzliche Unterschiede zwischen Verhaltens-
merkmalen und körperlichen Merkmalen gibt, beide lassen sich in einem gewissen Sinne auf Naturgesetzlich-
keiten zurückführen.«

Über die Frage, was die formenden Kräfte des Ich sind,
ist vor Jahrzehnten eine erbitterte wissenschaftliche
Debatte entbrannt, die bis heute anhält. Die zentrale
Frage lautet: Was ist angeboren und was Produkt der
Umwelt? Lange Zeit galt es als ausgemacht, dass vor
allem die Erziehung festlegt, wie sich das Verhalten und
die Persönlichkeit entwickeln. Gesellig und fröhlich sei
jemand, weil seine Eltern ihn so aufgezogen hätten, autis-
tisch, weil er eine kaltherzige Mutter habe. Durch Erziehung sei ein Mensch praktisch beliebig formbar. Der US-

Psychologe John Watson schrieb in den 1920er-Jahren: »Gebt mir ein Dutzend gesunder, wohlgebildeter Kleinkinder ... und ich garantiere, dass ich jedes nach Zufall ausgewählte Kind zu jeder Art Spezialist ausbilden kann – Arzt, Rechtsanwalt, Künstler, Geschäftsmann, ja, sogar Bettler und Dieb.«

Neue wissenschaftliche Studien zeigen jedoch, dass vieles von dem, was ein Mensch denkt, tut und sogar fühlt, von seinen Erbanlagen zumindest maßgeblich mitbestimmt wird. Evolutionspsychologen wie Steven Pinker sehen die Gene als wichtige Baumeister bei der Formung und Stabilisierung der Persönlichkeitsmerkmale an. In den Genen sei zwar kein konkretes Verhalten gespeichert, und sie könnten es auch nicht direkt beeinflussen – wohl aber die Vernetzung des Gehirns und dessen Arbeit.

Die Gene bestimmen demnach zumindest den Korridor der Persönlichkeitsentwicklung mit: Vieles ist möglich, aber es gibt bestimmte Grenzen, über die wir nicht hinauskönnen. Ganz ähnlich bei den unzähligen Einflüssen der Umwelt: Sie sind gewissermaßen in einem riesigen Kaufhaus versammelt, aus dem sich Menschen mit unterschiedlichem Erbgut das heraussuchen, was am besten zu ihnen passt oder zu was sie besonders leichten Zugang haben. Die einen hocken dann den Großteil ihrer Zeit am liebsten vor dem Computer und werden von dieser speziellen »Umwelt« geprägt, andere verbringen viele Stunden im Wald oder im Sportverein oder hinter Büchern.

Etwa die Hälfte der Persönlichkeits- und Intelligenzunterschiede, so nimmt heute die Mehrzahl der Forscher an, wird von der Vererbung bestimmt. Umwelt und Gene verstärken, beeinflussen und vermengen sich. Weder die Gene noch die Umwelt diktieren demnach, was für ein Mensch wir werden und welches Leben wir führen, sie erhöhen nur die Wahrscheinlichkeiten für bestimmte Verhaltensweisen.

Wissenschaftler haben schon lange geahnt, dass Persönlichkeitsmerkmale in einem gewissen Maße vererbbar sind. So hat man etwa das Gen DRD4 entdeckt, das die Wirkungsweise der Andockstellen für den Botenstoff Dopamin im Gehirn beeinflusst. Einige der Genvarianten sind möglicherweise verantwortlich für Persönlichkeitsmerkmale wie Extraversion, Ruhelosigkeit, Neugier und die Suche nach neuen Sinneseindrücken. Bei einer Vogelart, den Kohlmeisen, ist das sogar experimentell nachgewiesen, Tiere mit diesem Merkmal erkunden größere Reviere viel schneller als Artgenossen.

Wissenschaftler des King's College London fanden 2002 heraus, dass eine bestimmte Variante des Gens für das Enzym Monoaminooxidase-A bei gewalttätigen Männern häufiger auftritt. Das Gen allein ist jedoch nicht die Ursache – eine Auswirkung zeigte sich nur, wenn die Betroffenen in ihrer Kindheit misshandelt wurden. Hatten sie eine normale Kindheit, hat sie selbst die » aggressive « Genvariante nicht gewalttätig gemacht.

Etwas später fanden Forscher heraus, dass die » aggressive « Variante zu veränderten Gehirnstrukturen führen kann, wodurch betroffene Personen Gefühle und Impulse weniger gut kontrollieren können, sie hatten zudem ein kleineres Gehirnvolumen in der Amygdala – einem Bereich, in dem Angstgefühle entstehen und verarbeitet werden. In Italien hat ein verurteilter Mörder aufgrund einer solchen genetischen Disposition eine Strafminderung um ein Jahr bekommen. Ob ein Mensch widerstandsfähig ist, sich nicht von den Unwägbarkeiten des Lebens aus der Bahn werfen lässt oder ob er eher anfällig ist, scheint demnach auch eine Frage des Erbguts zu sein. Entscheidend dafür ist ein Gen, das für den Transport des oft als » Glückshormon « bezeichneten Serotonins verantwortlich ist. Je nachdem, welche Variante Menschen von ihren Eltern mitbekommen haben, ist ihr Risiko, im Lauf des Lebens eine depressive Episode zu durchleben, sehr klein oder sehr groß – und zwar weitgehend unabhängig von den Lebensumständen. Das lässt sich an der Gehirnaktivität nachweisen: Je mehr Schicksalsschläge die besonders widerstandsfähigen – auch als resilient bezeichneten – Menschen ertragen mussten, desto ruhiger waren im Ruhezustand jene Hirnregionen, die für die Stressverarbeitung zuständig sind. Bei den anfälligen Menschen feuerte das Angstzentrum im Gehirn viel stärker – selbst dann, wenn gar keine Gefahr drohte.

Eine der spannendsten Forschungsfragen ist derzeit die, ob Genvarianten auch das Sozialverhalten mitbestimmen, etwa die Fähigkeit zur Empathie. Eine wichtige Rolle spielt dabei das oft als » Kuschelhormon « bezeichnete Oxytocin. Es stimuliert die Wehen während der Geburt. Aber es wird auch bei Zärtlichkeiten und nach dem Orgasmus in hohen Dosen freigesetzt und sorgt für eine enge persönliche Verbundenheit mit dem Partner. Kürzlich haben nun US-Forscher drei genetisch unterschiedliche Varianten der Andockstellen entdeckt; diese Wirken sich ganz unterschiedlich auf die Empathie und Belastungsresistenz einer Person aus.

Jene Menschen, bei denen das Hormon wenig wirkt, reagieren auf Stress mit einem heftigen Pulsanstieg und anderen körperlichen Reaktionen – zudem konnten sie den Gefühlszustand anderer Menschen vergleichsweise schlecht erfassen. »Frauen schnitten bei dem Test generell besser ab und erwiesen sich als warmherziger«, sagt die Untersuchungsleiterin Sarina Rodrigues von der Oregon State University, »aber die genetische Variation führt auch zu großen Unterschieden innerhalb der Geschlechter.«

Aber auch in diesem Fall sind die Gene nicht alles: Schon länger ist bekannt, dass eine enge und liebevolle Bindung zur Mutter dazu führt, dass der Organismus mehr Oxytocin produziert. Wer als Kind ohne mütterliche oder elterliche Zuneigung auskommen muss, ist entsprechend weniger stressresistent und mitfühlend. Das Erbgut redet offenbar bei der Entwicklung unserer Psyche ein wichtiges Wort mit. Nature oder Nurture – Umwelt oder Erziehung –, die beiden Sphären existieren nicht nebeneinander, sondern sind aufs Engste miteinander verwoben. Insofern wird die Kenntnis der Erbanlagen künftig wichtiger.

Das Wissen über uns selbst kann aber auch auf ganz anderen Gebieten eine Rolle spielen – etwa bei der Partnerwahl und der Zeugung eines Kindes.

»Liebe ist kein Zufall«, lautet das Motto des Zürcher Unternehmens GenePartner. Das Unternehmen will Mann und Frau aufgrund ihrer genetischen Ausstattung zusammenführen. Dafür wird der sogenannte Haupthistokompatibilitäts-Komplex untersucht. Das ist eine Reihe von Genen, die Proteine codieren, die wiederum für die Ausprägung der Körperabwehr zuständig sind.

Bekannt ist durch wissenschaftliche Tests mit ver-
schwitzten T-Shirts, dass Männer und Frauen sich eher
anziehend finden, wenn ihr Immunsystem unterschiedlich ist; ein evolutionärer Instinkt sagt ihnen, mit wem
sich am erfolgreichsten Nachkommen in die Welt setzen
lassen. Dahinter steht die Erkenntnis, dass Kinder ein
stärkeres Immunsystem entwickeln und es die Über-
lebenschancen erhöht, wenn ihre Eltern ein möglichst
unterschiedliches Immunsystem haben. Das scheint auch
der Grund dafür zu sein, dass Frauen mit einem ähnlichen Immunsystem wie ihr Partner meist länger brauchen, um schwanger zu werden, und auch häufiger frühe
Fehlgeburten haben. Angeblich soll auch das Sexualleben
genetisch komplementärer Paare besser sein.

Wie romantisch ein solches gengestütztes Verfahren
ist, muss jeder für sich selbst entscheiden. Ohnehin sind
die Möglichkeiten, auf diesem Weg einen Partner zu
finden, noch nicht allzu groß, allerdings kooperiert Gene-
Partner seit einiger Zeit mit herkömmlichen Partner-
vermittlungen im Internet. Außerdem, so heißt es bei
GenePartner, könne man sich ja gemeinsam mit einem
potenziellen Partner testen lassen, ob man nicht nur sozial, sondern auch biologisch gut zusammenpasst.

Hat sich ein Paar tatsächlich gefunden, ließe sich vor
der Zeugung des ersten Kindes eine weitere genetische
Untersuchung absolvieren, wie sie das US-Unternehmen
Counsyl anbietet. »Denken Sie darüber nach, eine Familie zu gründen?«, wird der Besucher der Webseite emp-
fangen. Und dann mit der Feststellung in Angst und Schrecken versetzt, dass Millionen von Paaren ein erhebliches
Risiko hätten, Kinder zu zeugen, die von lebensbedrohli-
chen Krankheiten bedroht sind und früh sterben müssten.

Diese Gefahren lauerten im Verborgenen, heißt es weiter, ließen sich aber mit einem Gentest ausleuchten. Über das Risiko für mehr als 100 schwere Erbkrankheiten kann der Counsyl-Test Auskunft geben. Darunter etwa die häufig tödlich verlaufende Stoffwechselkrankheit Mukoviszidose, die spinale Muskelatrophie, die oft bis zum frühen Erwachsenenalter zum Tod führt. Oder auch die Tay-Sachs-Krankheit, die Nervenzellen im Gehirn und im Rückenmark absterben lässt, mit Todesfolge schon im Kindesalter.

Durch den Test erfahren die Ehepartner, ob sie Träger solcher Krankheitsgene sind. Sind es beide, so liegt die Wahrscheinlichkeit, dass die Krankheit bei einem Kind ausbricht, nach den Vererbungsregeln bei 25 Prozent. Die meisten der Krankheiten sind zwar selten, zusammen sind sie aber für etwa jeden zehnten Todesfall im Kindesalter verantwortlich – und für eine Vielzahl von Fehl- und Totgeburten.

Und die Entwicklung geht rasant weiter: Der US-Genforscher Stephen Kingsmore hat einen Test entwickelt, der einen Menschen auf 448 Genleiden zugleich prüft.

Selbst ein Skeptiker wie Richard Powers hat inzwischen gelernt, mit seinen Genen umzugehen: »Im Alltag treibe ich mit meinen Genen eher lustige Spielchen. Das ›Neugier‹-Gen benutze ich gegenüber meiner Frau als Entschuldigung dafür, dass ich mir jeden Abend ein anderes Dessert wünsche.« Und er räumt zumindest ein, dass sein Gentest am Ende immerhin dazu dienen könne, ein wenig gesünder zu leben.

➤ Auch künftig wird es vor allem darum gehen, wie Menschen mit den neuen Erkenntnismöglichkeiten umgehen wollen, was an genetischem Wissen nützlich ist und was nur belastet. Sinnvoll eingesetzt, kann ein Gentest zweifellos wichtige Erkenntnisse über das Ich liefern. »Wir beginnen gerade zu begreifen«, sagt der Evolutionspsychologe Steven Pinker, »dass unser Genom auch Botschaften über unser Naturell enthält und über unsere Fähigkeiten. Gentests könnten daher ganz neue Antworten auf die Frage ›Wer bin ich?‹ bieten – und zum Nachsinnen über unsere Herkunft, unsere Schwachstellen, unseren Charakter und unsere Lebensentscheidungen anregen.«

Bis es so weit ist, dass eine Schwärmerei des Genvisionärs Craig Venter Wirklichkeit wird, dürfte hingegen noch Zeit vergehen. Für Venter ist langfristig so etwas wie eine moderne Form der Psychoanalyse aus Gendaten denkbar, die »aber viel vernünftiger« sein werde als die »freudschen Sitzungen auf der Couch«.

11 Wo die grauen Zellen wirken

Ist das Ich in den Windungen des Gehirns verborgen? •
Mit welchen Methoden Hirnforscher uns unter die
Schädeldecke schauen

»Was macht uns zum Menschen?« Auf diese Frage sind
viele Antworten möglich: das Bewusstsein, die Fähigkeit
zur gesprochenen Sprache, der Bau von Massenvernich-
tungswaffen, der Altruismus, um nur einige zu nennen.
Was dabei immer eine entscheidende Rolle spielt, ist
jedoch das Gehirn.

An keinem Körperteil hängen wir mehr. Das zeigt
auch ein Gedankenexperiment des Hirnforschers Vilayanur S. Ramachandran von der University of California in
San Diego: »Stellen Sie sich einmal vor, wir reisen in eine
Zeit, in der wir alles über die Funktionsweise des Gehirns wissen. Neurowissenschaftler könnten Ihr Gehirn
in einem Gefäß mit Nährlösung unbegrenzt am Leben
erhalten. Mehr noch: Mit Tausenden Elektroden und
Stimulationsmustern bringt ein Forscher Sie dazu, zu
denken und zu fühlen. In einer perfekten Simulation, die
Muskeln und Gelenke mit einschließt, Zeitgefühl und
Zukunftsplanung mit einschließt. Das Gehirn weiß natürlich nicht, dass sein Erleben nicht real ist. Und nun
könnte der Wissenschaftler Ihr Gehirn erleben lassen,
dass Sie eine Mischung aus Albert Einstein, Bill Gates,

Hugh Hefner und Mahatma Gandhi sind. Sie haben nun die Wahl: Möchten Sie jenes rauschhaft glückliche Geschöpf sein, das ewig in einem Bottich schwimmt – oder Ihr wirkliches Selbst im ganz normalen Alltag? Der Einwand, dass der Bottich zerbrechen könnte, zählt nicht, auch Sie könnten schon morgen einen Unfall erleiden.«

Ramachandran hat die Frage Dutzenden Wissenschaftlern und Laien gestellt, und die Mehrheit von ihnen sagte klar: »Ich wäre lieber mein wirkliches Ich.« Selbst er als Wissenschaftler hängt an seinem Ich, an der schlichten, vertrauten Version. Rational begründen lässt sich die Wahl nicht, denn auch Menschen tragen das Gehirn in einer Nährlösung mit sich herum: Umgeben von den schützenden Knochen des Hirnschädels, wird es von Gehirn-Rückenmarks-Flüssigkeit und Blut versorgt.

Das gilt insbesondere für Wachkomapatienten. Ihr Schicksal zeigt, wie eng verknüpft das Gehirn und das Ich-Empfinden sind.

Ortswechsel. Es kam einer Auferstehung von den Toten gleich: Seit mehr als fünf Jahren lag der junge Belgier aus Lüttich, nennen wir ihn Michel Lampre, im Wachkoma. Bei einem schweren Verkehrsunfall hatte er sich Kopfverletzungen zugezogen, die sein Leben beinahe gänzlich ausgelöscht hatten. Das Gehirn konnte nur noch lebenswichtige Körperfunktionen wie Atmung und Verdauung aufrechterhalten; ob er Schmerzen hatte oder Gefühle verspürte – niemand konnte es sagen.

Alle Versuche herauszufinden, ob noch Reste des Bewusstseins tätig waren, schlugen fehl. Selbst die Bitte nach einem kleinen Zwinkern. Nicht der geringste Kontakt ließ sich herstellen. Scheinbar kein »Ich« weit und breit in diesem Reich zwischen Leben und Tod. In vielen solcher Fälle fragen sich Angehörige und Ärzte irgendwann, ob man den Patienten nicht besser sterben lassen solle – etwa, indem man die Nahrungszufuhr einstellt oder eine Lungenentzündung nicht mehr mit Antibiotika behandelt. Der Streit um den Fall der Wachkomapatientin Terri Schiavo ging bis zum Papst – und medial um die ganze Welt.

Bei Lampre stimmten die Angehörigen auf Bitten der Ärzte zu, ihn – wie 53 andere Wachkomapatienten aus Cambridge und Lüttich – mit einem Magnetresonanztomografen untersuchen zu lassen. Mit modernster Technik wollte man herausfinden, ob sich vielleicht doch noch die Regung eines Ich aufspüren ließe. Denn die Ärzte wussten sehr wohl, dass es immer mal wieder Fälle gab, bei denen sie mit den normalen Methoden der Kontaktaufnahme scheiterten, obwohl noch Reste des Bewusstseins vorhanden waren. Und so wurde der junge Mann in die Röhre geschoben.

Einer der Mediziner richtete daraufhin das Wort an ihn. Sagte ihm, er solle sich nun vorstellen, auf einem Tennisplatz zu stehen und einen Ball zu schlagen. Niemand wusste, ob diese Worte tatsächlich ein Ich erreichten, das die Laute wahrnehmen oder gar den Sinn des Gesagten verstehen konnte. Doch plötzlich zeigten die Geräte eine Aktivität im Motorkortex an. Ein Hirnbereich, der für komplexe Bewegungsabläufe zuständig ist, wie sie beim Tennisspielen erforderlich sind. Aber das konnte schlicht Zufall sein. Der Arzte sagte nun, Lampre solle sich vorstellen, durch die Räume seiner Wohnung zu gehen. Und wieder feuerten Neuronen des Patienten –

diesmal allerdings im Parahippocampus, der wichtig für die räumliche Orientierung ist.

Konnte es tatsächlich sein, dass Lampre, der seit Jahren kein Zeichen von Bewusstsein mehr zeigte, die Fragen verstanden hatte? Die Ärzte wollten es herausfinden und sagten dem Belgier, dass sie ihm nun einige Fragen stellen würden. Sei die Antwort Ja, solle er an einen Schlag mit dem Tennisschläger denken, bei Nein an den Gang durch seine Wohnung. »Heißt Ihr Vater Alexander?« Der Motorkortex wurde aktiv, also »Ja«. »Heißt Ihr Vater Thomas?« Der Parahippocampus wurde aktiv, also »Nein«. »Haben Sie Brüder?« – »Ja.« »Haben Sie Schwestern?« – »Nein.«

Lampre beantwortete all diese Fragen richtig. »Wir sind sicher, dass der Patient komplett bei Bewusstsein ist«, sagte Versuchsleiter Adrian Owen von der Universität Cambridge. »Er hat die Anweisungen verstanden, sich daran erinnert, was Tennis ist und wie man den Ball schlägt. Daher müssen viele Wahrnehmungsbereiche noch intakt sein.«

Für die Ärzte und vor allem die Angehörigen ist das höchst beunruhigend. Zu wissen, dort ist ein Mensch im eigenen Körper begraben – ohne Hoffnung, ihn befreien zu können oder auch nur regelmäßig mit ihm zu kommunizieren. Schließlich kann man die Patienten nicht permanent in einen Tomografen stecken.

Aber könnten Komapatienten auf diesem Wege womöglich zu erkennen geben, ob sie etwa Schmerzmittel benötigen, was sie fühlen – und vor allem ob sie in diesem Zustand weiterleben wollen? Könnte also allein die Gehirnaktivität den Willen bekunden, das Ich sterben zu lassen? Allein aufgrund extrem schwacher elektrischer

Signale, von denen man ohne millionenteure Geräte nicht das Mindeste wüsste? Entscheidet ein Gehirnscanner heutzutage, ob jemand über ein Ich verfügt oder das Recht hat zu sterben?

Das Gehirn und das Ich sind offenbar aufs Engste miteinander verbunden.

Mitunter kann sogar ein Schlafmittel das Ich wieder zum Vorschein bringen. Wie im Fall des Südafrikaners Louis Viljoen, der im Alter von 24 mit dem Fahrrad unterwegs war, als ein Lastwagen ihn erfasste. Fünf lange Jahre lag er im Wachkoma, sein Arzt bezeichnete ihn despektierlich als »Gemüse«.

Als die spastischen Zuckungen seines einen Arms wieder einmal überhand nahmen, gab seine Mutter ihm zur Beruhigung das Schlafmittel Zolpidem. 25 Minuten später gab Viljoen plötzlich ein Brummen von sich. Seine Mutter fragte: »Luis, kannst du mich hören?« Und er antwortete: »Ja.« »Sag ›Hallo‹, Louis«, sagte die Mutter. Der Sohn antwortete: »Hallo Mami.« »Ich konnte es nicht begreifen, ich weinte und weinte«, berichtete die Mutter. Auch die Ärzte verstehen bis heute nicht, wie das Schlafmittel das Ich reanimieren konnte. Aber Viljoen nimmt das Mittel nun seit Jahren und ist immer mal wieder bei Bewusstsein.

Die Beispiele illustrieren eine der großen Fragen der Philosophie, das sogenannte Leib-Seele-Problem. Die Frage, wie sich die mentalen Zustände (der Geist, das Bewusstsein) zu den physischen Zuständen (dem Körper, dem Gehirn) verhalten. Sind es zwei grundverschiedene Erscheinungsformen oder sind das Mentale und Physische letztlich eins?

Für den gläubigen Medizin-Nobelpreisträger Sir John Eccles war klar, dass sich das Ich-Bewusstsein des Menschen nicht allein auf physikalische und chemische Prozesse im Gehirn zurückführen lässt. Er verglich das Gehirn mit einem Computer und das Ich mit dessen Programmierer: Wie dieser über den Computer, so verfüge das Ich frei und unabhängig über das Gehirn. Das Zusammenwirken der beiden erklärt Eccles mit geheimnisvollen quantenmechanischen Effekten.

Durchgesetzt haben sich heute allerdings jene Neurowissenschaftler und Psychotherapeuten, die davon ausgehen, dass sich alle Zustände des Ich-Bewusstseins auf das Feuern der Neuronen zurückführen lassen. Geist und Gehirn sind demnach nicht voneinander zu trennen; ohne Neuronen gibt es kein Ich weit und breit. »Der Produzent meiner Handlungen ist das Gehirn, und ich selber bin ein Widerschein dieser Handlungen«, sagt der Bremer Hirnforscher Gerhard Roth.

Dank der neuen bildgebenden Verfahren ist es erstmals möglich, diesen Zusammenhängen biologisch auf die Spur zu kommen. Das Feuern der Neuronen bewirkt, so die Theorie, dass seine Besitzer Bewusstsein und Selbstbewusstsein haben, dass sie ein »ganzheitliches Ichgefühl« entwickeln. Der Neurophilosoph Thomas Metzinger etwa spitzt das in der These zu, dass Menschen so etwas wie Ich-Automaten seien: »Wir sind Ego-Maschinen, natürliche Informationsverarbeitungssysteme, die im Verlauf der biologischen Evolution auf diesem Planeten entstanden sind. Das Ego ist ein virtuelles Werkzeug: Es hat sich entwickelt, weil wir mit seiner Hilfe unser eigenes Verhalten kontrollieren und vorhersagen und das Verhalten anderer verstehen konnten.«

Ließe sich womöglich sogar der Sitz des Ich im Gehirn entdecken? Der US-Psychologe und Hirnforscher Julian Paul Keenan wollte genau das herausfinden. Er fragte sich: Was geschieht im Gehirn, wenn man sich selbst betrachtet und ein Ich-Empfinden hat? Leuchtet dann irgendwo im Kopf ein rotes Lämpchen auf, was signalisiert »Das bist du!«? Um das herauszufinden, dachte Keenan sich einen raffinierten Versuchsaufbau aus. Seine These: Wenn man von den aktiven Hirnregionen beim Betrachten des eigenen Bildes jene Regionen abzieht, die beim Betrachten eines anderen Menschen aufleuchten, dann müssten jene Bereiche übrig bleiben, die entscheidend für das Ich-Bewusstsein sind. Bei seinen Probanden zeigte sich: Es waren Regionen in der rechten Gehirnhälfte.

Dass diese tatsächlich wichtig sind, ergab ein weiterer Versuch. Probanden erhielten dazu ein Narkosemittel, das bei einigen die rechte und bei anderen die linke Hirnhälfte für einige Minuten betäubte. Dann bekamen die Teilnehmer ein gemorphtes Foto zu sehen, das zu 50 Prozent ihre Gesichtszüge zeigte und zu 50 Prozent die von Bill Clinton. Menschen mit wacher rechter und betäubter linker Hirnhälfte erkannten in dem Foto eher das eigene Gesicht, während die anderen Probanden eher Bill Clinton sahen. Für die Ich-Wahrnehmung schien also die rechte Gehirnhälfte maßgeblich zu sein.

Weitere Versuche konnten die Zielregion weiter einkreisen: Der Übergangsbereich zwischen dem Schläfen- und dem Scheitellappen war besonders aktiv, der sogenannte Gyrus supramarginalis. Genau diese Region ist es auch, die bei Menschen mit Ich-Störungen gestört oder verletzt ist. Etwa bei jenen, die ein Körperteil nicht mehr als ihr eigenes erkennen können.

Ist das nun der »Wohnort des Ich«? So weit wollen die meisten Forscher nicht gehen. Der Frankfurter Hirnforscher Wolf Singer ist der Auffassung, dass das Gehirn wie ein Orchester ohne Dirigent arbeitet. Demnach gebe es ein weitverzweigtes Ich-Netz, das sich durch viele Hirnbereiche zieht, das aber über einige wichtigen Solisten verfügt – wie etwa den Gyrus supramarginalis.

Wenn das Ich nicht mehr, aber auch nicht weniger als das Feuern der Neuronen ist und allein das neuronale Geschehen ein Selbst hervorbringt, dann müsste uns diese Aktivität einiges über unser Menschsein, unser Ich, sagen können. Genau darum soll es im Folgenden gehen.

Etwa bei dem denkwürdigen Experiment, das sich Steven Quartz ausgedacht hatte, der am California Institute of Technology in Pasadena philosophische Neurowissenschaft betreibt. Einige der Probanden gestanden dem Forscher am Ende der Versuchsreihe: »Das ist die schlimmste Studie, an der ich jemals teilgenommen habe. Ich möchte so etwas nicht noch mal entscheiden.«

Dabei wollten die Wissenschaftler lediglich eine jahrhundertealte philosophische Frage klären: Beruht eine gerechte Entscheidung eher auf der Vernunft des Ich oder auf dessen Gefühlen? Die Philosophen Platon und Kant gingen von einer rationalen Grundlage von Gerechtigkeit aus, während bei David Hume und Adam Smith die Betonung auf den Emotionen lag.

Sollte ein Experiment der Hirnforschung tatsächlich in der Lage sein, Entscheidendes über tiefe menschliche Antriebe auszusagen – über etwas, was selbst kluge Köpfe jahrhundertelang diskutiert haben, ohne je zu einem Ergebnis gekommen zu sein? Lässt sich selbst die Moral auf das Feuern der Neuronen reduzieren? Und was sagt das über unser Selbst?

Steven Quartz beschäftigte sich schon seit Längerem mit Themen wie »Die neuronalen Korrelate des Vertrauens« – also der Frage, welche Hirnstruktur für dieses Gefühl maßgeblich ist. Für sein Experiment hatte er sich eine geradezu perfide Entscheidungssituation ausgedacht. Noch dazu mussten die Probanden dafür in einem lärmenden Magnetresonanztomografen liegen, damit ihre mit der Entscheidung beschäftigten Gehirne beobachtet werden konnten.

Jeder der 26 Probanden stand vor einem moralischen Dilemma: Kinder in einem Waisenhaus in Uganda sollten für einen bestimmten Zeitraum jeweils 24 Mahlzeiten erhalten. Durch widrige Umstände aber war ein Teil der Nahrung verdorben, und die Kinder mussten mit weniger auskommen. Innerhalb weniger Sekunden sollten die Probanden nun zwischen zwei Möglichkeiten wählen: Entweder erhielt ein Kind 15 Mahlzeiten weniger oder zwei andere Kinder erhielten 18 Mahlzeiten weniger, eines davon 13 und das andere 5 weniger.

Für Utilitaristen wie den Philosophen und Ökonomen John Stuart Mill wäre klar gewesen, dass es unabhängig von der Verteilungsgerechtigkeit auf die Maximierung der Güter ankommt; insofern hätte besser ein Kind auf viele Mahlzeiten verzichten müssen, weil dadurch insgesamt drei Mahlzeiten mehr für alle Kinder zur Verfügung stehen würden. Für Deontologen wie John Rawls indessen entsteht Gerechtigkeit vor allem aus Fairness; er hätte auf Mahlzeiten verzichtet, um ein Kind davor zu bewahren, deutlich weniger als alle anderen zu essen zu bekommen.

Das Ergebnis des Versuchs war eindeutig: Sämtliche 26 Probanden, ob Mann oder Frau, entschieden sich für eine gerechtere Verteilung, obwohl dann zwei Kinder weniger zu essen bekamen. Ihren Gehirnen war im Magnetresonanztomografen die Schwierigkeit einer solchen Entscheidung anzusehen: Zunächst reagierte das sogenannte Putamen, ein Kerngebiet des Großhirns, das bei der Frage der Effizienz von Entscheidungen eine wichtige Rolle spielt. Die Probanden überlegten offenbar zunächst, welche Entscheidung den größten Nutzen mit sich bringen würde. Dieser Teil der Überlegungen war bei allen Probanden ähnlich ausgeprägt. Dann aber feuerte die Inselrinde – ein Bereich der Großhirnrinde, der dafür zuständig ist, Wünsche mit Gefühlen zu verknüpfen. Die Überlegung, die Verteilung möglichst gerecht vorzunehmen, gewann Oberhand.

Der Prozess des Abwägens bereitete den Probanden gedankliche Probleme, wie sie berichteten, auch wenn sie sich am Ende alle gleich entschieden. Für Steven Quartz war damit klar, dass Fairness mehr mit einer gefühlsmäßigen Bewertung zu tun hat als mit Überlegung und vernünftigen Prinzipien. Sein Fazit: Das menschliche Ich ist biologisch dafür gerüstet, sich moralisch zu verhalten. Eine Absage an Platon, Kant und den Utilitarismus.

Sich dem Ich in dieser Weise anzunähern ist erst seit kurzer Zeit möglich. Über viele Jahrhunderte war die Erforschung der Regungen des Gehirns ein mühseliges Vorhaben, und bis zu Anfang des 20. Jahrhunderts gab es nur eine Möglichkeit, mehr über dessen Geheimnisse in Erfahrung zu bringen: Verstorbene mussten seziert werden. Erst Mitte der 1920-Jahre gelang es, mithilfe der kurz zuvor entwickelten Elektroenzephalografie (EEG) Hirnströme zu messen und aufzuzeichnen.

Dann aber entwickelten sich in rascher Folge bildgebende Verfahren, von denen es die funktionelle Magnetresonanztomografie (fMRI) heute ermöglicht, dem Gehirn gewissermaßen bei der Arbeit zuzusehen. Das klingt zunächst einmal spannender, als es ist. Denn tatsächlich vermag ein solches Gerät lediglich die Veränderung der Blutversorgung zu dokumentieren. Dahinter steht die Erkenntnis, dass sobald ein Gehirnbereich aktiv wird, der Sauerstoffbedarf steigt. Der aber kann nur gedeckt werden, wenn das Blut zusätzlichen Sauerstoff herantransportiert. Die fMRI zeigt also, *wo* etwas passiert. *Was* dort genau passiert, weiß aber bislang niemand. Der Zugriff auf den Sitz des Ich ist also immer noch recht ungenau.

Dennoch hat diese Forschung in den letzten Jahren viele neue Einsichten darüber erbracht, wonach ein Mensch und damit sein Ich entscheidet. Ein Klassiker ist die Studie des Forschers Read Montague vom Baylor College of Medicine in Houston. Der fand heraus, wie stark kulturelle Botschaften das Ich und sein Verlangen beeinflussen können.

Testpersonen bekamen Pepsi-Cola und Coca-Cola zu trinken, ohne zu wissen, um welche Marke es sich handelte. Beide Marken schnitten in etwa gleich ab, auch die Gehirnmuster der Cola- und Pepsi-Liebhaber ähnelten sich. Anderen Probanden wurde hingegen verraten, welche Marke sie zu trinken bekamen; die Mehrheit versicherte, ihnen schmecke Coca-Cola besser. Und auch in ihrem Gehirn geschah etwas: Das Wissen um die Marke Coca-Cola aktivierte zwei Hirnbereiche, in denen Erinnerungen und Gefühle verarbeitet werden.

Daraus zog Montague den Schluss, dass die meisten Menschen nicht allein aufgrund eines Geschmackseindrucks eine Vorliebe entwickeln, sondern die mit einer Marke verbundenen Emotionen eine entscheidende Rolle spielen. Und die hatte ganz offenbar Coca-Cola mit seinen global bekannten Werbekampagnen besser angesprochen; es ging also letztlich längst nicht nur um eine Geschmacksfrage.

Das Gehirn »weiß« offenbar sehr genau, was das Ich bevorzugt, ohne dass dem Ich dies tatsächlich bewusst wird. Die Aufnahmen des Tomografen konnten sozusagen unsere geheimen Bedürfnisse sichtbar machen.

Auch in vielen anderen Fällen »weiß« das Gehirn mehr, als wir ahnen. So berichtet die Neurowissenschaftlerin Herta Flor vom Zentralinstitut für seelische Gesundheit in München, dass abstinente Alkoholiker beim Anblick eines Bieres zwar voller Überzeugung sagen, dass sie das Getränk widerlich finden. Doch wenn man sich deren Hirn anschaue, leuchtete bei vielen eine Region auf, die mit angenehmen Gefühlen verbunden sei. »Das sind die mit der größten Rückfallgefahr«, sagt Flor. Offenbar lassen sich dank technischer Möglichkeiten tiefere Schichten des Bewusstseins erkennen, die dem bewussten Ich verborgen bleiben.

Versteckte Motive und Bedürfnisse des Ich aufzuspüren wird eines der großen Themen der Hirnforschung der kommenden Jahrzehnte.

Mit Vorurteilen, die selbst ihren »Besitzern« nicht immer bewusst sind, gelingt das schon recht gut. So scheint das Gehirn Vorbehalte gegenüber Menschen anderer Rassen zu haben – was für Evolutionsbiologen nicht verwunderlich ist, weil das als fremd Wahrgenommene immer als bedrohlicher angesehen wird als das Bekannte.

Beim Hirnscan zeigten etwa weiße US-Amerikaner eine unterschiedlich starke Aktivität in der für Angstreaktionen zuständigen Amygdala, je nachdem, ob sie Fotos weißer oder schwarzer Menschen vor sich liegen hatten; beim Betrachten Letzterer war das Angstzentrum deutlich aktiver. Und das, obwohl die Probanden bei einer nachträglichen Befragung sagten, sie hätten keinerlei unterschiedliche Emotionen bei den Fotos verspürt. Ja, sie waren selbst erstaunt über die Hirnscan-Ergebnisse, zumal sie angaben, keinerlei Vorurteile zu haben.

Bei Schwarzen ist es umgekehrt, sie empfanden Weiße als »gefährlicher«, obwohl der Effekt nicht ganz so stark ausgeprägt ist. Das kann damit zusammenhängen, dass Schwarze in den USA mehr Kontakt mit Weißen haben als umgekehrt. Daher lautet eine Schlussfolgerung aus den Versuchen: Das Kennenlernen des Fremden führt dazu, die Angst ein Stück weit zu verlieren – eine Erkenntnis, die nicht überrascht, aber erstmals eine biologische Bestätigung gefunden hat. Und sie lässt sich in den USA auch tatsächlich beobachten: In Hirnscans von Weißen, denen Fotos sehr bekannter Schwarzer wie Martin Luther King oder Denzel Washington gezeigt wurden, kam es zu keiner erhöhten Aktivität im Angstzentrum.

Seit einiger Zeit wird das Denken immer genauer unter die Lupe genommen. Lange Zeit ging es bei Experimenten vor allem darum, dass Versuchspersonen eine Aufgabe erledigen sollten. Dabei schaute man, was sich im Gehirn tat, welche Bereiche gerade aktiv waren. Heute zielen viele Versuche in eine andere Richtung: Ein Scanner analysiert, was sich im Kopf tut, um auf diese Weise herauszufinden, was eine Person hört, sieht oder denkt.

Auf diese Weise gelang es dem Berliner Hirnforscher John-Dylan Haynes, die Absichten von Menschen zu erkennen, noch bevor sie sich selbst darüber bewusst waren – eine rudimentäre Form des Gedankenlesens. Dafür mussten Probanden in einem Kernspintomografen entscheiden, ob sie zwei Zahlen im Kopf addieren oder subtrahieren wollten. Erst danach wurden ihnen die Zahlen gesagt, und sie konnten rechnen. Schon in der Entscheidungssituation kam es zu bestimmten Aktivitätsmustern im Gehirn; sie verrieten Dylan-Haynes die spätere Rechenoperation immerhin in drei von vier Fällen richtig. Erstaunlich, wenn man bedenkt, dass sich ein Gedanke ans Subtrahieren vermutlich nicht grundlegend von einem Gedanken ans Addieren unterscheidet.

Einem Kollegen von Dylan-Haynes ist es sogar gelungen, Buchstaben direkt aus den Gedankenströmen eines Probanden herauszulesen – mithilfe einer Gummikappe mit 64 Elektroden, die winzige elektrische Spannungen aufzeichnen. Aus dem gedachten Satz »Das geht gut« las der Rechner »Dab geht gyt«; nur zwei Fehler. Ähnliches haben japanische Forscher auch mit Fotos von Schmetterlingen, Masken, Teekannen und Stühlen geschafft. Entscheidend ist, dass einzelne Gedanken offenbar Muster erzeugen, die ähnlich charakteristisch sind wie ein

Fingerabdruck – nur viel schwerer zu lesen. Noch jedenfalls.

Lassen sich demnächst Terrorverdächtige anhand ihrer Hirnstruktur überführen, noch bevor sie einen Anschlag ausführen? Lässt sich bei Straftätern vorhersagen, ob sie rückfällig werden? Können Angeklagte bei Prozessen ihre Unschuld dadurch beweisen, dass sie einen Kernspintomografen »überzeugen«? Dürfen Menschen allein schon für ihre Absichten bestraft werden? Diese Fragen rütteln zweifellos an den Grundpfeilern des menschlichen Zusammenlebens.

Und sie erinnern einmal mehr an Steven Spielbergs »Minority Report«: Eine Gedankenpolizei namens Precrime ist in diesem Film in der Lage, Verbrechen zu verhindern, die noch nicht begangen worden sind.

Forscher der Universität Zürich behaupten indes, dass sie künftig mittels Gehirnmessungen bösartige Absichten schon zu einem Zeitpunkt enthüllen können, bevor sie in die Tat umgesetzt werden. Bei dem Experiment ging es um gebrochene Versprechen bei der Rückzahlung von Geld in einer Spielsituation. Die gesamte Zeit lagen die Probanden dabei in einem Computertomografen. Bei jenen, die versprachen, sie würden das Geld zurückzahlen, aber insgeheim planten, das nicht zu tun, veränderten sich die Gehirnströme in Regionen, die eine wichtige Rolle für Emotions- und Kontrollprozesse spielen.

Weil die ehrliche Antwort willentlich unterdrückt werden musste, löste der beabsichtigte Bruch des Versprechens einen emotionalen Konflikt aus. Der beteiligte Verhaltensökonom Ernst Fehr schlussfolgerte: Ein solcher Befund lasse die Spekulation zu, dass Gehirnmessungen in ferner Zukunft nicht nur verwendet werden können, um Übeltäter zu überführen, sondern vielmehr »sogar mithelfen könnten, betrügerische und kriminelle Machenschaften zu verhindern«. Ehrliches Verhalten hatte dagegen keine erhöhte Aktivität hervorgerufen – weil, so folgern die Forscher, Ehrlichkeit keine zusätzlichen hirnphysiologischen Ressourcen beansprucht.

Einige Wissenschaftler denken noch weiter. Könnte es möglich werden, Wahrnehmungsprozesse wie auf einer Filmleinwand sichtbar zu machen, das Ich gleichsam zu materialisieren und die elektrischen Entladungen der Neuronen zu einem Film über das Denken zu verwandeln?

Zwei Forscher der University of California in Berkeley konnten 2009 erstmals aus der Hirnaktivität im visuellen Kortex eines Menschen eine ungefähre Reproduktion des Filmausschnitts erstellen, den dieser gesehen hatte. Als ein Proband den Schauspieler Steve Martin in einem weißen T-Shirt sah, kreierte der Computer daraus eine menschenähnliche Form mit einem weißen Mittelpunkt. Niemand hätte darin Steve Martin erkannt, aber der Rechner war zweifellos auf der richtigen Spur.

Selbst Erinnerungen, die gemeinhin als die persönlichsten menschlichen Attribute gelten, werden künftig vielleicht nicht mehr sicher vor Ausforschung sein. Am University College London bat man zehn Freiwillige, sich an einen von drei simplen Videoclips zu erinnern, die sie zuvor gesehen hatten. Auf den Filmen warf etwa eine Frau eine Tasse weg oder klebte eine Briefmarke auf einen Brief. Die Forscher konnten anhand von Hirnscans mit immerhin 50-prozentiger Wahrscheinlichkeit sagen, welchen der drei Clips die Menschen erinnerten. Durch bloßes Raten wären sie nur auf 33 Prozent gekommen.

Michael Gazzaniga, renommierter Psychologieprofessor und Autor des Buchs *The Ethical Brain*, kann sich durchaus vorstellen, dass Neurowissenschaftler in einigen Jahren in der Lage sein werden, anhand der Gehirnströme zu unterscheiden, ob jemand etwas getan oder dies nur gesehen hat: »Wenn Sie jemanden umbringen, entsteht eine Erinnerung im prozeduralen Gedächtnis; wenn Sie danebengestanden haben, während jemand umgebracht wurde, entsteht eine Erinnerung im episodischen Gedächtnis an einem anderen Ort.«

Mittels eines Hirnscans könnte sich auch herausfinden lassen, wer traumatische Erlebnisse voraussichtlich gut und wer sie weniger gut verarbeiten kann. Lange schon rätseln Psychotherapeuten, weshalb Menschen durch einschneidende Erlebnisse unterschiedlich stark berührt werden. Weshalb etwa nur jeder Zweite nach schweren Autounfällen, Terroranschlägen oder sexuellen Übergriffen eine sogenannte posttraumatische Belastungsstörung hat. Dabei schießen, ausgelöst von ganz banalen Begleitumständen der Katastrophe, einem Geruch, einer Farbe oder einem Ton, die Ereignisse immer wieder ins Bewusstsein.

Untersuchungen an Traumatisierten haben ergeben, dass bei diesen Menschen der Hippocampus – wichtig für die Abspeicherung ins Langzeitgedächtnis – eher klein ist. Bislang nahm man an, er sei infolge des Traumas geschrumpft. Dann aber stellte sich heraus, dass Zwillinge von traumatisierten Menschen ebenfalls kleine Hippocampi haben. Es war also genau umgekehrt: Ein kleiner

Hippocampus machte anfällig für Traumata. Werden also künftig Menschen, die als Notärzte oder Berufssoldaten arbeiten wollen, untersuchen lassen können, ob ihr Hippocampus genügend groß ist, um halbwegs unbeschadet mit potenziell traumatischen Erlebnissen fertig zu werden?

Sie werden es bemerkt haben: Viele der Möglichkeiten, dem Schalten und Walten des Gehirns auf die Schliche zu kommen, befinden sich in einem frühen Stadium. Noch ist es nicht so weit, dass man in eine Praxis gehen und einen Therapeuten bitten könnte, etwas über die eigenen unbewussten Motive, Antriebe und geheimen Gedanken herauszufinden. Bislang ist das allenfalls in hoch spezialisierten Forschungsprojekten möglich.

Für die Allgemeinheit gibt es derzeit nur das Angebot einiger Anbieter, mit einer Art Neuro-Check sich anbahnenden oder verborgenen Erkrankungen des Gehirns auf die Spur kommen. Mittels Magnetresonanztomografie etwa sollen Hinweise auf Durchblutungsstörungen entdeckt werden, die auf das Risiko eines Schlaganfalls hindeuten könnten. Beheben lassen sich die Durchblutungsstörungen allerdings nicht. Aber mitunter sind die dabei entstehenden Bilder so eindrücklich, dass sie einen Menschen zu einer Änderung seines Lebenswandels bewegen können. Das wäre immerhin eine neue Form der Einsichtsfähigkeit über das Ich.

➤ Vollständig verstehen kann der Mensch sein Ich nur, wenn er auch den tief verborgenen Geheimnissen seines eigenen Gehirns auf die Spur kommt. Einige wichtige sind bereits gelüftet – aber die Entdeckungsreise der Wissenschaften geht weiter, an vielen Orten der Welt.

12 Woher komme ich?

Was der Speichel mit meinen Urahnen zu tun hat •
Wie Hightech-Genealogen die Spur der Vorfahren
aufnehmen

Traditionelle Familienbande sind fragil geworden, wildfremde Menschen bezeichnen sich in Netzwerken als
»Freunde«, und Globalisierung ist längst mehr als nur
ein Schlagwort. Viele Menschen fragen sich daher, ob es
ein Fundament für ihr Ich gibt, das Bestand hat in Zeiten
rasanten gesellschaftlichen Wandels.

»Uns allen wird heute immer mehr Dynamik angesichts der ständigen Veränderung des Lebensumfelds
abgefordert«, analysiert der Münchner Sozialpsycho-
logie Heiner Keupp. »Über ihre Zukunftspläne alleine
aber können sich die Menschen nicht definieren – sie
suchen daher verstärkt in der Familiengeschichte nach
festem Halt, auf dem sie ihr Selbstbild ausrichten können.«

Für Deutschland ist die Sehnsucht nach Kontinuität
und Ich-Bestätigung in der Geschichte eine noch recht
neue Entwicklung. Die Familien- oder Ahnenforschung
galt allenfalls als Hobby verschrobener Akademiker, die
sich illustrer Vorfahren versichern wollten. Noch dazu
war Ahnenforschung jahrzehntelang durch den Arierkult
der Nationalsozialisten diskreditiert.

Dank des Siegeszugs des Internet und moderner molekulargenetischer Methoden hat die Genealogie – wie der Fachausdruck für die Ahnenkunde lautet – aber auch für junge Menschen an Reiz gewonnen, als private und demokratische Form individueller Geschichtsschreibung. In den USA gilt die Familienforschung bereits als das zweithäufigste Hobby überhaupt (nach der Gartenarbeit), rund 120 Millionen Menschen sollen es betreiben.

Vor Überraschungen ist man dabei nie sicher. So hat sich etwa herausgestellt, dass der ehemalige US-Präsident George W. Bush und sein einstiger Herausforderer Al Gore Vettern neunten Grades und beide mit dem *Playboy*-Gründer Hugh Hefner verwandt sind.

Hierzulande haben die Vereine der Familienforscher seit einigen Jahren ebenfalls regen Zulauf. Gespeist wird das Interesse auch durch Bestseller, deren Autoren sich autobiografisch mit der Geschichte der eigenen Familie beschäftigen, etwa Wibke Bruhns mit ihrem Buch über ihren Vater *(Meines Vaters Land)* oder Uwe Timm in *Am Beispiel meines Bruders*. Rund 30 000 Deutsche sind heute in genealogischen Vereinen zusammengeschlossen.

Hinzu kommen jene nicht Gezählten, die sich auf Webseiten wie ancestry.de oder verwandt.de ihren Stammbaum bauen und eine Art Familien-Website einrichten. Verwandt.de ist schon in mehr als einem Dutzend Ländern aktiv und beherbergt mehr als zehn Millionen Stammbäume; die Hälfte der Nutzer soll unter 30 Jahre alt sein. Ancestry.de bietet Zugang zu sechs Milliarden Namen in 26 000 Datenbanken, auch eine besondere deutsche ist darunter: sie führt die Hamburger

Passagierlisten der Jahre 1850 bis 1934; unzählige Auswanderer in die USA finden sich darin.

Das Prinzip solcher Angebote ist ähnlich: Familienmitglieder, die noch nicht dabei sind, können per Mail
zum Mitmachen aufgefordert werden, ihr jeweiliges Wissen zum Stammbaum beizutragen. Digitalisierte alte
Familienfotos lassen sich hochladen und Stammbäume
erstellen. Ergeben sich neue Erkenntnisse, lassen sich
neue Ahnen einfach hinzufügen und mit der Maus auf
dem Bildschirm in die richtige Reihenfolge bringen.

Eine kanadische Studie fragte vor einigen Jahren
nach der Motivation der Hobby-Familienforscher: »Ich
möchte meine Vorfahren als Menschen kennenlernen«,
»ich möchte sie aus der Vergangenheit holen«, »ich
möchte eine Zeitreise antreten« oder »ich will wissen,
wer ich bin« waren Antworten auf die Fragen der
Wissenschaftler. Sie alle eint das Interesse, über den
»Umweg« der Vorfahren mehr über ihr eigenes Ich in
Erfahrung zu bringen. Im Wissen, dass die Ahnen ihre
Nachkommen geprägt haben – nicht nur durch ihr Erbgut, sondern auch durch ihre Lebensweise, ihre Charaktereigenschaften, ihre Stärken und Schwächen. Wer etwa
entdeckt, dass nicht nur der eigene Vater, sondern auch
dessen Vater, Großvater, Urgroßvater und Ururgroßvater
mindestens drei Mal den Beruf gewechselt haben, kann
besser verstehen, warum er selbst sich unwohl fühlt nach
wenigen Jahren auf ein und derselben Position. In den
Wirren der großen Geschichte den Faden der eigenen
Geschichte wiederzufinden kann offenbar ein Gefühl der
Verortung geben.

Wie aber findet man heraus, wo und unter welchen
Umständen die Vorfahren gelebt haben – und wer über-

haupt dazugehört? Wenn die Ahnen über mehrere Generationen am selben Ort gewohnt haben, lassen sich die Spuren ihres Lebens meist in Kirchenbüchern, Trauregistern oder Taufmatrikeln finden. Die wichtigste Quelle der Ahnenforscher sind früher wie heute die Unterlagen von Standesämtern und Kirchenbücher. Die größte Sammlung der Welt befindet sich 200 Meter tief unter einer Granitschicht und mit Metalltoren gesichert in einem klimatisierten Stollen nahe Salt Lake City im US-Bundesstaat Utah. 2,5 Millionen Mikrofilmrollen mit einer Informationsmenge von sechs Millionen Büchern zu je 300 Seiten sind dort eingelagert.

Hüter des Schatzes sind Mormonen. Für die Anhänger der »Kirche Jesu Christi der Heiligen der Letzten Tage« ist die Erstellung und Beachtung einer Genealogie so etwas wie ein religiöser Auftrag. Sie glauben, dass sie ihren Vorfahren auch noch lange nach dem Tod die mormonische Taufe zuteil werden lassen können – wenn sie deren Namen und Lebensdaten kennen. An vielen Orten der Welt werden daher Kirchenbücher, Trauregister und Taufmatrikel mikroverfilmt und nach Utah gesendet.

Die Fülle der Daten kann jeder Interessent frei nutzen, etwa über die Suchmaschine des Archivs unter www.familysearch.org. Täglich mehr als 100 000 Mal wird sie abgefragt. Außerdem leihen allein deutsche Ahnenforscher dort Monat für Monat 3000 Mikrofilmkopien aus – und sehen sie in den rund 100 Familienforschungsstellen der Mormonen in Deutschland ein.

Hilfreich kann auch die sogenannte FOKO-Datenbank sein; Tausende von Privatgenealogen haben dort Informationen über zehn Millionen Personen hinterlegt (http://foko.genealogy.net/).

Für traditionelle Genealogen wie Lupold von Lehsten vom Institut für Personengeschichte in Bensheim geht jedoch nichts über die Anschauung vor Ort: »Der erste Schritt ist, die eigenen Verwandten zu befragen, und zwar nicht nur nach deren Erinnerungen, sondern auch danach, ob vielleicht noch Quellen auf ihrem Dachboden lagern, etwa Briefe, Urkunden oder Dokumente.«

Der nächste Schritt sei dann der Gang zum Standesamt. Demgegenüber habe man ein Recht auf Mitteilung der Daten zu den direkten Vorfahren. Danach seien Kirchenbücher die wichtigsten Quellen: »Wichtig ist es aber auch, im Stadtarchiv oder den zuständigen Staatsarchiven zu suchen. Sehr empfehlen kann ich auch die Recherche vor Ort: Hinfahren, wo die Vorfahren gelebt haben, klingeln und nachfragen! Trifft man auf Zugezogene, die von nichts wissen, muss man weiterfragen: ›Wo lebt hier jemand, der noch etwas wissen könnte?‹ – ›Wer im Ort beschäftigt sich mit solchen Fragen?‹ – ›Gibt es hier einen Heimatgeschichtsforscher?‹« Wer fachmännische Anleitung brauche, finde diese im *Taschenbuch für Familiengeschichtsforschung*.

Wie weit zurück sich die Familiengeschichte untersuchen lässt, ist sehr unterschiedlich. Am weitesten in die Vergangenheit führen die Stammbäume der Adelshäuser. Für diese Familien wurden früher die akkuratesten Aufzeichnungen vorgenommen. Bei Normalsterblichen brechen Stammbäume in der Regel zu dem Zeitpunkt ab, als in Deutschland Standesämter eingeführt wurden: Aus den Jahren vor 1792 im damals französisch besetzen Rheinland und vor 1875 für den Rest des Deutschen Reichs finden sich daher kaum Daten.

Wer sich auf die Suche in die Vergangenheit begibt, kann dabei durchaus auf Familiengeheimnisse stoßen. Wie etwa die *Stern*-Redakteurin Kerstin Schneider. Sie wollte Näheres über ihre Großtante Marie erfahren, die unter Schizophrenie litt und im Dritten Reich im Rahmen des NS-Euthanasieprogramms ermordet wurde. Schneider kam sogar dem mutmaßlichen Mörder ihrer Großtante auf die Spur, der ein gescheiterter Medizinstudent war und als vermeintlicher Arzt für die Nazis gearbeitet hatte. Und sie stieß in der Krankenakte auf eine Großtante von Marie: Magdalena, die 1866 angeblich die Mutter Gottes an ihrem Bett stehen sah.

Damals entfachte die Erscheinung in der streng katholischen Gemeinde in Böhmen eine Massenhysterie. Auch Magdalena litt wahrscheinlich an Halluzinationen und war ebenfalls schizophren. Sie wurde jedoch als »böhmische Bernadette« berühmt (was an Bernadette von Lourdes erinnern soll) und ruht in einer Privatgruft in einer Basilika. Großnichte Marie hingegen wurde nur ein paar Kilometer entfernt namenlos in einem Massengrab verscharrt.

Dank der modernen Genforschung lassen sich die Bande eines Menschen seit einiger Zeit noch viel länger als bislang in die Vergangenheit zurückverfolgen. Europäische Frauen können sogar herausfinden, von welcher der angeblich sieben Urmütter – Ursula, Xenia, Helena, Velda, Tara, Katrine oder Jasmine – sie abstammen, die vor 8500 bis 25 000 Jahren gelebt haben. Das jedenfalls versichert Bryan Sykes von der Universität Oxford. Der britische Genetikprofessor hatte das Erbgut von 6000 europäischstämmigen Frauen untersucht und war immer wieder auf sieben sehr ähnliche genetische Grundmuster gestoßen.

Sykes popularisierte seine Forschungsergebnisse mit dem Buch *Die sieben Töchter Evas*. Weil die Medien über den »Entdecker unserer Ahninnen« berichteten, erreichten ihn Tausende E-Mails mit der Bitte um eine Urmutter-Bestimmung. Sykes gründete daraufhin das Unternehmen Oxford Ancestors. Anhand einer Speichelprobe bestimmen Biologen dort, von welcher der sieben Urmütter eine Frau abstammt. »Man muss sich vorstellen, dass genau dieselbe DNA bereits im Körper eines Vorfahrens zu finden war, der vor vielen Tausend Jahren unter ganz anderen Umständen lebte«, schwärmt Sykes.

Je weiter die Zeit fortschreitet, desto schwieriger wird es jedoch mit der Zuordnung, da die Zahl der Menschen wächst und es durch Wanderungsbewegungen zu Vermischungen im Genpool kommt. Es ist heute nicht mehr möglich herauszufinden, ob ein Mensch etwa in direkter Folge von Nofretete oder Attila dem Hunnenkönig abstammt – wohl aber, ob man zu deren Urvolk gehört. Das macht eine spezielle Eigenschaft des Erbguts möglich.

Die DNA besteht gewissermaßen aus unzähligen Puzzleteilchen, die wir von unseren Eltern erben und die diese wiederum von ihren Eltern geerbt haben. Zwei besondere und etwas größere Puzzleteile sind für die DNA-Genealogie von großem Interesse, denn sie überstehen den Generationenwechsel weitestgehend unbeschadet: Das Y-Chromosom, welches Väter an ihre Söhne weitergeben, und die sogenannte mitochondriale DNA, die Mütter an ihre Söhne und Töchter vererben (genau die hatte auch Sykes untersucht).

Selbst das Burgfräulein im Mittelalter und der erfolgreiche Steinzeitjäger hatten schon die gleiche mitochondriale DNA beziehungsweise dasselbe Y-Chromosom in ihren Körperzellen wie ihre heutigen Nachkommen. Alle anderen Bestandteile des Erbguts aus Samen- und Eizelle verschmelzen dagegen im Embryo zu dessen individuellen Chromosomen. Bei ihnen lässt sich nicht mehr genau unterscheiden, was von der Mutter und was vom Vater stammt.

Gänzlich unverändert bleiben aber auch das Y-Chromosom und die mitochondriale DNA nicht. Daher bezeichnen Forscher diese beiden Bereiche im Erbgut auch als »molekulare Uhr«. Die tickt zwar sehr genau, aber nicht so fehlerlos wie etwa eine Atomuhr. Und so kommt es im Laufe der Jahrhunderte immer mal wieder zu kleinen Abweichungen. Die äußern sich in zufälligen und in der Regel harmlosen Mutationen in den Basenpaaren.

Wenn zum Beispiel die mitochondriale DNA einer Frau in ihre Eizellen kopiert wird, kann es zu einem kleinen Fehler beim Kopiervorgang kommen. Beispielsweise wird eine der Basen vertauscht, an der Stelle eines Gs befindet sich dann vielleicht ein A. Eine solche Mutation kann dann über Jahrtausende weitergereicht werden. Sie wird auch Marker genannt, weil sie sozusagen eine Markierung im Erbgut ist. Jeder, der auf diese Weise markiert ist, ist mit den Personen verwandt, bei der sie ebenfalls auftritt.

Genau solche charakteristischen Marker lassen sich mit den modernen Analysemethoden entdecken. Der weltweit größte Anbieter FamilyTreeDNA untersucht auf bis zu 67 Marker. Menschen mit denselben Markern lassen sich dann anhand solcher Merkmale einer von 24 sogenannten Haplogruppen zuordnen.

Man kann sich Haplogruppen als starke Äste des Homo-sapiens-Stammbaums vorstellen, als genetische Großfamilien, bei denen sich durch Wanderungen und Abspaltungen besondere DNA-Profile entwickelt haben. Diese zeigen sich dann in den seltenen Veränderungen. Haplogruppen geben einen Hinweis darauf, von welchem Urvolk jemand abstammt: etwa den Kelten, Wikingern, Juden, Hunnen oder Germanen. Wobei mit Urvolk Völker der Antike von etwa 900 vor Christus bis 900 nach Christus gemeint sind, die sich neben einer gemeinsamen Sprache und Kultur durch eigenständige Erbgutprofile auszeichnen. Dazu haben Forscher Genmaterial von heute mit dem verglichen, was sie mühsam aus archäologischen Funden der Zeit extrahieren konnten, etwa aus Zähnen und Kieferknochen.

Das Schweizer Start-up-Unternehmen iGENEA hat es mit einer solchen Untersuchung sogar in die Schlagzeilen der Boulevardpresse geschafft: Die Wissenschaftler hatten das männliche Y-Chromosom aus fast 20 000 Speichelproben ausgewertet – und herausgefunden, dass 45 Prozent der männlichen Vorfahren der Deutschen keltischen Ursprungs sind, mehr als 30 Prozent von Osteuropäern abstammen und zehn Prozent jüdischen Ursprungs sind. Dagegen sind nur sechs Prozent der Deutschen väterlicherseits germanischen Ursprungs.

Die stellvertretende iGENEA-Geschäftsführerin Inma Pazos schloss daraus: »Die moderne Genetik führt den Rassismus ad absurdum. Denn alle Genanalysen beweisen ohne jeden Zweifel, dass jeder Mensch unzählig viele Wurzeln hat, weil die Urvölker über Jahrtausende gewandert sind. In jedem Menschen steckt ein Mischmasch.«

Genau das soll auch das Genographic Project zeigen, das das Magazin *National Geographic* und der Computergigant IBM ins Leben gerufen haben (https://genographic.nationalgeographic.com/genographic/index.html). Ziel ist es, die DNA-Proben von mehreren Hunderttausend Freiwilligen zu analysieren. Das Mammutvorhaben soll dazu dienen, im Detail die Migrationsgeschichte der Menschheit in den letzten 150 000 Jahren zu enthüllen: Wie hat *Homo sapiens* durch Wanderungen die gesamte Welt besiedelt? Auch eine politische Botschaft hat das Vorhaben: »Letztendlich hoffen wir, dass die Ergebnisse des Projekts unterstreichen, wie nah wir als Teil der menschlichen Großfamilie miteinander verwandt sind«, heißt es in der Projektbeschreibung.

Der Molekularbiologe Reinhard Renneberg, der eine Professur in Hongkong hat, beschrieb, zu welch erstaunlichen Folgen eine Erforschung der eigenen Genealogie führen kann: Durch die Analyse im Rahmen des Genopraphic Projects erfuhr er, dass sein Ast im menschlichen Stammbaum bis auf einen Mann zurückreicht, der vor etwa 50 000 Jahren im nördlichen Afrika lebte. Nachgeborene wanderten dann in den Mittleren Osten aus. Rennebergs Wanderungsspur endete schließlich in Griechenland.

Bei iGENEA ließ er seine DNA nochmals analysieren und mit den Profilen in der firmeneigenen Datenbank vergleichen. Kurze Zeit später erhielt er eine Liste von Namen, deren Träger über die gleichen Marker verfügen wie Renneberg. Er hat diese Namen zwar noch nie zuvor gehört, doch sie alle haben gemeinsame Vorfahren.

Die »neuen Verwandten« wohnen nicht nur in Deutschland, sondern auch in Kroatien, Litauen, Russland und Schweden. Unerwartet war für ihn, dass darunter auch zwei Ashkenazim waren, also Vorfahren aus einer europäisch-jüdischen Linie. Die im Dritten Reich erstellten Stammbäume der Familie Rennberg aus Kirchenbüchern hatten nur arische Vorfahren aufgeführt.

Mithilfe von Angeboten von Firmen wie FamilyTree DNA aus den USA und iGENEA (wobei Letztere die Proben auch bei der US-Firma analysieren lässt) lassen sich demnach auch viel nähere Verwandtschaftsbeziehungen aufspüren. Die Tests geben die Wahrscheinlichkeit an, mit der zwei Personen mit gleichem DNA-Profil vor einer bestimmten Anzahl Generationen einen gemeinsamen Verwandten hatten. So könnten sich zwei Menschen testen lassen, die eine Verwandtschaft vermuten – oder man lässt sein Genprofil mit der viertel Million Profile aus der iGENEA-Datenbank abgleichen.

Je höher die Anzahl von übereinstimmenden Markern, desto näher ist die Verwandtschaft. Eine Übereinstimmung aller 67 Marker bedeutet, dass der letzte gemeinsame Vorfahre der zwei Untersuchten mit 50-prozentiger Wahrscheinlichkeit vor zwei Generationen gelebt hat und mit 99-prozentiger Wahrscheinlichkeit vor sechs Generationen. 66 deckungsgleiche Marker bedeuten nur noch eine 99-prozentige Verwandtschaftswahrscheinlichkeit in den letzten neun Generationen.

Joelle Apter, Geschäftsführerin von iGENEA, sagt: »Ein DNA-Genealogietest ist auch für adoptierte Kinder und Kriegsflüchtlinge interessant, da sie möglicherweise keine andere Möglichkeit haben, ihre wahre Herkunft zu erfahren.« Sie berichtet von einer Mutter aus der Schweiz, die einen Test für ihre adoptierte Tochter bestellt hatte. »Wir wussten, dass die Tochter aus Südamerika stammte, aber das Land war unbekannt. Durch den Test konnte herausgefunden werden, dass die Tochter aus Chile kam, auch wurden entfernte Verwandte in der Datenbank gefunden, die heute in den USA leben. Durch die Kontaktaufnahme konnten dann sogar die biologischen Eltern ausfindig gemacht werden.«

Eine ähnliche Erfahrung machte der Kaufmann und Hobbyhistoriker Daniel Guggisberg. Seit Jahrzehnten erforscht er das Berner Geschlecht der Guggisberg mithilfe von Gerichtsakten und Kirchenbüchern. Bis ins 16. Jahrhundert konnte er die Familie rekonstruieren und führte die 26 heutigen Zweige auf vier Hauptzweige zusammen. Schließlich fand er sogar einen Urahn aus dem 14. Jahrhundert, Niklaus Guggisberg.

Dann begann er Genproben von lebenden männlichen Familienmitgliedern zu sammeln, aus Spanien, den USA, Venezuela und Kanada. 15 der 20 Proben waren tatsächlich identisch. Doch selbst wie die fünf abweichenden zustande gekommen waren, konnte der Genealoge klären: Drei davon gingen auf Adoptionen, zum Teil schon im frühen 18. Jahrhundert zurück, die beiden übrigen waren das Ergebnis von außerehelichen Affären, eine davon vor 207 Jahren in der Schweiz.

Damit war er in illustrer Gesellschaft: Durch eine Genanalyse kam 172 Jahre nach dem Tod des US-Präsidenten Thomas Jefferson (1743–1826) heraus, dass der Verfasser der Unabhängigkeitserklärung ein uneheliches Kind gezeugt hat, mit der schwarzen Sklavin Sally Hemings. Und Charles Lindbergh, der erste Pilot, der über den Atlantik flog, hatte zwei Kinder in München gezeugt, wie eine DNA-Analyse ergab.

Auf diese Art Familiengeheimnis stieß auch der Hamburger Anthropologe Holger Zierdt, der heute beim Landeskriminalamt Hamburg am »Fachbereich für forensische DNA-Analytik« arbeitet. Wie viele andere kam er per Zufall zur Genealogie: »Als ich etwa 17 Jahre war, meldete sich bei uns eine Frau Zierdt, die den Namen im Telefonbuch gefunden hatte. Ihr Vater Hans war in Kassel geboren, wo auch wir lebten. Mein Großvater hieß auch Hans Zierdt. So waren wir neugierig, ob es zwei verschiedene Personen waren oder nicht. Es stellte sich heraus, dass es vor dem Zweiten Weltkrieg mindestens zwei Familien Zierdt in Kassel gab, die sich nicht kannten. Das hat meine Neugier geweckt, den Ursprung zu erforschen. Ein Großonkel in Bremerhaven betrieb Familienforschung. Er war fast 90 und war froh, dass ich seine Arbeit fortführte.«

Mit den alten Kirchenbüchern kam Holger Zierdt dann irgendwann nicht mehr weiter. Er wollte wissen, wie viele der heute lebenden Zierdts und Menschen mit ähnlichen Namen auf einen thüringischen Tontöpfer namens Curtt Zier und dessen Frau Catharina zurückgehen, der um das Jahr 1580 gelebt hat. Also bat er seine Verwandtschaft um eine Genprobe. Deren Erbgutprofile archivierte er während seiner Promotionszeit in Göttingen im Kühlschrank.

Als die Zierdts 2004 zu einem Familientreffen in den USA zusammenkamen, trafen dort ganz unterschiedliche

Menschen zusammen: Douglas, ein Aktienhändler aus Pasadena, die Drogerieverkäuferin Christel aus dem thüringischen Suhl, Hans-Jörg, der bei der Stuttgarter Fraunhofer-Gesellschaft arbeitet, Bill junior, der in Indiana in einer Hippie-Band spielte, oder Jürgen, der im Kali-Bergwerk arbeitet.

Holger Zierdt klärte damals das Genpuzzle auf: »Die allermeisten Nachkommen des Stammelternpaares sind genetisch zusammenhängend: Die in den USA lebenden Zierdts, Nachkommen der Auswanderer, teilen mit den in Deutschland lebenden den DNA-Typ. Somit ist die Auswanderung auch genetisch belegt. Wir konnten Nachkommen von USA-Auswanderern, die aus Russland stammen, mit Nachkommen von anderen aus Russland, die heute in Deutschland leben, zusammenführen. Beide Familien, die nichts voneinander wussten, teilen denselben genetischen Typ, stammen also von einer Familie aus Russland ab.«

Das interessanteste Ergebnis betraf Holger Zierdt selbst: »Mein eigener genetischer Typ unterscheidet sich von dem bei uns ›üblichen‹. Eine Stammbaumanalyse ergab, dass vermutlich meine Urgroßmutter fremdgegangen sein muss, also mein sozialer Urgroßvater nicht mein genetischer Urgroßvater ist.« Daher gehören Holger Zierdts Großvater, sein Vater und er selbst genetisch nicht zur Familie. Auch drei weitere Anwesende sind väterlicherseits mit dem Rest der Familie nicht genetisch verwandt.

Zuerst sei das ein Schock für ihn gewesen. Aber heute sieht er das Ergebnis vor allem als ein »interessantes Detail aus dem Leben meiner Ahninnen«. Die familiären Beziehungen hätten darunter nicht gelitten: »Unsere

Familie hat ein sehr großes Zusammengehörigkeits-gefühl entwickelt, die Genetik tritt dabei zurück.« Sozial gesehen gehören Holger Zierdt und auch die anderen genetisch nicht Verwandten natürlich trotzdem zur Fami-lie. Denn längst wird Familie nicht mehr allein über die Blutsbande definiert.

Selbst traditionelle Genealogen wie Luitpold von Lehsten räumen ein: »Die Verengung auf die genetische Frage wird sicher mit fortschreitender Kenntnis der Genetik überwunden werden. Lebensabschnittspartner, Patchwork-Familien und gleichgeschlechtliche Lebens-partnerschaften haben vielfach zum Ende der traditionel-len Familie geführt. Heutige Familien und genealogische Konstellationen sind mit dem klassischen Instrumenta-rium der Genealogie nicht mehr vollständig zu erfassen. Wenn ich aus einer Patchwork-Familie komme, dann ist die soziale Komponente viel aussagekräftiger als die blutsmäßige, weil diese in solchen Familien ihren Sinn stark eingebüßt hat.« Die Genetik werde in Zukunft zugunsten der Beachtung sozialer Gesichtspunkte wie-der zurücktreten.

➤ Festen Grund in der eigenen Geschichte können daher nicht nur die »Blutsbande« bieten, sondern auch soziale Traditio-nen. Wer seine Vorfahren und die mit ihnen verknüpften Ereignisse kennengelernt hat, kann den Eindrücken und Erfahrungen, die jeden Tag chaotisch auf das Ich einströ-men, eine gewisse Struktur geben. Vielleicht sogar einen Sinn.

Was Selbstexperimente verraten

13 Das vermessene Selbst

Wie gut schlafe ich? In welcher Stimmung bin ich? •
Durch Daten und Zahlen zu mehr Selbsterkenntnis

Alexandra Carmichael lebt seit vielen Jahren mit chronischen Schmerzen. Verursacht durch ein Krankheitsbild, das vielen Ärzten unbekannt ist und eine Körperregion betrifft, über die man gemeinhin ungern öffentlich spricht. Vulvodynie ist der medizinische Fachbegriff, das Hauptsymptom sind starke Vaginaschmerzen – Ursache unbekannt. Ärzte wissen in solchen Fällen oft nicht mehr weiter. So auch bei Alexandra Carmichael.

Doch konnte Carmichael ihre eigenen Interessengebiete dafür nutzen, sich selbst zu helfen. Da sie ohnehin von Wissenschaft und Gesundheitsfragen fasziniert und gern im Internet unterwegs war, begann sie im August 2008 – noch ohne zu wissen, ob ihr das jemals nutzen würde –, Daten über sich und ihr Leben zu sammeln. Das Geheimnis ihrer Erkrankung konnte am Ende auch sie nicht lüften, aber sie gelangte zu unerwarteten Einsichten über sich selbst.

Alexandra Carmichael wurde zu einem Self-Tracker oder Self-Quantifier – so nennen sich Menschen, die nur jede denkbare Lebensregung ihres Selbst dokumentieren. Ihre Zahl ist noch überschaubar, aber es werden mehr. Und die meisten von ihnen leben – wie sollte es anders sein – in Kalifornien.

Alexandra Carmichael speiste die von ihr gemessenen Werte in den Computer ein, erstellte Tabellen und versuchte, Muster zu erkennen: in den Daten über ihren Schlaf (Bettzeiten, Wachzeiten, Schlafqualität, zwischenzeitliche Nickerchen), ihr morgendliches Gewicht, die täglich aufgenommenen Kalorien, die Mahlzeiten, die Stimmung (drei negative und drei positive Stufen auf einer Skala von 0 bis 5), ihren Menstruationszyklus, ihr Sexualleben (Quantität und Qualität), ihre sportliche Betätigung (Zeit und Sportart). Hinzu kamen Angaben über Nahrungszusätze (Einnahmezeit und Dosierung), das subjektive Schmerzempfinden ihrer Erkrankung (auf einer fünfstufigen Skala), Kopfschmerzen und Übelkeit (ebenfalls auf einer fünfstufigen Skala).

Natürlich fehlten auch Angaben über die Arbeitszeit nicht, über nächtliche Schlafunterbrechungen durch ihre kleinen Kinder, die gemeinsam mit den Kindern verbrachte Zeit, die Wetterbedingungen und ungewöhnliche Vorkommnisse, die in kein Raster passten. Carmichael versuchte Zusammenhängen näher auf die Spur zu kommen, von denen sie nicht einmal wusste, ob sie überhaupt existierten.

All das kostete viel Zeit und glich einer Sisyphusarbeit. Die Daten aus der Nacht trug sie morgens ein, was etwa drei Minuten dauerte. Die Kalorienangaben zu den einzelnen Mahlzeiten schrieb sie zwischenzeitlich auf einen Küchenkalender. Alle Daten, die im Laufe des Tages anfielen, notierte sie jeweils vor dem Zubettgehen, was weitere sieben Minuten erforderte. Tag für Tag.

Anfangs sah sie sich einem schwer durchschaubaren

Datenwust gegenüber, aus dem sich scheinbar nichts herauslesen ließ. Doch nach einiger Zeit stieß sie auf zwei Muster, die ihr Interesse weckten: Zum einen war ihre Stimmung an den Tagen, an denen sie viel Sport machte, deutlich besser als an Tagen ohne viel Bewegung. Die beste Laune der vergangenen Wochen und Monate stellte sich während eines Tai-Chi-Workshops ein, nachdem sie an beiden Tagen jeweils fünf bis sechs Stunden trainiert hatte.

Was sie noch mehr erstaunte, war der Zusammenhang zwischen ihrer Stimmung und dem Essverhalten: An Tagen mit schlechter Laune aß sie deutlich mehr als an anderen Tagen – an einem waren es sogar fast 3200 Kalorien statt der durchschnittlich 2050 Kalorien. Unterschwellig, sagt sie, habe sie es zwar immer schon geahnt, dass sie Essen dazu einsetze, schlechte Stimmungen zu bekämpfen – aber so klar sei ihr der Zusammenhang zuvor nicht gewesen.

Hätte sie zu diesen Erkenntnissen nicht auch ohne statistische Auswertung kommen können? Gewiss, aber das lässt sich im Nachhinein leicht sagen. Im Trubel des Alltags geht einem häufig der genaue Blick auf sich selbst verloren. Carmichael zumindest war über die Folgen der neuen Form ihrer Introspektion erstaunt. Sie sagte: »Die Diagramme vor den Augen sah ich plötzlich Dinge über mein Ich, die mir vorher verborgen waren.«

Sie fragte sich auch, ob es einen Art »Idealzustand« der erhobenen Daten geben könnte. Ist es überhaupt normal, dass die Kalorienaufnahme derart stark schwankt? Wie sehen bei anderen Menschen die Muster der Stimmungsschwankungen, des Schlafs und der Bewegung aus? Und haben Personen mit gleichem Leiden womöglich ganz ähnliche Lebensumstände? Ließe sich womöglich die »Weisheit der Vielen« dafür nutzen, solche Fragen zu beantworten?

Um den Antworten auf diese Fragen ein Stück weit näher zu kommen, gründete sie mit einem Mitstreiter die Internet-Plattform »CureTogether«. Dort versammeln sich Menschen, die unter chronischen Beschwerden leiden und den Austausch mit Leidensgenossen suchen über Symptome und Behandlungsmöglichkeiten, über Fehlschläge und Erfolge. Zu mehreren Hundert Krankheitszuständen finden sich inzwischen Informationen auf CureTogether, die allesamt von Betroffenen zusammengetragen worden sind. Sie wollen anderen helfen, in der Hoffnung, dass auch ihnen geholfen wird.

Die dominierenden Krankheitsbilder sind Angstzustände, Depressionen und Schlaflosigkeit. Sport ist, folgt man den Erfahrungen der Teilnehmer, das beste Mittel gegen Depressionen; ebenfalls wirksam sind Meditation, guter Schlaf oder eine Gesprächstherapie, Lichttherapie oder Massagetherapie. Gegen Schlaflosigkeit, so die Erkenntnis vieler, ist Selbstbefriedigung hilfreicher als Melatonin und viele andere Medikamente. Besucher der Website gelangen offenbar zu einer Form der Selbsterkenntnis, die ihnen ein Arztgespräch so wahrscheinlich nicht ermöglicht hätte.

Alexandra Carmichael hat nach eineinhalb Jahren ihre persönliche Datenerhebung zunächst einmal unterbrochen – auch weil sie fürchtete, ihre Intuition würde unter der Fokussierung auf die nackten Zahlen leiden. Womöglich hat sie auch Furcht vor einem Effekt, den auch andere Self-Tracker kennen: Denn diese Art der permanenten Selbstausforschung kann süchtig machen.

Sie vermag allerdings auch dabei zu helfen, von Süchten loszukommen. Wie etwa im Fall des Software-Entwicklers Robin Barooah.

Schon im Alter von zehn Jahren hatte Barooah damit begonnen, Kaffee zu trinken, erst wenig, dann immer größere Mengen. Bis er sich schließlich selbst als koffein-abhängig betrachtete. Einige Male hatte er schon versucht, von dem schwarzen Stoff loszukommen, doch vergeblich: Die Entzugserscheinungen ließen zwar nach einigen Tagen nach, aber Barooah war nach einiger Zeit sicher, dass er sich ohne Kaffee nicht würde richtig konzentrieren können. Aber da kannte er sich einfach nur schlecht, wie sein nächster Abstinenzversuch zeigen sollte.

Für seinen Versuchsaufbau kochte er sich anfänglich pro Tag eine große Kanne Kaffee, deren Menge er dann über mehrere Wochen jeden Tag um 20 Milliliter reduzierte. Nach vier Monaten blieb gerade noch ein kleines Schlückchen übrig; danach verzichtete er ganz auf Kaffee.

Diesmal kam es zu keinerlei Nebenwirkungen; außerdem erlitt er keinen Rückfall. Er notierte jeden Tag, wie viel Zeit er hoch konzentriert bei der Arbeit verbrachte. Dann erstellte er ein Diagramm, auf dem minutiös die Zeiten des konzentrierten Arbeitens festgehalten waren und dazu das Datum des totalen Kaffeeverzichts als schwarze senkrechte Linie auf der Zeitachse. Zu Barooahs Überraschung fanden sich bei den »Zeiten der Konzentration« links der Kaffeeverzichtslinie nur selten und auch nur vergleichsweise kleine Ausschläge; rechts der

Linie dagegen waren die Ausschläge deutlich häufiger und länger anhaltend.

Der Kaffeeverzicht hatte seiner Konzentration also ganz offensichtlich nicht geschadet, sondern sie sogar gestärkt. Das Ergebnis, so sagte er, widerspreche seiner Intuition vollkommen, nie wäre er von allein darauf gekommen. Aber in dem Fall seien die Zahlen eindeutig verlässlicher als seine Intuition. Barooah hat auch eine Erklärung dafür: »Die meisten Menschen haben einfach ein schlechtes Zeitgefühl.« Seither hat er keinen Kaffee mehr angerührt.

»Einer der interessanten Trends der heutigen Kultur liegt sicherlich darin, unsere innere Stimme und unser Bewusstsein mit Daten anzureichern, die sich quantifizieren lassen«, sagt Gary Wolf, ein Online-Experte, der gemeinsam mit dem Herausgeber der Zeitschrift *Wired* Kevin Kelly, 2008 das Onlineportal www.quantifiedself.org gegründet hat – ein Sammelbecken für Zahlenfetischisten. Die Website hat zwar kein Motto, aber wenn sie eines hätte, müsste es lauten »Durch Zahlen zur Selbsterkenntnis!« oder »Werden Sie der Beobachter Ihres Selbst!«.

Selbst jemand wie Deepak Chopra, der mit seinen Lehren zur alternativen Medizin Millionen verdient hat, ist fasziniert von den neuen Möglichkeiten der Technologie. Er nutzt ein Gerät namens Fitbit, das kontrolliert, ob er sein tägliches Sportpensum einhält, das Schrittzahl und Kalorienverbrauch misst. Deepak Chopra sagt: »Feedback ist der beste Weg, sein Verhalten zu ändern.«

Längst tauschen sich die Zahlenfreunde nicht nur

online aus. Einige von ihnen versammelten sich anfangs zu kleinen Treffen, auf denen Menschen wie Barooah präsentierten, was sie mithilfe von Daten über sich selbst herausgefunden hatten. Auf dem allerersten Treffen waren es noch 20 Self-Tracker, die in jeweils 15 Minuten ihr Projekt präsentieren konnten. Derzeit kommen oft schon 100 Interessierte zusammen.

Auf einer der Konferenzen, die inzwischen alle sechs Wochen abgehalten werden, stellte ein Teilnehmer seine Erfahrungen mit Zeo vor, eine Art Mini-Schlaflabor für daheim. Mit Zeo lassen sich die individuellen Schlafmuster erfassen. Dabei wird ein Transmitter mit einem Stirnband am Kopf befestigt. Der zeichnet die Hirnwellen auf und überträgt sie auf ein Gerät am Nachttisch. Das Ergebnis ist ein Diagramm über den Schlafverlauf der Nacht, unterteilt in Fünfminutenintervalle. Auf diese Weise lässt sich erfassen, ob der Schlaf in den Intervallen leicht war, ob es sich um Rem-Schlaf (rapid eye-movement) handelte, den leichten Traumschlaf, der wichtig für die Vertiefung von Erinnerungen und fürs Lernen ist, oder um den für die körperliche Entwicklung und Erholung so wichtigen Tiefschlaf.

Die Auswertung der Daten über Wochen und Monate gibt Aufschluss darüber, wie die Dauer der Bettzeit oder der Zeitpunkt des Zubettgehens die Schlafqualität beeinflussen, ob man etwa am Wochenende mehr Tiefschlafphasen hat als in der Woche oder Kaffee am Nachmittag eine Auswirkung darauf hat, wie oft man in der Nacht aufwacht. Außerdem kann das Gerät seinen Nutzer mithilfe personalisierter E-Mails coachen. In denen werden das Schlafverhalten und die übrigen persönlichen Daten (zum Beispiel Alkoholkonsum oder Aktivitätslevel) analysiert und daraus Schlüsse für ein besseres Schlafverhalten gezogen.

Sicher, es gehört ein gewisses Maß an Narzissmus dazu, sich derart intensiv mit sich selbst zu beschäftigen. Andererseits ist es ein durchaus naheliegender Gedanke, sein Inneres anhand von Zahlen quantifizierbar zu machen. Schließlich spielen Daten und Statistiken heute für fast alles in unserer Umwelt eine dominierende Rolle: von der Tragfähigkeit von Brücken und der Berechnung des Existenzminimums über die Analyse von Nanopartikeln oder das Fluchtverhalten von Menschen bis hin zur Berechnung der Flugrouten für Satelliten oder der Entwicklung von Computerprogrammen zur Steuerung von Aktienmärkten.

Wir sammeln Myriaden von Daten und versuchen sie zu interpretieren. Mit dem täglichen Gang auf die Waage fängt es an und hört auf mit ärztlichen Laborwerten oder jährlichen Rentenbescheiden. Auch wenn wir die Ergebnisse nicht notieren, gedanklich sehen wir so etwas wie eine Gewichtskurve oder eine Vermögensbilanz vor uns. Je nachdem, ob sie nach unten oder oben weist, ziehen wir Schlüsse daraus.

Auch aus anderen persönlichen Daten, so die Überzeugung der Self-Tracker, lassen sich Statistiken erstellen und halbwegs objektive Schlüsse ziehen. Ein solches Verfahren scheint allerdings unserer Intuition grundlegend zu widersprechen, wonach die Einsicht ins Selbst normalerweise an Worte beziehungsweise eine Sinn gebende Erzählung geknüpft ist und nicht an nackte Zahlen.

Doch gibt es in einer faktengläubigen Welt womöglich eine Abkürzung zum Selbst? Gary Wolf erscheint es so: »Anstatt sich auf die Couch zu legen und ihr Innerstes mit Worten zu analysieren, durch Introspektion und Reflexion, wählen Self-Tracker den Weg der Zahlen.« Wird das Zeitalter der Psychologie abgelöst durch das Zeitalter der Zahlen? Lassen sich auf diese Weise unbewusste Beweggründe sichtbar machen, die ansonsten dem Einzelnen nicht gewahr werden?

Zumindest scheint die Sehnsucht, die Mysterien des Lebens und des Selbst zu quantifizieren, bei einer wachsenden Zahl von Menschen groß zu sein. Eine Frau im Forum von quantifiedself.org berichtet, dass die Beschäftigung mit ihrer Datensammlung einer Art Selbsttherapie gleichkomme. Die Erkenntnisse hätten ihr geholfen, bessere Entscheidungen zu treffen.

Sie stellte beispielsweise fest, dass sie in den Tagen vor der Menstruation stets schlecht gelaunt war und sich zum Trost oft neue Kleidung kaufte, obwohl sie normalerweise nicht gerne shoppen ging. Die Einkäufe stellten sich dann im Nachhinein immer wieder als Fehlkauf heraus. Nicht nur, dass ihr dieser Zusammenhang zuvor nicht aufgefallen war. Sie übertrug die Erkenntnis, an solchen Tagen häufig Fehlentscheidungen zu treffen, auch auf andere Lebensbereiche – und nahm sich beispielsweise vor, an den betreffenden Tagen keine wichtigen Entscheidungen über den Beruf oder die Familie zu treffen.

Als Pionier der Selbstexperimente gilt Seth Roberts, ein etwas wunderlicher und inzwischen emeritierter Psychologieprofessor an der University of California in Berkeley. Der hat durch wochenlange Testreihen beispielsweise herausgefunden, dass täglich drei Esslöffel Leinöl mit viel Omega-3-Fettsäuren seine mathematischen Fähigkeiten kurzzeitig verbesserten. Dafür hat er 32 einfache Aufgaben entwickelt, mit deren Hilfe er innerhalb von nur drei Minuten seine aktuellen mentalen Fähigkeiten testet. Ob seine Selbsterkenntnis auf andere Menschen übertragbar ist, kann er natürlich nicht garantieren.

In der Fachzeitschrift *Behavioral and Brain Sciences* hatte Roberts schon vor einigen Jahren eine Arbeit mit dem Titel »Selbstexperimente als Quelle neuer Ideen: zehn Beispiele zu Schlaf, Laune, Gesundheit und Gewicht« veröffentlicht. Er selber litt unter starken Schlafproblemen und versuchte herauszufinden, ob mehr Sport, eine Ernährungsumstellung oder bestimmte Lichtarten beim Aufwachen dagegen helfen würden. Alles vergeblich. Schließlich stellte er durch Eigenversuche fest, dass der Verzicht aufs Frühstück ihn seltener frühzeitig erwachen ließ.

Immer mal wieder haben Wissenschaftler das eigene Selbst zum Testobjekt gemacht. Der deutsche Chemiker Max von Pettenkofer etwa versetzte Ende des 19. Jahrhunderts eine Bouillon mit Cholera-Bakterien und aß die potenziell tödliche Suppe. Weil er überlebte, konnte er zeigen, dass nicht allein das Bakterium für die Cholera-Toten verantwortlich ist, sondern auch die hygienischen Umstände. Mitte der 1980er-Jahre mixte sich dann der australische Arzt Barry Marschall einen Cocktail mit einer Milliarde Helicobacter-pylori-Bakterien und trank die Krankheitserreger. So konnte er nachweisen, dass dieser Krankheitserreger die Ursache von Magengeschwüren sein kann und sich diese mit einem Antibiotikum heilen lassen, was zuvor für undenkbar gehalten wurde.

Von Pettenkofer und Marschall ging es um einen klinischen Selbstversuch, dessen Ergebnis übertragbar auf Millionen Menschen sein sollte. Die Self-Tracker hingegen wollen vor allem etwas über sich selbst herausfinden. Insofern sind sie die Nachfolger der heroischen Mediziner aus früheren Jahrzehnten in der individualisierten Gesellschaft von heute. Sie gleichen modernen Tagebuchschreibern und Autobiografen, die Erkenntnisse über sich statt in Wörtern in Zahlen und Daten festhalten. Und ähneln damit auch Spitzensportlern, die ihre Leistungsdaten in Tabellen abrufbar und vergleichbar machen, um herauszufinden, welches Training und welche Ernährung sie zur Höchstleistung befähigen.

Gary Wolf geht davon aus, dass das Self-Tracking in den nächsten Jahren etwas ganz Alltägliches sein wird.

Drei Entwicklungen vor allem waren es, die das Self-Tracking befördert haben: Immer kleinere und leistungsfähigere Sensoren können heute fast jede Körperregung aufspüren. Die ständig zunehmende Computerleistung und die neuen mobilen Endgeräte vom Netbook über das Multimedia-Handy bis zum iPad ermöglichen es, Daten jederzeit an jedem Ort zu speichern, zu betrachten und auszuwerten. Hinzu kommt der Boom der sozialen Netzwerke, der es ermöglicht, Daten mit beliebig vielen anderen Menschen auszutauschen. Zudem haben all die elektronischen Geräte einen Vorteil gegenüber vielen Therapeuten: Sie sind emotional neutral, sie werten das Verhalten nicht.

Das hat auch einem Mann – nennen wir ihn Tobias – geholfen, der vielleicht niemals einen normalen Therapeuten aufgesucht hätte. Tobias ist Anfang 30 und hatte es schon geschafft, 30 Kilogramm abzunehmen – mit strikter Diät und viel Bewegung. Aber er wollte nicht nur sein Wohlbefinden steigern, sondern auch ein Familienproblem lösen. Daher hatte er sich als Proband bei der klinischen Psychologin Margaret Morris gemeldet. Die Wissenschaftlerin wollte ein neuartiges Gerät testen, das Menschen den Umgang mit ihren Stimmungen und Launen erleichtern sollte.

Tobias hatte schon seit Längerem ständige Auseinandersetzungen mit seiner Frau über die Pflichten im Haushalt und die Kinderbetreuung. Das wirkte sich erheblich auf sein Lebensgefühl aus. Jeden Tag gegen fünf Uhr nachmittags, wenn er sich von der Arbeit auf den Heimweg machte, bekam er schlagartig schlechte Laune. Er wusste, gleich müsste er die Verantwortung für die Kinder, die Haustiere und das Abendessen übernehmen; seine Frau war gegen Ende eines Tages oft so erschöpft, dass sie erst einmal Zeit für sich brauchte.

Margaret Morris arbeitet in der Zentrale des Chipherstellers Intel im kalifornischen Santa Clara für die Digital Health Group des Unternehmens. Sie war schon seit einiger Zeit damit beschäftigt, Digitaltechnik für medizinische Zwecke nutzbar zu machen. Ihre Entwicklung nennt sich Mood Phone; es ist sozusagen ein Hightech-Stimmungsbarometer. Es soll Menschen helfen, ihre Emotionen aufzuspüren und die Ursachen für ihre schlechte Stimmung zu erkennen. »Sich seiner selbst bewusst zu werden«, darum geht es Morris bei dieser kognitiven Verhaltenstherapie per Mobiltelefon.

Während der Testzeit hatte Tobias täglich das Mood Phone bei sich. Zuvor konnte er sich entscheiden, wie oft sich das Mood Phone bei ihm melden würde, ob in Intervallen von etwa 30 Minuten bis hin zu Abständen von etwa drei Stunden; die exakte Zeit war allerdings einem Zufallsgenerator überlassen, damit sich Tobias nicht darauf einstellen konnte. Wenn das Telefon dann bei ihm klingelte, forderte es ihn auf, Fragen zu vier Stimmungszuständen zu beantworten: Ärger, Ängstlichkeit, Glück und Traurigkeit.

Je nachdem wie die Antworten ausfielen, versuchte das Mood Phone zu helfen: Es schlug etwa im Fall von starkem Ärger Atemübungen vor. Oder es unterstützte die körperliche Entspannung mit einem Training zur Selbstwahrnehmung. Die Übungen erforderten nur wenige Minuten Zeit. Wie zu erwarten, meldete sich das Mobiltelefon vor allem kurz vor Tobias' Ankunft zu Hause. Dann machte er erst mal ein paar Entspannungsübungen. So konnte er sich besser auf die kommende Situation einstellen – und er lernte auch, mit seiner Frau darüber zu sprechen, wie sie die Hausarbeit und Kinderbetreuung besser organisieren könnten.

Nach einiger Zeit verbesserten sich die Stimmungswerte, die er in das Handy eingab, die negativen Emotionen gingen zurück, seine Energie und die Empfindungen von Glück nahmen zu. Am Ende des Versuchs sagte Tobias der Studienleiterin Morris, dass sich seine Selbstwahrnehmung deutlich verbessert habe. Und dass er nun viel besser mit seinem Ich klarkomme, mehr Vertrauen zu seinen Gefühlen habe.

Mit einem ähnlichen Ansatz arbeitet der Harvard-Forscher Matthew Killingsworth. Mit einer iPhone-App mit dem Namen Track Your Happiness zeichnet der Wissenschaftler die Befindlichkeiten von Tausenden Männern und Frauen auf (wer noch mitmachen will, kann sich auf der Website www.trackyourhappiness.org anmelden). Diese bekommen drei Mal täglich die Aufforderung geschickt, ihre augenblickliche Beschäftigung und die damit zusammenhängende Stimmung zu bewerten.

Manches Ergebnis erscheint trivial, dass etwa die Stimmung in der Regel schlecht ist, wenn man etwas tut, weil man es muss und nicht, weil man es will. Aber wenn jemand mehrfach die Erfahrung macht, dass es ihm besonders gut geht, wenn er gerade mit anderen debattiert oder im Garten arbeitet, dann ist das zumindest ein Zusammenhang, der nicht für jeden offen auf der Hand liegt. »Meine Hoffnung ist, dass die Teilnehmer etwas über sich selbst herausfinden«, sagt Matthew Killingsworth. »Nämlich welche Alltagsfaktoren unmittelbar für ihre Glücks- oder Unglücksgefühle zuständig sind.« Damit sie sich künftig mehr Glücksmomente gönnen.

Während es bei der Stimmungsaufzeichnung um eine klar abgrenzbare Fragestellung und einige praktische Verhaltensänderungen ging, unterwerfen andere ihr gesamtes Leben dem Self-Tracking. So etwa Nicholas Felton, ein New Yorker Grafikdesigner, der seit 2005 jegliche Lebensregung protokolliert und diese in persönlichen Annual Reports im Jahresrückblick analysiert (feltron. com; Webadresse mit »r«).

Felton erfasst jedes einzelne Musikstück, das er sich angehört hat, listet seine Flüge und die Meilen auf, notiert jedes gelesene Buch und jedes Foto, das er geschossen hat. Außerdem erfasst er seinen Gemütszustand: im Jahr 2009 waren genau 8,8 Prozent seiner Gemütszustände als glücklich zu bezeichnen. Ein regelrechtes Hoch hatte er Anfang Mai, Ende November war er eher unglücklich. Im selben Jahr hatte er 111 Mal ein New Yorker Restaurant besucht, insgesamt 65 Gemüsesorten gegessen und im Oktober den Genuss von Süßigkeiten deutlich ausgeweitet, während der Bierkonsum im August am höchsten war (am häufigsten die Sorte Stella Artois).

Nicholas Felton hat seine Daten nicht nur visuell äußerst ansprechend aufbereitet, er konnte auch selbst Erkenntnisse daraus ziehen. Wenn er etwa feststellte, dass seine Gehzeit zu Fuß nachließ, war das ein Anreiz für ihn, wieder mehr zu laufen. Allerdings ist der Grat zwischen persönlich nützlicher Datensammlung und freiwilliger Selbstentblößung schmal. So erfährt der Betrachter des Annual Reports 2009, dass Felton sich in dem Jahr 778 Drinks genehmigte, was – wie er selbst ausrechnete – einem Tagesschnitt von 2,13 Drinks entspricht.

➤ Damit ist er auf einem guten Weg, der Vision nahe zu kommen, die der Microsoft-Wissenschaftler Gordon Bell in seinem Buch *Total Recall: How the e-memory revolution will change everything* beschreibt. Er sieht Menschen vor sich, die mit einer unsichtbaren Kamera vollautomatisch ihr gesamtes Leben aufzeichnen, per GPS ständig ihre Position lokalisieren und speichern, zudem alle Telefongespräche, Mails und Computerklicks. Sich nicht mehr um seine Erinnerungen kümmern zu müssen gebe einem ein Gefühl der Freiheit – und die Möglichkeit, sich besser kennenzulernen.

14 Von Tieffliegern und Überfliegern

Wie intelligent bin ich wirklich? Was die heutigen
IQ-Tests können • Lässt sich die Intelligenz steigern?

Um einem verbreiteten Missverständnis vorzubeugen:
Ein hoher IQ-Wert ist nicht alles (doch umgekehrt gilt
leider auch: Mit einem sehr niedrigen IQ-Wert ist vieles
nichts).

Wer aber zum Beispiel in der Wissenschaft kreative
Höchstleistungen vollbringen, gar einen Nobelpreis er-
ringen will, für den ist eine intellektuelle Hochbegabung
sicher hilfreich, wenn auch keine zwingende Voraussetzung. Das konnte Lewis Terman zeigen: Der US-Psychologe hatte in den 1920er-Jahren eine Studie begonnen,
die erst 35 Jahre später beendet sein sollte. Terman ver-
folgte akribisch die Karrieren von 1528 Kindern mit
besonders hohem IQ. Zwar machten viele von ihnen tatsächlich Karriere – aber einen Nobelpreis erhielten aus-
gerechnet zwei Männer, die nicht an der Studie teilneh-
men durften, weil ihr IQ zu gering war: die Physiker Luis
Walter Alvarez (für seinen entscheidenden Beitrag zur
Elementarteilchenphysik) und William B. Shockley (für
die Entdeckung des Transistoreffekts).

Klar ist auch, dass Intelligenz kein Wert an sich ist.
So kann sie sowohl dafür eingesetzt werden, die Polio-

Krankheit auszurotten, aber auch dafür, das World Trade Center binnen weniger Stunden zum Einsturz zu bringen.

Am besten sollte man es wohl mit der Einschätzung des Intelligenzforschers Richard Haier von der University of California in Irvine halten. Natürlich, so Haier, sage der IQ nicht alles über die geistigen Stärken und Schwächen eines Menschen aus. Dennoch habe der Wert eine wichtige Bedeutung: »Vergleichen Sie das mit einem Arztbesuch. Als Erstes werden Blutdruck und Temperatur gemessen. Keiner behauptet, dass der Arzt jetzt alles über den Zustand seines Patienten weiß. Doch die beiden Zahlen liefern ihm wertvolle Anhaltspunkte.«

Doch worüber eigentlich? Klar, wie intelligent jemand ist. Aber intelligent für was? Bedeutet ein IQ von über 130, dass derjenige gut gerüstet ist etwa für das Überleben im Urwald? Wohl kaum.

Kritiker wie der Schriftsteller Hans Magnus Enzensberger betonen, dass Intelligenz immer nur das sei, was ein bestimmter IQ-Test in einer bestimmten Kultur messe. Enzensberger hat folgendes Szenario entworfen: »Ein beliebiger Forscher aus Stanford, London oder Berlin wird mit einer der folgenden Personen konfrontiert, die seine Intelligenz einschätzen sollen: (a) mit einem Inuit aus Grönland, (b) mit einem Indio aus dem Amazonasbecken, (c) mit einem Seefahrer aus Polynesien. Es gehört wenig Phantasie dazu, um zu erraten, wie ein solcher Test ausfiele. Unser Experte wäre hoffnungslos überfordert. Schon dass er es mit Analphabeten zu tun hätte, würde ihn wahrscheinlich irritieren. Vollends verstört wäre er, wenn diese Leute seine geistigen Fähigkeiten daraufhin überprüfen würden, ob sie ausreichten, Tausende von Pflanzen zu unterscheiden, Fährten zu lesen oder tiefe Strömungen an winzigen Nuancen der Meeresoberfläche zu erkennen. Die Blamage wäre eklatant.«

Je nach Kultur vereint der Begriff der Intelligenz durchaus unterschiedliche Fähigkeiten unter einem Dach. Ein schillernder Begriff, zweifellos. Zumal es in den letzten Jahren in der westlichen Welt geradezu zu einer Inflation der Intelligenzen gekommen ist, vorangetrieben durch Howard Gardners Bestseller *Intelligenzen* und *Abschied vom IQ*. Der US-Psychologe hatte eine musikalische Intelligenz entdeckt, eine räumliche, eine körperlich-kinesthetische, eine naturkundliche und diverse weitere.

Andere Autoren stießen in der Folgezeit auf eine spirituelle Intelligenz, eine Erholungsintelligenz, gar eine sexuelle Intelligenz. Irgendwie war plötzlich jede menschliche Regung potenziell intelligent. Die Leser hörten es gerne, schließlich vermochte jeder einige Intelligenzen an sich zu entdecken, selbst wenn es mit dem kognitiven IQ haperte. Bis heute streiten die Experten allerdings, ob zum Beispiel die Gardner'schen Intelligenzen nicht eher Fähigkeiten oder Talente sind.

Und doch: Nutzlos ist der IQ – jene durch einen Test ermittelte Kenngröße zur Beurteilung des allgemeinen intellektuellen Leistungsvermögen eines Menschen – keinesfalls.

Letztlich beschreibt er Fähigkeiten, die für den Erfolg des Ich in einer westlichen Gesellschaft notwendig sind.

Oder anders gesagt, er misst die Fähigkeit des Ich zur Anpassung an die moderne Welt.

Und das tut er nicht einmal schlecht.

Ein heutiger Intelligenztest bewertet vor allem die Fähigkeit, bei ganz unterschiedlichen Aufgabenstellungen immer wieder gut abzuschneiden. In älteren Tests wurden vor allem Fähigkeiten abgefragt, die in der Schule gefragt waren, wie Sätze ergänzen zu können oder Zahlenreihen vervollständigen. Später kamen weniger kulturgebundene Knobeleien dazu, wie abstrakte Zeichnungen zuordnen oder einen Gegenstand im Raum mental drehen. Meist geht es also um das Verständnis von Komplexität – und auch um ein grundlegendes Denkvermögen. Wer einen hohen IQ-Wert aufweist, hat meist auch einen großen Wortschatz. Und Mathematik-Talente besitzen oft ein überdurchschnittliches Sprachverständnis.

Und so gelingt es IQ-Tests erstaunlich gut, den Berufserfolg eines Menschen vorherzusagen. Jedenfalls besser als den teuren und aufwendigen Assessment-Centern, jenen Einstellungstests, bei denen Bewerber zum Teil tagelang in die Mangel genommen werden. Nicht zuletzt deshalb werden Intelligenztests in Deutschland bei der Eignungsuntersuchung der Bundeswehr eingesetzt, beim Auswahlverfahren mancher Hochschulen oder eben bei Bewerbungen.

In den USA können Intelligenztests sogar über Leben und Tod entscheiden: Schwerverbrecher mit einem IQ von unter 70 dürfen nicht hingerichtet werden, weil sie als geistig zurückgeblieben und damit vermindert schuldfähig gelten. Studienplatzbewerber in den USA müssen häufig den SAT-Test absolvieren, der viele Gemeinsamkeiten mit einem Intelligenztest hat.

Die intellektuelle Stärke oder Schwäche, die ein Intelligenztest misst, bleibt über die Lebensspanne hinweg überraschend stabil. Das zeigte sich, als ein britischer Psychologe auf alte Tests aus dem Jahr 1932 stieß, den damals elfjährige Schüler ausgefüllt hatten. Mithilfe von Zeitungsanzeigen und Ärzten spürte der Forscher einige der längst Erwachsenen auf und ließ sie den Test 66 Jahre später wiederholen. Abgesehen von den an Alzheimer erkrankten Teilnehmern bewegten sich alle im selben Intelligenzbereich wie schon vor mehr als sechs Jahrzehnten.

Was aber ist überhaupt die »Intelligenz«? Jeder von uns erkennt bei anderen Menschen zwar recht schnell, ob der- oder diejenige intelligent ist oder eher ein geistiger Tiefflieger. Andererseits wissen selbst Forscher nur sehr wenig über das Phänomen, eine verbindliche Definition gibt es nicht. Der kleinste gemeinsame Nenner lautet: Intelligenz ist der Begriff für die kognitive Leistungsfähigkeit eines Menschen. Einen Sitz der Intelligenz im Gehirn hat bislang allerdings niemand entdeckt. Wohl aber Regionen, die sich auf verschiedene Fähigkeiten spezialisiert haben, etwa jene für die Sprache oder das Gedächtnis.

Die größte Frage allerdings harrt weiterhin einer Antwort: Ist Intelligenz erblich oder ist sie in erster Linie von den Umweltbedingungen geprägt?

Sicher ist nur, dass beides eine Rolle spielt, aber wie hoch der jeweilige Anteil ist, das ist bis heute unklar. Die größte Studie, die genau das herausfinden soll, leitet der Psychologe und Verhaltensgenetiker Robert Plomin vom Londoner King's College. Dort beobachtet er die lang-

fristige geistige Entwicklung von rund 13 000 Zwillings-
paaren, die zwischen 1994 und 1996 geboren wurden.
Eines der Ergebnisse: Eineiige Zwillinge, die über ein
absolut identisches Erbgut verfügen, sind sich von ihrer
Intelligenz her ähnlicher als zweieiige Zwillinge, die nur
zum Teil über ein identisches Erbgut verfügen. Selbst
wenn die eineiigen Zwillinge getrennt aufwachsen, unterscheidet sich ihr späterer IQ nur unwesentlich. Die
zweieiigen Zwillinge wiederum sind sich von der Intelligenz her ähnlicher als nicht genetisch verwandte Kinder. Klar ist demnach: Das Erbgut hat einen wichtigen
Einfluss.

Plomin wollte auch die dafür verantwortlichen Gene
dingfest machen. Das Vorhaben stellte sich jedoch als
höchst frustrierend heraus. Zwar ließ sich das Erbgut der
Jugendlichen mit der modernen Technik in Windeseile
durchmustern, aber der Forscher stieß nur auf extrem
wenige charakteristische Abschnitte im Erbgut, die in
einem Zusammenhang mit der Intelligenz zu stehen
scheinen. Bei der genaueren Auswertung wurde klar, dass
nur ein einziges Gen übrig blieb – und Berechnungen
ergaben, dass es zu lächerlichen 0,4 Prozent für die Unterschiede zwischen zwei Menschen verantwortlich ist.
Plomin geht inzwischen davon aus, dass Hunderte oder
gar Tausende Gene einen jeweils kleinen Einfluss auf die
Intelligenz haben. Insgesamt summieren sie sich aber
dennoch auf einen erstaunlich großen Wert.

Plomin schätzt den genetischen Einfluss auf die kind-
liche Intelligenz auf immerhin 41 Prozent. Im jugendlichen Alter betrage er schon 55 Prozent, bei einem jungen
Erwachsenen sogar 66 Prozent. Das ist erstaunlich, denn
eigentlich könnte man meinen, dass Umwelteinflüsse mit

dem steigenden Lebensalter zunehmen und die Bedeutung des Erbguts zurückdrängen. Plomin erklärt das damit, dass sich Menschen eine Umgebung suchen, die zu ihren Genen »passt«. Intelligente Kinder etwa suchen sich Betätigungen, die ihre Intelligenz herausfordern, während wenig intelligente Kinder eher Beschäftigungen wählen, die keine großen Hirnleistungen erfordern.

Statt weiter nach Intelligenzgenen zu fahnden, versuchen Forscher derzeit etwas darüber herauszufinden, wie schnell und effektiv Informationen durch das Gehirn strömen – und somit die Fähigkeiten des Einzelnen prägen, in der Welt von heute zurechtzukommen.

Erhellend ist dabei der Blick auf die Hirnentwicklung in den ersten Lebensjahren. Während dieser Zeit kommt es zu einer explosionsartigen Neubildung von neuronalen Verbindungen. Dadurch nimmt die Dicke der sogenannten grauen Substanz der Hirnrinde (Kortex) rasch zu. Dann aber bilden sich die nicht genutzten Bereiche zurück, und die Hirnrinde wird wieder dünner. Sehr intelligente Kinder haben zunächst eine eher dünne Rinde – am Ende der Entwicklung ist sie aber meist kräftiger ausgeprägt als bei anderen Kindern. Das könnte bedeuten, dass sich ihr Gehirn effektiver umbildet.

Und noch etwas wurde deutlich: Die sogenannte weiße Hirnsubstanz, aus der die Verbindungsstränge zwischen den Hirnregionen bestehen, ist bei intelligenten Menschen oft auffällig gut geordnet. Für den Intelligenzforscher Richard Haier heißt das: »Es könnte sein, dass Intelligenz zum einen mit der Verarbeitungskapazität zusammenhängt, zum anderen mit der Leitungsgeschwindigkeit. Die graue Substanz sorgt für die Verarbeitungskapazität, die weiße für die fein abgestimmte Leitungsgeschwindigkeit.«

Zu Unterschieden zwischen Menschen kommt es aber auch dadurch, dass die sehr Intelligenten die Aktivierung ihres Gehirns auf nur wenige Areale beschränken. Sie denken höchst effizient, benötigen nur wenig Energie und haben somit noch Reserven für den Fall der Fälle. Weniger Intelligente müssen bei der gleichen Aufgabe schon deutlich mehr Energie einsetzen, um auf die Lösung zu kommen; da bleiben keine Reserven mehr, falls die Aufgabe schwieriger ist als gedacht.

Warum das so ist? Dazu gibt es zwei Theorien. Die Myelin-Hypothese besagt, dass stärker isolierte (»myelinisierte«) Nervenzellverbindungen die Impulse schneller und mit weniger Verlust weiterleiten. Da Myelin erst im Kindesalter aufgebaut und im höheren Alter wieder abgebaut wird, könnte der Grad der Myelisierung für die Qualität des Denkens entscheidend sein. Dagegen besagt die Neural-pruning-Hypothese (»neurale Bereinigung«), dass eine unterdurchschnittliche Intelligenz Folge unvollständiger »Aufräumarbeiten« im Neuronenwirrwar in jungen Jahren ist. Insofern sind Hochbegabte womöglich Menschen mit einem besonders effizient bereinigten Gehirn, das nur noch über die notwendigen Synapsen verfügt.

Manche Forscher spekulieren bereits, dass man künftig keine IQ-Tests mehr benötigt, sondern sich nur noch in einen Hirnscanner legen muss, um seine Intelligenz erfassen zu lassen: Die Aufnahmen könnten dann zeigen, wie gut die Nervenverbindungen isoliert sind oder wie »aufgeräumt« es im Kopf zugeht.

Ließe sich die Intelligenz, sofern man sie erst einmal exakt erfasst hat, dann nicht doch verbessern? Richard Haier hält das für nicht ausgeschlossen: »Wenn Intelligenz genetisch bedingt ist, dann beruht sie auf biochemischen Prozessen, und wir kennen einige Wege, wie wir die Biochemie im Körper beeinflussen können.«

Noch sind Biologen und Pharmakologen mit ihren Mitteln nicht in der Lage, die Intelligenz zu beeinflussen. Allenfalls gelingt es manchen Medikamenten wie Modafinil oder Ritalin, die Aufmerksamkeit und den Wachzustand des Körpers für längere Zeit aufrechtzuerhalten – was ihnen besonders unter Studenten in den USA den zweifelhaften Ruhm als »Smart drugs« als Mittel fürs Hirndoping eingebracht hat. Die Intelligenz an sich verbessert sich dadurch aber nicht.

Auch die Hersteller von Programmen zum Gehirnjogging haben die menschliche Sehnsucht nach mehr Hirnleistung erkannt. Sie befeuern die Hoffnung, durch ein wenig Training am Computer oder an Spielekonsolen sein Ich gegen die Zumutungen des Alters zu feien.

Doch die kognitiven Einbußen lassen sich dadurch wohl nicht aufhalten: Eine Studie der Universität Cambridge hat im April 2010 viele Hoffnungen zunichte gemacht. Mehr als 11 000 Erwachsene durchliefen ein sechswöchiges Hirntrainingsprogramm zum logischen Denken, Gedächtnis, räumlichen Sehvermögen und zur Konzentrationsfähigkeit. Die Probanden verbesserten sich zwar bei den Spielen, aber in anderen mentalen Bereichen zeigte sich kein Fortschritt.

Bereits im Jahr zuvor hatten 30 renommierte Wissenschaftler ein Memorandum zur mentalen Leistungsverbesserung veröffentlicht. Es richtet sich gegen »kommerzielle Anbieter, die das Blaue vom Himmel versprechen«, wie Ulman Lindenberger, Direktor am Berliner Max-Planck-Institut für Bildungsforschung, erklärt. Davon würden vor allem jene Hersteller profitieren, die damit mehrere Hundert Millionen Euro jährlich einnehmen, nicht aber die Hirne der Käufer.

Softwarebasierte Trainingsprogramme und Denkspiele verbessern Lindenberger zufolge nur die Fähigkeiten, die sie trainieren. Nur sehr wenige dieser Programme zeigten eine positive Wirkung auf allgemeine geistige Fähigkeiten oder für Alltagssituationen. Studien zur Wirkung des Gehirnjoggings, die von Herstellerfirmen durchgeführt wurden, seien zudem wenig aussagekräftig. Besondere Vorsicht sei bei Produkten geboten, die versprechen, Alzheimer oder anderen Demenzerkrankungen vorzubeugen oder sie zu heilen. Auch gebe es bislang keine klinischen Studien, die belegen, dass Nahrungsergänzungsmittel die Intelligenz befördern.

Eines der wenigen hoffnungsvollen Trainingsprogramme für die Intelligenz des Ich ist der »dual n-back«-Test. Schweizer Wissenschaftler der Universität Bern haben ihn entwickelt. Anfangs war es für Susanne Jäggi und Martin Buschkühl nicht einfach, überhaupt genug Testpersonen für ihr Vorhaben zu finden. Schließlich mussten die Probanden bis zu vier Wochen lang täglich – außer an den Wochenenden – eine halbe Stunde ins Labor kommen und dort unter höchster Konzentration Aufgaben lösen. Hätte man vorher geahnt, dass die Studie in die Annalen der Intelligenzforschung eingehen würde und vor allem welche Auswirkungen das Training auf die

Probanden hätte – dann wären die Forscher von Interessenten wohl geradezu überrannt worden.

So fanden sich erst nach einigen Mühen 70 junge Frauen und Männer, die täglich das Institut für Psychologie aufsuchten. Die Aufgaben am Computer zu lösen erschien auf den ersten Blick profan: Den Probanden wurden neun kleine Quadrate präsentiert, die zusammen ein großes Quadrat ergaben; das mittlere enthielt ein X und spielte keine Rolle. Eines der acht anderen Quadrate leuchtete im Abstand von drei Sekunden farbig auf. Leuchtete zwei Mal hintereinander dasselbe Quadrat auf, musste die Taste A am Computer gedrückt werden. Gleichzeitig hörten die Probanden eine Stimme einen Buchstaben sagen. Wurde zwei Mal hintereinander derselbe Buchstabe genannt, sollten sie die Taste L drücken. Das klingt schon etwas verwirrender. Aber durchaus lösbar.

Täglich übten die Probanden 25 Minuten lang – und wer dabei wenig Fehler machte, für den wurde es nach und nach schwieriger: Nun sollten die Tasten nur gedrückt werden, wenn der vorletzte Buchstabe und das vorletzte Farbquadrat dem aktuellen entsprachen. Wer auch das konnte, musste auf den drittletzten Buchstaben, das drittletzte Bild achten, und so weiter. Das heißt die jungen Leute trainierten immer an ihrer individuellen Leistungsgrenze.

Um herauszufinden, ob dieses Training Wirkung zeigt, hatten die Probanden anfangs einen aufwendigen Intelligenztest absolviert, den sogenannten Bochumer Matrizentest (BOMAT). Der dient dazu, die intellektuelle Leistungsfähigkeit von Akademikern zu testen. Nach dem »dual n-back«-Training absolvierten die Probanden den Test nochmals. Als Kontrollgruppe dienten 35 Frauen und Männer, die nicht an dem Training teilgenommen hatten.

Das Ergebnis war eindeutig: Die trainierten Probanden schnitten beim Intelligenztest deutlich besser ab als die Kontrollgruppe. Und mehr noch: Je länger die Testpersonen trainiert hatten, desto größer war der Effekt (die 70 Teilnehmer waren in Gruppen unterteilt, die acht, zwölf, 17 oder 30 Tage lang trainierten). Im Mittel konnten sie fast ein Viertel mehr Aufgaben des Tests richtig lösen. Jene, die vier Wochen lang trainiert hatten, kamen sogar auf ein Plus von 44 Prozent. Es konnten sich sowohl die Probanden steigern, die ohnehin schon hohe Werte erreicht hatten, als auch jene mit niedrigeren Werten – Letztere sogar ein wenig mehr. Die Versuchsleiter wunderten sich nicht, dass viele der Probanden das Training zu Hause freiwillig weitermachen wollten.

Das eigentlich Überraschende war, dass es erstmals gelungen war nachzuweisen, dass sich ein Hirntraining positiv auf Aufgaben auswirkt, die mit dem Training gar nicht geübt werden. Denn die Aufgaben des »dual n-back« spielen in Intelligenztests keine Rolle.

Sollte ein Mentaltraining also tatsächlich die Intelligenz des Ich verbessern können, eine Fähigkeit, die zu einem bedeutenden Anteil genetisch festgelegt ist?

Jahrzehntelang galt die eherne Regel, dass die Intelligenz konstant ist. Dass man zwar Fertigkeiten trainieren kann, nicht aber Fähigkeiten. Für die Auffassung, dass sich das Gehirn durch spezielle Aufgaben wie eine Art Muskel formen lässt, der dann für alles Mögliche eingesetzt werden kann, gab es keinen Beleg. Die Berner Studie war die erste. Robert Sternberg von der amerikanischen Tufts-Universität, einer der bekanntesten Intelligenzforscher, kommentierte überrascht: »Offenbar liefern IQ-Tests Werte, die dynamisch sind, nicht starr, modifizierbar statt fixiert.«

Nach den bisherigen Erkenntnissen hält der Effekt des »dual n-back«-Trainings sogar über viele Monate an. Demnächst wollen die Forscher herausfinden, wie weit man sich mit der Methode steigern kann. »Es wird ein Plateau geben«, vermutet Jäggi, »ähnlich wie beim Joggen, da werden Sie am Anfang sehr schnell besser, aber nach einiger Zeit geht es nur noch langsam vorwärts oder auch gar nicht mehr.« In einer Nutzergruppe der Universität Bern schreibt ein Mann, dass er nach einem Jahr Training immerhin zeitweise das neunte Level erreicht habe, sich also merken kann, ob ein Buchstabe neun Nennungen zuvor derselbe war wie der aktuelle und ob das kleine Quadrat neun Bilder zuvor an der gleichen Stelle stand wie das aktuelle.

Auf die Idee zu dieser Forschungsarbeit waren die Wissenschaftler gekommen, nachdem sie kognitive Tests im Zuge eines Anti-Sturz-Trainings für Senioren ausprobiert hatten. Erstaunlicherweise halfen die Gehirnaufgaben den alten Menschen sogar besser als Kraft- und Koordinationsübungen am Ergometer. Das gab den entscheidenden Hinweis darauf, dass eine kognitive Leistung, die in einem speziellen Bereich erworben wurde (Verbesserung des Arbeitsgedächtnisses), erfolgreich auf einem ganz anderen Gebiet wirken kann (Vorbeugung vor Stürzen).

»Dual n-back«-Tests lassen sich inzwischen nicht nur am Computer, sondern auch auf Java-fähigen Mobiltelefonen wie dem iPhone oder Blackberry-Geräten absolvieren. Ausprobieren kann man sie unter folgenden Internet-Adressen:

http://dual-n-back.com/

http://cognitivefun.net/test/5 oder

http://brainworkshop.sourceforge.net/

Die Schweizer Wissenschaftler haben inzwischen eine umfangreiche Aufgabensammlung für kognitives Training entwickelt: Unter dem Namen BrainTwister (www.apn.psy.unibe.ch/content/application/braintwister/index_ger.html) findet sich darunter auch ein »dual n-back«-Test. Die vier anderen Tests richten sich speziell an Kinder und an ältere Menschen, sind aber ähnlich aufgebaut.

Der BrainTwister zeichnet detaillierte Trainingsdaten für jede Aufgabe auf und erlaubt das Visualisieren und Ausdrucken der erreichten Ergebnisse. Damit werden wichtige Komponenten des Arbeitsgedächtnisses trainiert wie wahrnehmen, entscheiden, behalten, wiedergeben, koordinieren, Störfaktoren ausblenden, konzentrieren, sich anstrengen und Belastungen aushalten.

Es gibt jedoch noch andere, sehr kostengünstige Methoden, die Denkzentrale des Ich auf Trab zu halten: etwa durch echtes Jogging. Wissenschaftlich ist längst erwiesen, dass regelmäßiges körperliches Ausdauertraining die Hirndurchblutung steigert und die Bildung neuer Blutgefäße und Nervenzellverbindungen anregt. Es steigert damit nachweislich Aufmerksamkeit, Denkvermögen und Gedächtnisleistung.

Eine andere Möglichkeit ist schlicht: mehr Schlaf. For-

scher konnten zeigen, dass durch intensive Tiefschlafphasen Gedächtnisinhalte, die sich auf Fakten, Vokabeln
und Geschichten beziehen, besser in den Langzeitspeicher des Gehirns übertragen werden. Während des eher
unruhigen REM-Schlafs profitiert besonders das pro-
zedurale Gedächtnis, das für komplizierte neue Bewegungsabläufe zuständig ist, etwa für das Erlernen des
Autofahrens. Ebenfalls hat sich gezeigt, dass Menschen,
die bei Problemen nicht weiterkamen, oft schon eine
durchschlafene Nacht geholfen hat, eine gute Lösung zu
finden; vor allem erkannten sie die hinter dem Problem
verborgenen Fallstricke besser. Insofern hat der Satz,
man solle komplizierte Dinge noch einmal überschlafen,
durchaus seine Berechtigung.

Wer wissen will, wie es mit der Intelligenz seines Ich
bestellt ist, hat verschiedene Möglichkeiten, dies zu testen.

Der bekannteste Test für Kinder und Jugendliche bis
16 Jahre ist der HAWIK (Hamburg-Wechsler Intelligenztest für Kinder). Für Erwachsene gibt es entsprechend
den HAWIE. Der Gesamt-IQ errechnet sich dabei aus
zehn Untertests, die vier Gebieten zugeordnet sind:
dem Arbeitsgedächtnis, der Arbeitsgeschwindigkeit, dem
Sprachverständnis und der Wahrnehmungsorganisation
beziehungsweise dem logischen Denken.

Etwa eineinhalb Stunden dauert ein Test – man kann
ihn frühestens nach einem Jahr wiederholen, weil ansonsten der Lerneffekt zu groß ist und man sich letztlich selbst
betrügt. Das Ergebnis ist IQ-Wert, der aber in einer
gewissen Bandbreite angegeben wird. Kommt etwa
jemand auf einen Wert von 119, so bedeutet das: Der IQ

liegt mit einer Wahrscheinlichkeit von 95 Prozent zwischen 114 und 124. Insgesamt liegen etwa 70 Prozent aller Getesteten im Normalbereich zwischen 85 und 115. Nur jeder Fünfzigste erreicht einen Wert von 130 und gilt damit als hochbegabt.

Wichtig ist, dass man einen aktuellen Test absolviert. Der HAWIK beispielsweise liegt in vierter aktualisierter Version vor. Die Tests sind mit vielen Hundert Personen standardisiert worden. Was bedeutet, dass man eine repräsentative Gruppe aus der Bevölkerung gesucht und den Mittelwert aller Ergebnisse als 100 angesetzt hat. Dass dies alle paar Jahre von Neuem geschieht, hat einen Grund: James Flynn, einer der einflussreichsten Intelligenzforscher, der in Neuseeland lehrt, hatte festgestellt, dass der in den Industrieländern gemessene IQ seit den 1960er-Jahren stetig gestiegen ist. Um durchschnittlich drei Punkte alle zehn Jahre; dieser Flynn-Effekt ist inzwischen für rund 30 Länder nachgewiesen.

Dafür verantwortlich gemacht wurden unter anderem eine bessere Ernährung, bessere Schulbildung, bessere Gesundheit, vor allem aber die veränderten Lebensbedingungen in der modernen Arbeitswelt, die das analytische Denken fördern. Derzeit stagniert der IQ in Ländern wie Skandinavien allerdings, was Flynn damit erklärt, dass inzwischen so ziemlich alle Kniffe und Tricks ausgereizt sind, das Gehirn durch neue Reize zu stimulieren.

Wer heute einen 30 Jahre alten IQ-Test absolviert, erzielt demnach ein Ergebnis, das deutlich höher ist, als es bei einem heutigen Test wäre, denn 109 Punkte von damals entsprechen gerade einmal 100 Punkten von heute. Doch selbst manche Psychologen arbeiten noch mit einer längst veralteten Version des HAWIK. Man kann sich so zwar selbst betrügen – aber von besonderer Intelligenz zeugt das nicht.

International sind die Tests ohnehin nicht standardisiert, in den USA etwa sind die Werte generell höher. Demnach hat die Schauspielerin Sharon Stone einen IQ von 158, was nach deutschen Maßstäben einem IQ von 135 entspricht – allerdings ein auch höchst respektabler Wert.

Einen Nachteil haben alle offiziellen Intelligenztests: Das entsprechende Material können normalerweise nur Psychologen oder qualifizierte Lehrer erwerben; der HAWIK-IV etwa kostet rund 1000 Euro. Dazu gehören ein Handbuch, Protokollbögen, vierfarbige Aufgabenhefte und Auswertungsschablonen.

Wer hingegen einen der zahlreichen Internet-Tests macht oder sich ein Buch kauft, weiß in der Regel nicht, wie aktuell der Test ist oder woher er überhaupt stammt.

Es gibt allerdings auch eine günstigere Möglichkeit: Wer glaubt, er sei hochbegabt – aber nicht nur der –, kann einen wissenschaftlich fundierten Test bei Mensa in Deutschland e. V. durchführen lassen, dem Verein für hochbegabte Menschen ab einem IQ von 130. Er dauert 90 Minuten, die Auswertung erhält man einige Tage später. Unter www.mensa.de finden sich Testtermine in Dutzenden deutscher Städte.

Wer einen hohen IQ hat, muss allerdings nicht unbedingt ein rationaler Denker sein. So ergab eine Umfrage unter kanadischen Mensa-Mitgliedern, dass fast jeder Zweite von ihnen an Astrologie glaubt – und sogar mehr als jeder Zweite an Aliens.

➤ Über die Bodenhaftung des Denkens kann ein IQ-Test offenbar nichts aussagen. Sehr wohl aber darüber, ob man seine Denkleistung halbwegs realistisch einschätzt. So mancher hält sich für ziemlich schlau, muss nach einem Test aber womöglich feststellen, dass die meisten anderen mindestens genauso schlau oder schlauer sind. Umgekehrt kann es natürlich auch sein: Man denkt, die meisten seien einem weit voraus, und stellt nach einem Test fest, dass dem gar nicht so ist.

Mit beruflichem Erfolg, mit dem Lebensglück oder der persönlichen Zufriedenheit hat ein hoher Intelligenzquotient allerdings nicht unbedingt etwas zu tun. Wie bei einem scharfen Messer kommt es ganz darauf an, wozu man ihn einsetzt. Aber eines immerhin ist gesichert: Je höher der Intelligenzquotient, desto besser sind die Chancen, in der modernen Welt von heute zurechtzukommen.

15 Ich erkenne meine Gefühle!

Können Sie klug mit Ihren Emotionen umgehen?
Und sich in andere Menschen hineinversetzen? Was
motiviert Sie? • Persönlichkeitstests verraten es Ihnen

Die 15 Frauen und 15 Männer, die in einem großen Hotel
in Boston zusammengekommen waren, durften sich erst
einmal auf gemütlichen Sofas und Sesseln fläzen. Dabei
sollten sie – für eine Studie – nichts weiter tun, als auf
einen überdimensionalen Fernsehbildschirm zu schauen.
Das kam ihnen sehr entgegen, denn das Endspiel um den
amerikanischen Super Bowl 2009 sollte gleich beginnen –
und sie waren Fans der »Patriots« und der »Giants«,
der beiden Finalteams. Der Super Bowl ist eines der letzten großen »Lagerfeuer-Ereignisse«, zu dem sich alljähr-
lich fast 100 Millionen US-Bürger vor den Fernsehgerä-
ten versammeln und ihren Emotionen freien Lauf lassen.

Und um die Gefühle der 30 Testpersonen sollte es
gehen. Das war auch der Grund, warum die Männer und
Frauen eine spezielle Weste des US-Unternehmens
Innerscope unter ihrer Alltagskleidung trugen. Diese war
mit einem sogenannten Biometric Monitoring System
ausgestattet. Elektroden und miniaturisierte Messinstru-
mente registrierten die Regungen des Körpers: den
Hautwiderstand, den Herzschlag, das Atemvolumen; ein
dreidimensionaler Beschleunigungsmesser mit integrier-

tem Sensor spürte zudem jede Bewegung der Probanden auf.

Auf diese Weise sollte ein möglichst objektives Abbild des emotionalen Zustands der Probanden entstehen. Um Football ging es dabei allerdings nicht. Interessanter für die Versuchsleiter war, wie die Männer und Frauen auf die Spots in den Werbepausen reagierten. Während des Super Bowl kostet ein 30-Sekunden-Werbespot im Schnitt 2,7 Millionen Dollar, und fast 50 Spots werden während des Endspiels ausgestrahlt. Niemand aber wusste bis dahin, ob das Geld nicht womöglich zum Fenster hinausgeschmissen ist, weil die Werbung die Zuschauer kalt lässt.

Die während des Endspiels gewonnenen Daten werteten die Wissenschaftler später aus, indem sie die diversen Signale eines Probanden zu einer »Emotional Engagement Synchrony« aggregierten, einer Art an- und abschwellendem »Gefühlsbrummen«. Durch die Datensammlung ließ sich sehr genau feststellen, welche Spots die stärksten körperlichen Reaktionen ausgelöst, welche die Betrachter emotional am meisten bewegt hatten. Schließlich vergewisserten sich die Forscher, ob die Signale auch tatsächlich auf Gefühle verwiesen und nicht zufällig zustande gekommen waren. Es zeigte sich, dass jene Spots die deutlichsten Reaktionen verursacht hatten, über die später in Internetforen am intensivsten diskutiert wurde und die am meisten angeklickt wurden.

Doch warum hatten die Wissenschaftler die Menschen nicht einfach befragt? Man sollte meinen, dass die Probanden ihre Gefühle selbst am besten kennen und einschätzen können. Doch wie Befragungen gezeigt haben, sind sich viele Menschen gar nicht im Klaren über ihre Gefühlsreaktionen. Denn die Verarbeitung der visuellen und auditiven Signale der Spots vollzieht sich meist im Verborgenen, unterhalb der bewussten Wahrnehmungsschwelle. Die Innerscope-Weste hatte dagegen die körperlichen Reaktionen auf das emotionale Empfinden gemessen und schwarz auf weiß sichtbar gemacht.

Es ist schon etwas irritierend, dass dem Hautwiderstand und dem Herzschlag mehr getraut wird als den verbalen Äußerungen unseres Ich. Doch mitunter treten Diskrepanzen zwischen beiden deutlich zutage: So hatten Wissenschaftler der Universität Bonn Versuchspersonen zwei Werbekampagnen zu Hautpflegemitteln bewerten lassen: eine »Dove«-Werbung mit älteren und mitunter vollschlanken Frauen und eine »Pantene«-Werbung mit typisch schlanken Models. Die meisten Befragte sagten, ihnen sei die »Dove«-Werbung sympathischer.

Lagen die Probanden jedoch in einem Kernspintomografen, so zeigte sich an ihren Hirnströmen etwas ganz anderes: Die »Pantene«-Werbung löste deutlich stärkere positive Empfindungen aus. Vermutlich hatten die Befragten dem Interviewer eine sozial erwünschte Antwort gegeben, gilt die hochgelobte »Dove«-Werbung doch als Statement gegen das herrschende Schönheitsideal.

Derartige Gefühlsdetektoren könnten uns demnächst öfter begegnen. Schon heute wird in manchen Callcentern eine Software zur Sprachanalyse eingesetzt; damit soll sich die Zufriedenheit der Anrufer einschätzen lassen. In der Entwicklung sind auch Monitore, die anhand der Körpersprache eines Menschen Auskunft darüber geben sollen, ob dieser Anzeichen von Depression zeigt.

Dass die menschlichen Gefühle derzeit an verschiedenen Orten der Welt so detailliert studiert werden, ist auch Folge einer jahrhundertelangen Ignoranz. Für den griechischen Philosophen Platon waren Emotionen so etwas wie ein störrischer Gaul, der den von der Vernunft gelenkten Wagen vom rechten Wege abzubringen versucht. Und noch in der frühen Neuzeit forderte der französische Philosoph René Descartes dem »reinen Licht der Vernunft« zu folgen.

Doch spätestens im 20.Jahrhundert konnten Forscher wie der Neurologe Antonio Damasio nachweisen, dass Emotionen keinesfalls so etwas wie ein Störfaktor sind. Sie sind vielmehr überhaupt erst die Voraussetzung dafür, dass Menschen halbwegs sicher durchs Leben navigieren. Damasio beschrieb Schicksale von Patienten, bei denen die für Gefühle zuständige Hirnregion geschädigt war. Sie wurden regelrecht lebensuntüchtig, fühlten keine Trauer mehr, kein Bedauern, keine echte Freude – und ihre moralische Haltung veränderte sich negativ. Inzwischen ist unstrittig, dass der Verstand und die Gefühle in komplexer Wechselwirkung stehen und für jede Entscheidung des Ich eine gleichermaßen wichtige Rolle spielen.

Seit einiger Zeit wird sogar ein so schwer zu fassendes Gefühl wie Sehnsucht erforscht. Sie beschreibt das Verlangen nach Menschen oder Dingen, die oft unerreichbar sind. Das kann sich als Heimweh oder Fernweh oder in einer platonischen Liebe äußern. Ein bittersüßes Gefühl, wie die Wissenschaftler erfragt haben, der Blick aus einem unvollkommen scheinenden eigenen Leben auf ein vermutlich besseres fremdes. Viele Menschen bringen sich gezielt in eine sehnsuchtsvolle Stimmung, sehen sich Liebesfilme an, hören melancholische Musik oder blättern in einer Reisezeitschrift. Dabei ist das Entscheidende für den »Sehnsüchtigen« nicht, dass er sich in seinen Gefühlen verliert, sondern besser mit den eigenen Unfertigkeiten umzugehen lernt. Im besten Fall können Sehnsüchte dem Leben neue Ziele, eine neue Richtung geben. Für die Forscher lautet das Fazit daher auch nicht »Endstation Sehnsucht«, sondern »Zwischenstation Sehnsucht«.

Aber um welchen Bereich es auch geht – wir sind uns der Emotionen unseres Ich und der Wahrnehmung von Emotionen anderer längst nicht immer sicher. Denn warum interpretieren wir mitunter die Gefühle anderer Menschen so falsch? Bemerken oft nicht einmal, wenn es uns selbst schlecht geht? In diesem Zusammenhang kommt noch einmal die »Emotionale Intelligenz« ins Spiel. Der Begriff wurde vor allem durch den gleichnamigen Bestseller von Daniel Goleman weltweit bekannt; in Abgrenzung zum IQ nannte der ihn EQ (Emotional Quotient).

Goleman meint mit emotionaler Intelligenz Persönlichkeitsmerkmale, die wichtig sind für den Umgang mit eigenen und fremden Gefühlen. Was weniger bekannt ist: Goleman war keineswegs der Entdecker dieser Idee, er hat sie aber höchst erfolgreich popularisiert.

Das Konzept der emotionalen Intelligenz stellten einige Jahre zuvor die US-Psychologen John Mayer und Peter Salovey vor. Allerdings in einer Fachzeitschrift und damit weitgehend unbeachtet von der Öffentlichkeit. »Ich glaube, ich war einer von zehn Menschen, die diesen Artikel überhaupt gelesen hatten«, sagte Goleman einmal.

Er und seine Mitstreiter interpretieren die emotionale Intelligenz sehr weit. Für sie zählen auch Charaktereigenschaften dazu, etwa Verantwortungsgefühl, Selbststeuerungsfähigkeit, Selbstbewusstsein und Unabhängigkeit. Goleman ist der Auffassung, emotionale Intelligenz sei, anders als kognitive Fähigkeiten (wie sie sich im IQ ausdrücken) weit weniger genetisch festgelegt und könne noch bis ins hohe Alter weiterentwickelt werden. Unter www.topos-online.at/html-texte/eq.htm lässt sich ein von Goleman entwickelter Test zur emotionalen Intelligenz absolvieren, der allerdings keinen Anspruch auf Wissenschaftlichkeit erhebt.

Für Mayer und Salovey, die Entdecker der emotionalen Intelligenz, setzt diese sich dagegen aus vier genau definierten Bereichen zusammen: die Wahrnehmung von Emotionen, die Verwendung von Emotionen zur Unterstützung des Denkens, das Verstehen von Emotionen und der Umgang mit Emotionen. Die dafür nötigen Fähigkeiten ließen sich testen.

Demnach können sich Menschen das Wissen um ihre Emotionen recht leicht aneignen. Die emotionale Intelligenz selbst sei aber eine eher stabile Begabung und zu einem größeren Anteil genetisch geprägt, als Goleman dies vermute. Durch Lebenserfahrung, so konstatieren Mayer und Salovey, nehme sie jedoch durchaus noch zu.

Dabei lasse eine hohe emotionale Intelligenz einen Menschen nicht unbedingt zu einem besseren oder netteren Zeitgenossen werden. Die Fähigkeit, mit eigenen und fremden Emotionen gut umzugehen, könne man auch dazu einsetzen, andere Menschen zu manipulieren. Zudem sei es persönlich regelrecht belastend, wenn man hochsensibel für die negativen Gefühle anderer Menschen ist.

Das meiste aber, was die Forscher mit hoher emotionaler Intelligenz in Verbindung bringen, klingt höchst erstrebenswert: ein größerer schulischer Erfolg, eine bessere Beziehungsfähigkeit zu Freunden und Lebenspartnern, die Fähigkeit, andere Menschen zu motivieren und Visionen zu entwickeln. Am Arbeitsplatz werden Menschen mit hohem EQ meist sehr geschätzt, weil sie als umgänglich gelten und sich um eine gute Atmosphäre bemühen (bei einer Studie mit 300 Krankenschwestern stellte sich heraus, dass die emotional Intelligenten unter ihnen besser mit den stressigen Arbeitsbedingungen zurechtkamen, seltener unter Burn-out und unter psychischen Problemen litten).

Und ähnlich wie ein Mensch mit hohem IQ sein Gehirn vergleichsweise wenig anstrengen muss, um kognitive Probleme zu lösen, so benötigt jemand mit hohem EQ relativ wenig Hirnschmalz, um angemessen mit emotionalen Problemen umzugehen. Meist ist gleichzeitig auch die verbale und soziale Intelligenz recht gut ausgeprägt. Außerdem neigen Menschen mit hohem EQ vergleichsweise selten zu Drogenmissbrauch und Alkoholismus.

Mayer und Salovey haben erforscht, wie sich der EQ bei Jugendlichen konkret auswirkt. Zunächst testeten sie die Mädchen und Jungen auf ihre verbale und emotionale Intelligenz. Dann wurden sie um die Beantwortung folgender Frage gebeten: »Erzähl uns bitte von einer Situation, in der du mit deinen Freunden unterwegs warst und sie etwas von dir wollten, was du als unangenehm empfunden hast. Was hast du in der Situation getan, und was hätten deine Eltern dazu gesagt?«

Stellvertretend die Äußerungen von zwei Jugendlichen mit ähnlicher verbaler Ausdrucksfähigkeit, wobei der 16-jährige Junge aber über einen vergleichsweise niedrigen EQ verfügte, während das 16-jährige Mädchen einen sehr hohen EQ hatte:

Der Junge sagte: »Sie forderten mich auf, jemanden zu verprügeln ... persönlich ist mir Gewalt ja unbehaglich, aber ich war auch kein Pazifist. Ich liebe die Natur und denke oft darüber nach, ob ich jemandem vielleicht Schmerzen zufüge ... am Ende haben meine Freunde gewonnen, aber ich habe so gekämpft, dass ich ihm nicht schaden konnte, nur so, dass er abhaut ... später bin ich dann Pazifist geworden, ausgenommen meinen Brüdern gegenüber ... mein Vater hätte mich für mein Verhalten geschlagen.«

Das Mädchen sagte: »Meine Freundinnen wollten sich in einen Raum schleichen und jemanden im Schlaf mit Farbe anmalen. ... Ich hatte das Gefühl, als würde ich das Vertrauen dieses Menschen missbrauchen, denn er konnte sich ja nicht wehren. Ich hatte das Gefühl, ihn zu verletzen. Ich weiß, dass solche Streiche richtig übel sind, das kann jemandem richtig wehtun ... ich habe gesagt, dass ich da nicht mitmache und dass sie nicht so grausam sein sollen. Ich habe sie gefragt, wie sie sich wohl dabei fühlen würden, wenn ihnen so etwas angetan wird. ... Meine Eltern wären sicher stolz auf mich gewesen. Sie legen Wert darauf, dass ich respektvoll mit anderen Menschen umgehe.«

Der Junge vermag zwar die Situation zu beschreiben. Er ist aber nicht gut in der Lage, den Konflikt zu reflektieren, der sich aus dem Druck seiner Freunde auf ihn ergab;

er zieht sich eher auf abstrakte Prinzipien wie Gewalt-
losigkeit zurück und wirkt in der Ausdrucksweise etwas
»blass«. Ganz anders bei dem Mädchen: Sie hat tiefes
Mitgefühl im Hinblick darauf entwickelt, wie es der Person geht, und eine hohe Selbstbeobachtungsgabe, was ihr
eigenes Agieren und ihre Gefühle in der Situation angeht.
Auch trifft sie eine klare Entscheidung über ihr Handeln.
Sowohl der Junge als auch das Mädchen haben zwar Interesse an moralischen Fragestellungen, aber das Mädchen
ist besser in der Lage, ihre Emotionen und die anderer
Menschen zu interpretieren und dementsprechend zu
handeln.

Gemeinsam mit ihrem Kollegen David Caruso haben
John Mayer und Peter Salovey einen umfangreichen Test
entwickelt, der den EQ eines Menschen abschätzen
kann: Der Mayer-Salovey-Caruso Emotional Intelligence Test (MSCEIT) besteht aus einem umfangreichen
Fragebogen, den man innerhalb von etwa 40 Minuten
schriftlich oder am Computer ausfüllen kann. Im Kern
geht es um vier Faktoren, die die Forscher herausgear-
beitet haben: die Fähigkeit, Emotionen als Hilfe zur
Problemlösung zu nutzen; die Fähigkeit, Emotionen bei
sich und anderen Menschen wahrzunehmen und richtig
zu benennen; die Fähigkeit, komplexe Emotionen zu verstehen; und die Fähigkeit, eigene und fremde Gefühle
kontrollieren zu können.

Bei den 141 Fragen geht es beispielsweise darum, auf
Fotos die Emotionen von Menschen richtig einzuschätzen. Oder darum sagen zu können, welche der drei Ge-
mütslagen Anspannung, Überraschung und Freude in
welcher Ausprägung hilfreich ist, wenn man zum ersten

Mal den Schwiegereltern in spe gegenübersteht. Oder um die Frage, wie sich jemand fühlt, der von seiner Arbeit gestresst ist, von seinem Vorgesetzten aber noch ein weiteres Projekt aufgedrückt bekommt: depressiv, beschämt, selbstsicher oder nervös.

Die sehr detaillierte Auswertung mündet in eine Skala, die die Ausprägung der emotionalen Intelligenz beschreibt. Sie lautet: »Verbesserung erforderlich«, »Weiterentwicklung empfehlenswert«, »kompetent«, »erfahren« und als oberste Stufe: »Experte«. Auch die vier oben genannten Faktoren werden nach demselben Muster noch einmal einzeln bewertet. Schließlich erfahren die Getesteten, was das Ergebnis zu bedeuten hat und wie sich ihr EQ weiter verbessern lässt.

Den Test kann allerdings nicht jeder Interessent einfach zu Hause machen. Nur Psychologen oder Personen, die einen mehrtägigen Lehrgang absolviert haben, dürfen ihn überhaupt erwerben. 2011 erscheint der Test erstmals auch in einer deutschen Version. Unter der Leitung der Persönlichkeitspsychologin Astrid Schütz von der Technischen Universität Chemnitz sind die Fragen ins Deutsche übertragen worden und an rund 10 000 Probanden genormt worden.

Dem wohl wichtigsten Bereich des MSCEIT – dem Lesen von Emotionen in den Gesichtern anderer Menschen – kann man sich jedoch noch auf anderem Wege nähern. Die psychologische Fakultät der Universität des Saarlandes hat einen Selbsttest veröffentlicht (http://emotions.psychologie.uni-saarland.de/kultur/anleitun.htm), bei dem unterschiedliche Emotionen in 28 Frauen- und Männergesichtern erkannt werden sollen: Freude,

Wut, Ekel, Angst, Verachtung, Überraschung oder Trauer. Die damit verbundenen Gesichtsausdrücke gelten als kulturübergreifend.

Die Mimik zu interpretieren ist allerdings alles andere als trivial, wenn man nur den Menschen sieht, nicht aber die spezielle Situation kennt, die sie hervorgerufen hat. Freude und Trauer sind noch verhältnismäßig leicht zu unterscheiden, doch um Ekel von Verachtung abzugrenzen bedarf es eines guten Einfühlungsvermögens.

»Wie sieht ein fröhliches, ein trauriges, ein ärgerliches Gesicht aus?«, fragt Daniel Goleman. »Das erscheint so selbstverständlich, aber tatsächlich gibt es Kinder, die ein neutrales Gesicht nicht von einem feindseligen unterscheiden können.« Diese Fähigkeit hätten in gewissem Umfang alle Menschen, aber sie lasse sich verbessern – und sogar perfektionieren.

Am besten wohl mit dem Trainingsprogramm des amerikanischen Anthropologen und Psychologen Paul Ekman. Auf www.paulekman.com stellt der Wissenschaftler verschiedene Lehrgänge vor.

Die Bedeutung von Gesichtsausdrücken und vor allem das Lesen derselben hat Paul Ekman als erster Forscher überhaupt in den wissenschaftlichen Fokus gerückt. In den 1960er-Jahren hatte er seinen interkulturellen Vergleich begonnen, reiste nicht nur nach Brasilien und Japan, sondern auch zu abgelegenen Volksstämmen, etwa auf Papua-Neuguinea. All diese Reisen unternahm er, um die Gesichtsausdrücke der verschiedenen Kulturen zu vergleichen. Dabei gab es von ethnologischer Seite Vorbehalte, so von Margaret Mead, die sicher war, dass Gesichtsausdrücke allein kulturell geprägt und demnach nicht vergleichbar sind.

Doch als Ekman den Buschmännern der Kalahari Fotos zeigte, auf denen US-Amerikaner angsterfüllt ihre Augen aufrissen, nickten die Afrikaner und gaben dem Forscher zu verstehen, dass dieser Mensch sicherlich gerade von einem wilden Schwein angegriffen werde. Und zu Bildern, auf denen US-Amerikaner die Nase rümpften, fiel den Buschmännern ein, dass diese gewiss etwas Übelriechendes gefunden hätten. Sie konnten die Gesichtsausdrücke auch nachmachen.

So erging es Ekman in allen Kulturen. Gleichartige Gefühle riefen eine identische Mimik hervor. Nur wie stark sie sich ausprägt, das bestimmt die Kultur. So verbergen zum Beispiel Japaner ihre Gefühle und auch ihre Mimik mitunter hinter einem unverbindlichen Lächeln.

Hervorgebracht werden die im Gesicht ablesbaren Emotionen durch das virtuose Zusammenspiel von 43 Muskeln, die als bewegliche Schicht auf dem menschlichen Schädelknochen sitzen. So zieht etwa der Jochbeinmuskel (Musculus zygomaticus) die Mundwinkel nach oben, wenn wir lachen; gleichzeitig lässt der Augenringmuskel (Musculus orbicularis oculi) unsere Augenpartie freundlich oder aber grimmig erscheinen. Auf diese Weise entstehen unzählige Signale, mit denen wir anderen Menschen gegenüber unsere Gefühle ausdrücken – oft absichtlich, mitunter unwillkürlich. Selbst Kinder, die blind zur Welt kommen, zeigen in ihren Gesichtern dieselben Emotionen wie sehende Neugeborene.

Ekman zeichnete während seiner Studien exakt auf, wo genau die entsprechenden Muskelstränge, im Gesicht verlaufen, und gab jeder noch so kleinen Bewegung eines Muskels eine Nummer. Er nannte sie »Action Units« oder AU. Die AU1 ist nach diesem System das Hochziehen der inneren Brauen durch den zentralen Frontalis-muskel. Gemeinsam mit einem Kollegen übte Ekman so lange, bis er mit seinen Muskeln nur jeden erdenk-lichen Gesichtsausdruck erzeugen konnte. Schließlich hielt er das Ganze auf Video fest. Nach sieben Jahren Arbeit hatte Ekman eine Sammlung von rund 10 000 Gesichtsausdrücken – einen Atlas der Gefühle. Die 3000 wichtigsten wurden zur Grundlage seiner umfangreichen »Codierung der Gesichtsbewegung« (Facial Action Coding System, FACS).

Ein typischer Ausdruck bei Angst stellt sich demnach ein durch AU1, AU2 (Heben der äußeren und inneren Brauen durch den Augenbrauenheber M. frontalis) sowie AU4 (Stirnrunzeln durch den M. corrugator supercilii [»Runzler der Augenbraue«] und M. depressor super-cilii [»Herabzieher der Augenbraue«]). Ekman fand 60 verschiedene Kombinationen für verärgerte Mienen und 17 verschiedene Arten des Lächelns. Trickfilmstudios in Hollywood benutzen das Codiersystem inzwischen, um ihre Figuren möglichst realistisch wirken zu lassen.

Ekman ging noch einen Schritt weiter, um der mensch-lichen Gefühlswelt im Gesichtsausdruck auf die Spur zu kommen. Er wollte herausfinden, ob man Menschen, die lügen, anhand des Gesichtsausdrucks auf die Schliche kommen kann. Ekman nannte es »Diogenes Project« nach dem griechischen Philosophen, der sich in Athen auf die Suche nach einem ehrlichen Menschen gemacht hatte.

Schließlich entdeckte Ekman, dass Menschen sich bei einer Lüge meist mit einer winzigen, nur für Sekunden-bruchteile auftauchenden Gesichtsbewegung verraten, etwa einem Zucken der Brauen oder einem Zittern im

Kinn. Die wahren Gefühle schlagen durch in Form von »Mikroausdrücken«, wie Ekman diese Signale genannt hat. Den meisten Menschen entgehen diese Anzeichen. Selbst Polizisten und Psychiater sind meist nicht sehr gut darin, Lügen zu erkennen.

Mit seinem Programm lasse sich das Lesen solcher Mikromimik jedoch in relativ kurzer Zeit erlernen: »Für eine 80-prozentige Trefferquote brauchen Sie eine Stunde Training.« Man lerne die Grundmuster menschlicher Emotionen zu lesen, könne etwa ein echtes Lächeln von einem falschen unterscheiden. Bei Ersterem bewegt sich nämlich nicht nur der M. zygomaticus major, der die Mundwinkel bewegt, sondern auch der M. orbicularis oculi, also der Muskel um die Augen.

Die letzten 20 Prozent sind dann wesentlich mühsamer zu erlenen. Nur ganz wenige Menschen, so Ekman, seien »Detektorgenies«, die über die Fähigkeit verfügen, praktisch jede noch so kleine Lüge zu erkennen. Er selbst gehöre von Natur aus nicht dazu, sondern habe zwei Jahrzehnte gebraucht, um sich diese Fähigkeit anzutrainieren.

Staatliche Stellen haben die Brisanz der Ekman'schen Forschung längst erkannt. So setzt das Heimatschutzministerium »Department of Homeland Security« seit einigen Jahren im Rahmen des Programms SPOT (»Screening Passengers by Observational Techniques«) rund 3000 »Behavior Detection Officers« ein. Die beobachten an mehr als 161 Flughäfen Passagiere, vor allem um potenzielle Attentäter zu entdecken. Noch streiten die Experten, wie effektiv das Programm tatsächlich ist. In den vergangenen vier Jahren wurden jedenfalls 152 000 verdächtig erscheinende Passagiere für eine weitere Befragung herausgefiltert, 14 100 von ihnen wurden Polizisten übergeben, 1083 festgenommen. Dass darunter Terroristen waren, ist zumindest nicht bekannt geworden, bei den meisten handelte es sich um gewöhnliche Kriminelle.

Künftig könnte das Verfahren automatisiert werden. Computern, die Gesichter anhand des FACS-Codiersystems bewerten, ist es in ersten Tests gelungen, übermüdete Autofahrer kurz vor dem Einschlafen zu erkennen und Menschen aus einer Gruppe von Patienten herauszufiltern, die Schmerzen nur simulieren.

Entsteht da so etwas wie ein universeller automatisierter Lügendetektor? Ekman will davon nichts wissen. Man könne schließlich nicht sicher sein, weshalb der Mensch eine bestimmte Emotion zeige; da begehe man leicht den Fehler des Othello: Der Shakespeare'sche Held tötete seine Frau Desdemona, weil er in ihrem Gesicht die Angst einer Ehebrecherin zu erkennen glaubte. Zwar hatte Desdemona tatsächlich Angst, allerdings nicht, weil sie Ehebruch begangen hatte, sondern davor, dass man ihr nicht glauben würde.

Während seiner Forschungen stieß Ekman auf einen weiteren Zusammenhang zwischen dem Gesichtsausdruck und dem Gefühlsleben des Ich: Sobald er zu Übungszwecken ein wütendes oder ein traurig-depressives Gesicht machte, empfand er das damit ausgedrückte Gefühl auch selbst, fühlte sich wütend oder niedergeschlagen, obwohl er es eigentlich nicht war. Simulierte er hingegen Glück und Zufriedenheit, war er anschließend tatsächlich besserer Laune.

Sind Gesichtsausdrücke womöglich nicht nur der Spiegel unserer Gefühle, sondern bringen sie selbst auch

Emotionen und die entsprechenden körperlichen Reaktionen hervor? Ekman machte einen Test: Er bat eine Gruppe von Probanden, intensiv an bestimmte emotionale Situationen zu denken. Eine andere Gruppe von Probanden sollte nur die dazu passenden Gesichtsausdrücke machen. Zu seiner Überraschung stellte er fest: Die körperlichen Reaktionen wie Blutdruck und Herzschlag waren bei beiden Gruppen identisch. Mimik und Gefühle scheinen demnach untrennbar miteinander verbunden zu sein. Beim Lachen etwa regt das dazu nötige Verziehen des Gesichts vermutlich die gleichen Veränderungen im Nervensystem an wie das echte Gefühl der Freude.

Ekman ist der Auffassung, dass der Mensch seine Emotionalität durchaus trainieren kann – allerdings nur mit großem Zeitaufwand.

Zunächst müsse man sich seiner Gefühle bewusst werden. Wie dies gelingen kann, will er in einem Projekt mit anderen Wissenschaftlern und dem Dalai Lama herausfinden: »Die buddhistischen Theorien haben meine jahrelangen Forschungen bekräftigt und um viele neue Impulse erweitert. Sie betonen, wie wichtig es ist, seine eigene Gefühlswelt genau zu kennen.« Nur dann sei es auch möglich, sie zu verändern.

Könnte eine Symbiose der westlichen und östlichen Sicht auf Emotionen diesem Ziel dienen?

Einen Schritt in diese Richtung unternimmt das Projekt »Cultivating Emotional Balance«. Geleitet wird es von der Psychologieprofessorin Margaret Kemeny von der University of California in San Francisco. Seine zentrale Frage lautet: Vermag die fernöstliche Meditation in Verbindung mit Ekmans Gesichtstraining die Gefühlswelt des Menschen zu verändern?

Um das herauszufinden, begaben sich 80 Lehrerinnen für vier Tage in die Obhut buddhistischer Meditationstrainer. Die meisten Übungen sollten die Konzentrationsfähigkeit fördern, hinzu kamen solche für die Entwicklung von Güte und Freundlichkeit. Ekman selbst brachte den Teilnehmerinnen bei, wie sie bei sich und anderen Emotionen erkennen können. Nach den vier Tagen bekamen die Frauen Übungen für zu Hause, auch sollten sie Tagebuch führen.

Um festzustellen, ob sich bei ihnen tatsächlich etwas verändert hatte, mussten die Teilnehmerinnen vor, während und fünf Monate nach dem Programm verschiedene Tests absolvieren. Erste Ergebnisse stimmen hoffnungsvoll: »Das emotionale Gleichgewicht der Teilnehmer hat sich durch das Training deutlich verbessert«, sagt Margaret Kemeny.

Ohnehin scheint Meditation einen wichtigen Einfluss auf das Gefühlsleben eines Menschen zu haben. Was praktizierende Buddhisten intuitiv schon lange wissen, bestätigt seit einiger Zeit auch die wissenschaftliche Erforschung der Meditation.

So hat der US-Hirnforscher Richard Davidson bei tibetischen Mönchen eine erhöhte Aktivität im linken Stirnlappen nachgewiesen. Etwa bei dem französisch-stämmigen Mönch Matthieu Ricard, der jahrelang in einem Kloster in Katmandu gelebt hat. Bei ihm schlug in der Meditation über »unbegrenzte Liebe und Mitgefühl« das EEG so stark aus, dass die Forscher zunächst dachten, das Gerät sei defekt.

Doch tatsächlich hatte Ricard etwa 30-mal so starke Gehirnwellen wie westliche Studenten. Ricards neuronale Schwingungen stiegen besonders im linken präfrontalen Kortex an, dort, wo positive Emotionen verarbeitet werden. Das Meditieren fördere, so Davidson, Liebe, Freude und Zufriedenheit. Lassen sich Emotionen also ähnlich trainieren wie ein Muskel?

Das und anderes mehr soll das vor einiger Zeit gestartete Shamatha-Projekt herausfinden, das erste Langzeit-Meditationsvorhaben, das wissenschaftlich begleitet und von großen US-amerikanischen Stiftungen finanziell unterstützt wird. Shamatha (Sanskrit = ein still gewordener und zur Ruhe gekommener Geist) ist eine spezielle buddhistische Meditationstechnik. Sie soll insbesondere bei der Verarbeitung negativer Emotionen helfen, das Mitgefühl stärken und die Meditierenden stressresistenter machen.

Für zwei Mal drei Monate haben sich die Teilnehmer dieser Art der Meditation in die Berge von Colorado zurückgezogen, begleitet von Hirnforschern und Psychologen. Die Probanden mussten ein Tagebuch führen über ihre Stimmungen, ihre Erfahrungen und ihre Erkenntnisse. In regelmäßigen Abständen wurden ihre Gehirnströme aufgezeichnet, dazu Daten zur Atmung, zum Hautwiderstand und zum Herzschlag erhoben – ganz ähnlich wie bei der Studie zum Super Bowl.

Eine der Hauptfragen war: Was genau verändert sich bei den Teilnehmern im Vergleich zu einer Kontrollgruppe, die nicht meditiert? (Es war die erste streng wissenschaftliche Studie mit buddhistischer Meditation, bei der es überhaupt eine Kontrollgruppe gab.) Halten die positiven Veränderungen auch an, nachdem die Teilnehmer ins Alltagsleben zurückgekehrt sind?

Die wissenschaftliche Auswertung des Projekts läuft noch, doch die beteiligten Wissenschaftler sind sicher, dass sich positive Effekte nachweisen lassen. 14 der ursprünglich 70 Teilnehmer haben sich entschieden, mit der Meditationspraxis weiterzumachen. Sie leben in völliger Abgeschiedenheit in kleinen Hütten und Zelten in verschiedenen US-Bundesstaaten und meditieren bis zu zwölf Stunden täglich. Um die Meditierenden finanziell zu unterstützen – sie benötigen nicht mehr als 15 Dollar am Tag –, hat Margaret Kemeny inzwischen ein »Adopt-a-Yogi«-Programm aufgelegt, das private Spender ansprechen soll (www.sbinstitute.com/AdoptAYogi.html).

Beim Shamatha-Projekt zeigt sich eine interessante Allianz bei der Erforschung des Ich: Auf der einen Seite buddhistische Lehrer, auf der anderen westliche Hirnforscher. Was sie eint, ist die Auffassung, dass das Gehirn auch noch im Erwachsenenalter formbar ist und jeder Mensch lebenslang neue Erfahrungen machen und neue Einsichten gewinnen kann.

Hirnforscher wie Richard Davidson sind heute mehr denn je davon überzeugt, dass Emotionen wie Liebe und Mitgefühl Fertigkeiten sind, die trainiert werden können. Ein buddhistischer Glaube sei nicht einmal notwendig, es reiche schon, regelmäßig zu meditieren: »Ich bin überzeugt davon, dass es einen beträchtlichen Unterschied für das Leben des Einzelnen machen kann, wenn man erst einmal mit 30 Minuten täglich anfängt.«

Meditation beeinflusse das emotionale Erleben weniger dadurch, dass der Einzelne seine Emotionen tatsächlich verändere, sondern vor allem durch eine andere Bewertung und Steuerung der Gefühle. Und das klingt nicht mehr so phantastisch, wenn man weiß, dass Meditation die Hirnstrukturen organisch verändern kann.

Menschen, die mehrere Jahre mindestens 40 Minuten am Tag meditieren, haben oft in jenen Bereichen eine dickere Hirnrinde, die für Aufmerksamkeit und Sinneswahrnehmung zuständig sind. Dort wiesen Forscher auch dickere Blutgefäße und überdurchschnittlich viele neuronale Verbindungen nach. Die Stärkung dieser Gehirnregion dient vermutlich dazu, die aus dem limbischen System – dem evolutionär älteren Bereich des Gehirns – aufsteigenden Emotionen und ihre Auswirkungen zu dämpfen.

Wer sei inneres Erleben besser kennt, kann sich auch besser in andere Menschen hineinversetzen. Nur wer selber bemerkt, wie stark er manchmal von Gefühlen beeinflusst wird und sich von ihnen übermannen lässt, kann nachvollziehen, dass dies auch anderen Menschen oft so geht. Schließlich muss er oder sie deren Emotionen nicht mehr als persönliche Kränkung auffassen. »Mitgefühl anderen gegenüber kann einem helfen, das eigene Leid zu ertragen«, sagt Matthieu Ricard, »denn es erinnert uns daran, dass andere Menschen auch leiden; wir fragen uns dann nicht mehr ständig: ›Warum gerade ich?‹«

»Emotionen sind kein Luxus, sondern ein komplexes Hilfsmittel im Daseinskampf«, hat der Hirnforscher Antonio Damasio gesagt. Was so martialisch klingt, hat einen wahren Kern. Ohne Gefühle kann ein Mensch nicht überleben, sie sind es, die ihn zu einem sozialen Wesen machen, ihn durch den Alltag leiten.

➤ Sich aufwendigen wissenschaftlichen Tests zu unterziehen, um sich klarer über die eigenen Gefühle zu werden und die

Selbststeuerungsfähigkeit zu verbessern, ist nicht unbedingt jedermanns Sache. Eine Alternative bieten Meditationstechniken, wie östliche Lehrmeister schon seit Langem wissen. Inzwischen hat diese Erkenntnis sogar eine wissenschaftliche Bestätigung gefunden.

Und dann gibt es jene Methode, sein Gefühlsleben zu modifizieren, für die man nicht einmal eine Anleitung benötigt. Wer glücklicher und zufriedener sein möchte, kann probieren, öfter einmal einen entsprechenden Gesichtsausdruck aufsetzen. Das klingt nach einem wohlfeilen Ratschlag – aber tatsächlich scheinen die Mimik eines Menschen und seine Gefühlswelt eng miteinander verknüpft zu sein. Ein Lächeln auf den Lippen wirkt in dem Fall dann nicht nur nach außen, sondern auch nach innen.

Fazit

Lässt sich das Ich verändern?

15 Wege, mehr über sein Ich zu erfahren. 15 Möglichkeiten, sich besser kennenzulernen. Sich vielleicht auch ein Stück weit so zu akzeptieren, wie man ist, mit seinen Unzulänglichkeiten, Ecken und Kanten. Ohne sich allzu sehr abhängig zu machen von den Urteilen anderer Menschen. Das jedenfalls – so wissen Persönlichkeitspsychologen – ist ein Zeichen für ein gesundes Selbstwertgefühl, für einen gefestigten Charakter.

Doch gänzlich frei machen von äußeren Einflüssen können wir uns nicht. Andere Menschen werden immer Einfluss auf unser Selbstbild, unser Ich, haben. *Homo sapiens* ist als soziales Wesen abhängig von seinen Beziehungen zur Umwelt. Permanent vergleichen wir uns mit anderen, mal bewusst, mal unbewusst. Ob beim Klassentreffen, beim Blick auf den Parkplatz des Nachbarn oder bei der Beobachtung, dass der Chef mit dem Kollegen freundlicher umgeht als mit uns selbst.

Der Kölner Sozialpsychologe Thomas Mussweiler hat in dem Zusammenhang den Begriff des »relativen Selbst« geprägt. Ein simples Beispiel dafür: Wer mit einem Monatseinkommen von 5000 Euro netto zwischen

Millionären wohnt, fühlt sich verarmt. Wer mit demselben Gehalt in einem sozialen Brennpunkt wohnt, dürfte sich wohlhabend vorkommen.

Ganz ähnlich bei der unbewussten Selbsteinschätzung: Wem nur für Millisekunden – und damit unterhalb der bewussten Wahrnehmungsschwelle – mehrmals der Name eines Sportstars in einem Film eingeblendet wird, schätzt seine Fitness anschließend geringer ein als jemand, dem lediglich der Name eines bekannten Nichtsportlers eingeblendet wird. Das ergab eine Studie an der Universität Würzburg. Offenbar hatten sich die Probanden mit den beiden Personen verglichen, ohne dass ihnen dies bewusst geworden wäre. Und der Vergleich hatte augenblicklich die Sicht auf das eigene Ich geprägt.

Das gesellschaftliche Milieu, in dem wir uns bewegen, die Umweltbedingungen und schließlich unsere genetische Ausstattung: All das gibt den Rahmen vor, in dem sich unser Leben abspielt. All diese Einflüsse diktieren aber nicht, welcher Mensch wir werden und welches Leben wir führen. Sie erhöhen nur die Wahrscheinlichkeit für bestimmte Verhaltensweisen.

Wenn also jemand den Jähzorn des Großvaters in sich zu spüren glaubt, so könnte er recht haben. Aber er hat dennoch alle Voraussetzungen, sich anders zu entwickeln als sein Vorfahr. Individuelle Persönlichkeitsmerkmale entstehen immer im Wechselspiel von Genen und Umwelt. Das heißt aber auch: Wer sich selbst gut kennt, kann sich besser von den Einflüssen des Erbguts und der Erziehung frei machen, zumindest ein Stück weit.

Doch kann er sich auch willentlich ändern, sein Ich modifizieren? Manchmal scheint es so, als sei das Ich gleichsam Wachs in unseren Händen: Der Mensch hat Gehirnimplantate entwickelt, die Gelähmten ihr Bewegungsvermögen zurückgeben und bald vielleicht der Intelligenz auf die Sprünge helfen. Er jongliert mit Genen herum, schaltet sie an und ab, in der Hoffnung, der vermeintlich dilettierenden Natur auf die Sprünge zu helfen. Er hat Psychodrogen entwickelt, die die Persönlichkeit so dramatisch wie dauerhaft verändern. Wir sind längst nicht mehr nur Trainer unserer Körper, sondern mehr und mehr Gestalter unseres Selbst.

Das zeigt sich auch bei der Tiefenhirnstimulation. Dabei werden mikroelektronische Sonden millimetergenau in bestimmte Gehirnareale eingepflanzt. Anfangs wurden auf diese Weise Parkinson-Patienten behandelt. Heute ist es möglich, mit den winzigen Stromimpulsen Stimmungen wie Freude und Zuversicht zu erzeugen, aber auch Panik oder Ekel. Nikotin- und Alkoholabhängige sind damit in Einzelfällen bereits therapiert worden und sogar schwerst depressive Menschen. Aber ändert sich damit nicht auch der Charakter eines Menschen? Bin ich dann noch ich, wenn meine »Schwächen« ausgemerzt sind?

Und wie sieht es mit den vermeintlich kleinen »Optimierungen« des Ich aus? Eine berufstätige Frau möchte vielleicht nur etwas gelassener mit Stress umgehen. Oder nicht mehr aus Frust so viel nebenbei essen. Eine Pensionärin sich endlich einmal ehrenamtlich engagieren. Ein Mann, der in einer Großfamilie aufwuchs, möchte besser verstehen, weshalb er selbst im Alter von 50 Jahren noch immer einen Kloß im Hals hat, wenn am Heiligabend die Weihnachtskerzen angezündet werden, und er trotz aller Heimeligkeit am liebsten weglaufen würde.

Dieser Sehnsucht nach Veränderung stehen unsere ganz individuellen Persönlichkeitsmerkmale entgegen. Schon Babys unterscheiden sich in ihrem Naturell – und jeder, der Kleinkinder hat, weiß, dass sie bereits ausgeprägte Persönlichkeiten sind. Im Alter von etwa zwölf Jahren haben sich dann die Big Five ausgebildet, die wichtigsten Persönlichkeitsmerkmale. Ab diesem Zeitpunkt decken sich die Selbsteinschätzungen der Kinder verblüffend gut mit den Ansichten der Eltern über ihre Kinder.

Bis zum Alter von 16 Jahren nimmt die Offenheit für neue Erfahrungen deutlich zu. Ab diesem Alter wächst dann die emotionale Stabilität, die Jugendlichen werden meist verträglicher und gewissenhafter. Letztlich verändert sich ein jeder im Rahmen seiner Persönlichkeit. Wer etwa als junger Mensch zu den Extravertierten zählte, tut dies Jahrzehnte später meist ebenfalls noch, wenn auch auf einem etwas niedrigeren Niveau.

Mit 30 Jahren dann, so dachte man früher, seien alle größeren Entwicklungen abgeschlossen, die Persönlichkeit mehr oder minder starr wie eine Salzsäule. Doch in den letzten Jahren hat sich in der Forschung eine Trendwende ergeben: Etwas größer als gedacht sind die Veränderungsmöglichkeiten wohl doch.

Einer der maßgeblichen Forscher, Brent Roberts von der University of Illinois, hat die aktuelle Forschungslage zusammengefasst. Er konnte zeigen, dass das Selbstvertrauen, die Selbstkontrolle, die Zugewandtheit gegenüber anderen Menschen und die emotionale Stabilität mit den Jahren wachsen. Die meisten Veränderungen vollziehen sich zwar bereits im Alter von 20 bis 40 Jahren, aber auch danach ist die Entwicklung keineswegs beendet, wenn sie auch langsamer fortschreitet.

Die emotionale Stabilität erreicht etwa im Alter von 35 ein hohes Plateau und fällt erst Ende 60 wieder unmerklich ab; die Offenheit steigt sogar nach 45 noch einmal merklich an und sinkt erst im Alter von 55. Insgesamt sind Menschen im besten Alter demnach verträglicher und gewissenhafter als Jüngere, weniger extravertiert, weniger neurotisch und offener gegenüber Neuem. Das heißt Menschen bewahren sich die Fähigkeit zur Veränderung. Niemand muss davon ausgehen, dass er oder sie gar nicht anders kann.

Das besonders Erfreuliche daran: Die Mehrzahl älterer Menschen verändert sich eher zum Besseren. Sie werden souveräner, verantwortungsbewusster und ruhiger – man könnte auch sagen: sozial reifer. Jeder und jede Einzelne von ihnen profitiert gleich mehrfach davon: hat bessere Beziehungen zu seinen Mitmenschen, ist erfolgreicher im Beruf und lebt länger und gesünder als andere. Aber was ist die Ursache dieser Veränderungen? Kommen sie quasi naturgesetzlich?

Studien zeigen, dass es die privaten und beruflichen Umstände sind, die verantwortlich dafür sind. Wer zum Beispiel schon als junger Mensch erfolgreich Karriere macht und zufrieden dabei ist, wird im Alter umso emotional stabiler und verlässlicher. Das gilt auch umgekehrt: Wer am Arbeitsplatz häufig mit Problemen wie Diebstahl, Aggressionen und anderen unangenehmen Erlebnissen zu tun hat, wird im Alter eher zu einem schwierigen Charakter.

Auf der anderen Seite führen selbst einschneidende Lebensereignisse wie der Tod eines Angehörigen oder der Verlust des Arbeitsplatzes nicht dazu, dass sich die Persönlichkeit grundsätzlich ändert. Das liegt daran, dass sich unsere genetische Ausstattung mit den Jahren eine Umwelt sucht, die ihr entspricht, die Stabilität mit sich bringt.

Intuitiv würde man vielleicht denken, dass gerade in jungen Jahren die Gene eine besonders wichtige Rolle dabei spielen, wie man als Mensch ist, und dass in späteren Jahren die Umwelteinflüsse stärker zu Buche schlagen, allein schon, weil sie zahlreicher geworden sind. Tatsächlich aber ist es umgekehrt, wie man aus Zwillingsstudien weiß: Ein Kind wird viel stärker als ein Erwachsener von außen beeinflusst, etwa von den Eltern oder der Schule. Das verdeckt oft die angeborenen Unterschiede zwischen den Kindern.

Erst später machen die Kinder dann mehr und mehr eigene Erfahrungen – aber eben nicht irgendwelche, sondern sie suchen sich ihre speziellen Bereiche. Der eine geht vielleicht viermal in der Woche zum Fußballtraining, die andere vergräbt sich in ihren Büchern. Die Wahl unterliegt aber nicht dem Zufall: Im Rahmen ihres genetischen Korsetts schaffen sich die Jugendlichen eine Lebensumwelt, die zu ihnen passt. Und diese verstärkt wiederum die ohnehin schon vorhandenen Persönlichkeitsmerkmale.

Das führt zu der irritierenden Erkenntnis, dass sich eineiige Zwillinge mit den Jahren nicht etwa immer unähnlicher werden, sondern im Gegenteil immer ähnlicher. Denn je älter sie sind, desto besser sind sie in der Lage, sich passend in ihrer Umwelt einzurichten.

Nicht zuletzt daher kann der Wunsch, grundsätzlich etwas an seiner Lebensweise zu ändern, schnell in Verzweiflung münden. Was jeder weiß, der zum Beispiel einmal versucht hat, mehr Sport zu treiben und maßvoll zu essen, um gesünder zu leben und ein paar Fettpolster loszuwerden: Wenn es so einfach wäre, sich zu ändern, warum gibt es dann immer neue Diätratgeber? Müssten nicht schon längst alle Menschen rank und schlank sein?

Wie genau vollzieht sich aber der Weg zur Veränderung des Selbst, wenn er denn gelingt? Amerikanische Psychologen haben genau diese Frage anhand der Erfahrungen von 100 000 Klienten analysiert. Dabei kamen sie auf eine idealtypische Abfolge von sechs Schritten. Nehmen wir beispielsweise eine Person, die sich nach langer Zeit dazu durchringt, mehr Sport zu treiben:

Erster Schritt: Es liegt an den anderen

Mich ändern? Kommt gar nicht infrage. Wenn hier jemand ein Problem hat, dann sind es die anderen. Ich doch nicht! Ich bin halt so! Sport ist Mord, weiß doch jeder. Tatsächlich hält die Person – nennen wie sie Bettina – ihre Lage für aussichtslos, sie glaubt nicht daran, sich und ihre Gewohnheiten ändern zu können. Und genau das macht sie unzufrieden. Nicht zuletzt, weil ihre Umgebung sie ständig kritisiert.

Zweiter Schritt: Problem erkannt

Bei einer kleinen Wanderung mit Freunden hängt Bettina ständig hinterher und ist am Ende völlig fertig. Herzrasen. Offenbar gibt es doch ein Problem. Sie erzählt anderen davon. Wird sich klar darüber, dass eine Veränderung auch Nachteile hätte, dass sie am Wochenende gern mit einem guten Buch auf dem Sofa liege, aber befürchte, dafür dann nicht mehr genügend Zeit zu haben. Sie liest schließlich ein Buch über jemanden in einer ähnlichen Situation, der es geschafft hat. Aber noch zögert sie.

Dritter Schritt: Was wäre, wenn?

In Gedanken ist Bettina schon zu einem sportlichen Menschen geworden. Aber sie sucht noch nach Möglichkeiten, den Vorsatz konkret in die Tat umzusetzen. Ein Fitnessstudio bietet einen kostenlosen Schnupperkurs an – das ist ihre Chance. Sie weiht Kollegen und Freunde ein, damit sie nicht so leicht wieder abspringen kann. Aber es besteht die Gefahr, in dieser Phase stecken zu bleiben. Die Vorstellung, demnächst seinen Körper besser zu behandeln, ist womöglich schon Belohnung genug.

Vierter Schritt: Kurzfristiger Aktionismus genügt nicht

Nun braucht Bettina einen Plan für eine dauerhafte Neuausrichtung ihres sportlichen Lebenswandels. Ein Schnuppermonat allein reicht nicht. Ihre innere Einstellung muss sich ändern. Um diese Phase zu bestehen sind konkrete Ziele gefragt, die mit positiven Bildern unterlegt werden. Wer das nicht immer wieder tut, gerät leicht ins Schwanken und wird rückfällig.

Fünfter Schritt: Ein ständiger Kampf

Wer so weit gekommen ist, muss ständig an sich arbeiten. Aus dem Probemonat ist jetzt eine Dauermitgliedschaft geworden. Aber niemand kann Bettina zwingen, mehr zu tun, als den Monatsbeitrag zu zahlen. Da rufen plötzlich Freunde an, ob man nicht heute Abend lieber noch etwas essen gehen wolle, da kommt eine Erkältung, und sie fragt sich nach zwei Wochen Ruhe, ob es wirklich noch lohnt weiterzumachen. Ohne Rückschläge kommt kaum jemand über die Runden. Fast alle, die sich dauerhaft verändern, sind zwischendurch auch mal schwach geworden, mussten mehrere Stationen wiederholen. Ein neues Selbst über Nacht – das ist Wunschdenken.

Sechster Schritt: Verwandlung geglückt

Bettina hat es geschafft, schlüpft wie ein Schmetterling aus der alten Hülle. Sie kann es selbst nicht glauben, dass sie jemals mit so wenig Bewegung ausgekommen ist wie früher. Mittlerweile ist es ihr ein echtes Bedürfnis geworden, dreimal die Woche Sport zu treiben. Doch diese Phase erreichen nur wenige. Viele bleiben in Phase fünf stecken und müssen ein Leben lang gegen Rückschläge ankämpfen. Auch Bettina muss ständig auf der Hut bleiben. Denn einen Teil von sich zurückzulassen, sich in einen neuen Menschen zu verwandeln, den sie noch gar nicht so genau kennt, das ist eine Herausforderung, der sie sich jeden Tag neu stellen muss.

Von Grund auf andere Verhaltensweisen, gar ein neues Selbst von heute auf morgen, das ist zweifellos nicht mehr als ein frommer Wunsch. Das Wollen allein reicht für eine dauerhafte Veränderung jedenfalls nicht. Viele Menschen scheitern schon an ganz schlichten Änderungen alltäglicher Gewohnheiten – etwa nicht mehr so viel fernzusehen oder maximal ein Glas Wein am Abend zu trinken. Das erfragten Meinungsforschungsinstitute. Sie fanden auch heraus, dass die guten Vorsätze der Silvesternacht schon nach wenigen Wochen verblasst waren. Diese Menschen konnten ihr Ich offenbar nicht gut einschätzen.

Wer aber mit Experten spricht, die sich schon lange mit der Frage befassen, ob der Mensch dafür geschaffen sei, sich selbst zu verändern, bekommt oft zur Antwort: im Prinzip ja. »Der Mensch ist jene Spezies auf der Erde, die sich am besten an unterschiedliche Verhältnisse und Lebensräume anpassen kann«, sagt Werner Greve, Psychologieprofessor an der Universität Hildesheim.

Nach einschneidenden Ereignissen, ergänzt die Entwicklungspsychologin Ursula Staudinger von der Jacobs University Bremen, könnten sich auch ältere Menschen noch erfolgreich umstellen, etwa wenn der Partner stirbt oder man in Rente geht. Man könne die Persönlichkeit mit einer Knetmasse vergleichen – nur manche Figuren ließen sich damit beim besten Willen nicht formen.

Das sollte zu einem gewissen Maß an Demut führen: Ich kann mich tatsächlich ändern. Nur sollte ich die Erwartungen, was die Schnelligkeit und den Erfolg angeht, nicht zu hoch ansetzen. Ein wenig Bescheidenheit und Milde sich selbst gegenüber sind durchaus angebracht.

➤ Haben Sie Geduld mit sich selbst. Ohnehin wäre es geradezu beunruhigend, wenn sich jeder beliebig ändern könnte. Denn wer wären wir »wirklich«, wenn wir heute dieser sind, morgen aber jener und übermorgen wieder eine andere Person? Was wäre das für ein Ich, wenn es sich jederzeit beliebig formen ließe?

Literatur

Einleitung

Auswahl benutzter Quellen:

Ayan, S. (2010): *Innenansichten der Psyche.* Gehirn & Geist 7 – 8/2010, S. 44 ff.

Engeln, H. (2008): *Die Erfindung des Ich.* GEOkompakt Nr. 15 »Wie wir denken«, S. 78 ff.

Ernst, H. (2006): *Wie bin ich? Selbsterkenntnis – die schwierigste aller Künste.* Psychologie Heute 4/06, S. 20 f.

Escobeda, J. R. u. a. (2010): *Becoming a better person: Temporal remoteness biases autobiographical memories for moral events.* Emotion 10, S. 511 ff.

Herwig, U. (2009): *Der Blick nach innen.* Gehirn & Geist 9/09, S. 24 ff.

Nuber, U. (2005): *Ein starkes Selbst: Die Quelle unserer Kraft.* Psychologie Heute 4/05, S. 20 ff.

Ramachandran, V. S. (2009): Self Awareness: The last frontier, auf: www.edge.org/3rd_culture/rama08/rama08_index.html

Roth, G. (2001): *Fühlen, Denken, Handeln.* Suhrkamp Verlag Frankfurt a. M.

Saum-Aldehoff, T. (2008): *Wo wohnt das Ich?* Psychologie Heute 12/08, S. 67 ff.

Vazire. S. (2010): *Who knows what about a person? The self-other knowledge asymmetry (SOKA) model.* Journal of Personality and Social Psychology 98, S. 281 ff.

Vazire, S. u. a. (2008): *Knowing me, knowing you: The accuracy and* unique predictive validity of self-ratings and other-ratings of daily behavior. Journal of Personality and Social Psychology 95, S. 1202 ff.

Vazire. S. (2006): The person from the inside and outside. Dissertation University of Texas at Austin 5/06

Young, L. u. a. (2010): Disruption of the right temporoparietal junction with transcranial magnetic stimulation reduces the role of beliefs in moral judgements, auf: http://www.pnas.org/content/107/15/6753.full.pdf+html

Zimmer, C. (2007): Die Neurobiologie des Selbst. Spektrum der Wissenschaft. Dossier 3/07: Gehirn und Verstand, S. 76 ff.

1 Die »Big 5«

Auswahl benutzter Quellen:

Asendorpf, J. (2007): Psychologie der Persönlichkeit. Springer Berlin

Buchanan, T. u. a. (2005): Implementing a five-factor personalitiy inventory for use on the internet. European Journal of Psychological Assessment 21, S. 115 ff.

Barrick, M. R. u. a. (1991): The Big Five personality dimensions and job performance: a meta-analysis. Personnel Psychology 44, S. 1 ff.

Costa, P. T. u. a. (2002): Looking backward. Changes in the mean levels of personality traits from 80 to 12, in: Cervone, D. u. a. (Hg.) – Advances in personality science. Guilford Press New York, S. 219 ff.

Costa, P. T. u. a. (2000): Personality at midlife: Stability, intrinsic motivation and response to life events. Assessment 7, S. 365 ff.

Costa, P. T. (1988): Personality in adulthood: A six year longitudinal study of self reports and spouse reports on the NEO personality inventory. Journal of Personality and Social Psychology 54, S. 853 ff.

Cox, K. S. u. a. (2010): Generativity, the big five, and psychosocial adaptation in midlife adults. Journal of Personality 78, S. 1185 ff.

Donnellan, M. B. u. a. (2008): Age differences in the Big Five across the life span: Evidence from two national samples. Psychology and Aging 23, S. 558 ff.

Fleeson, W. u. a. (2002): An individual approach to the relationship

between extraversion and positive effect: Is acting extraverted as
»good« as being extraverted? Journal of Personality and Social Psychology 83, S. 1409 ff.

Gelitz, C. (2010): *Sag mir, was du magst, und ich sage dir, wer du
bist!* Gehirn & Geist Nr. 9/2010, S. 14 ff.

Judge, T. A. u. a. (1999): *The Big Five personality traits, general mental ability, and career success across the life span.* Personnel Psychology 52, S. 621 ff.

McCrae, R. u. a. (1994): *The stability of personality: observations
and evaluations.* Current Directions in Psychological Science 3,
S. 173 ff

Riemann, R. u. a. (1997): *Genetic and environment influences on
personality: A study of twins using the self-and-peer-report NEO-
FFI scales.* Journal of Personality 65, S. 579 ff.

Roberts, B. W. u. a. (2008): *Personality trait change in adulthood.*
Current directions in Psychological Science 17, S. 31 ff.

Roberts, B. W. u. a. (2000): *The rank-order consistency of personality traits from childhood to old age: A quantative review of longitudinal studies.* Psychological Bulletin 126, S. 3 ff.

Robins R. W. u. a. (2001): *A longitudinal study of personality change
in young adulthood.* Journal of Personality 69, S. 617 ff.

Robins, R. W. u. a. (2002): *Global self-esteem across the lifespan.*
Psychology and Aging 17, S. 423 ff.

Saum-Aldehoff, T. (2007): *Big Five. Sich selbst und andere erkennen.* Patmos Düsseldorf

Srivastava, S. u. a. (2003): *Development of personality in early and
middle adulthood: Set like plaster or persistent change?* Journal of
Personality and Social Psychology 84, S. 1041 ff.

Srivastava, S. (1999): *The Big Five trait taxonomy. History, measure-
ment und theoretical perspectives,* in: Pervin, L. A. u. a. – *Hand-
book of personality. Theory and research.* S. 102 ff., Guilford Press
New York

Hilfreiche Web-Seiten:

http://webspace.ship.edu/cgboer/perscontents.html
  Übersichtsseite zu verschiedenen Persönlichkeitstheorien
www2.psychologie.hu-berlin.de/psytests/ffm/
  Seite der Humboldt-Universität Berlin mit Big-Five-Test
www.m-pe.de/big-five-test.htm
  Big-Five-Test von Psychologen der Universität Zürich

http://homepage.psy.utexas.edu/homepage/faculty/gosling/
Homepage des Psychologen Sam Gosling, mit kurzem Big-Five-Test

2 Wo stehe ich eigentlich?

Auswahl benutzter Quellen:

Buchholz, M. (2003): *Da sitzt das kalte Herz!* Die Zeit 35/03

Eberle, U. (2009): *Das Erbe der Eltern.* Geo Wissen Nr. 43 »Lebenslaufforschung«, S. 106 ff.

Geuter, U. (2007): *Keiner ist allein krank. Systemische Familienthe-rapie – Gesundwerden in Beziehungen.* Psychologie heute, 12/07, S. 66 ff.

Kaiser, P. (2006): *Der Einfluss der Herkunftsfamilien auf die Part-nerschaft,* in: *Das Familienhandbuch des Staatsinstituts für Früh-pädagogik (IFP),* auf: http://www.familienhandbuch.de/cmain/f_aktuelles/a_partnerschaft/s_1486.html

Kaiser, P. (2006): *Die Mehrgenerationenperspektive in der psy-chotherapeutischen Praxis.* Psychotherapie 11, S. 5 ff.

Paulsen, S. (2004): *Eltern – das unentrinnbare Erbe?* Geo Wissen Nr. 34, »Partnerschaft und Familie«, S. 76 ff.

Schlippe, A. v. (2003): *Lehrbuch der Systemischen Therapie und Beratung.* Vandenhoeck & Ruprecht Göttingen

Watzlawick, P. (2007): *Menschliche Kommunikation: Formen, Störungen, Paradoxien.* Huber Bern

Westerhoff, N. (2009): *Im Labyrinth (Systemische Therapie).* Gehirn & Geist 4/09, S. 20 ff.

Wienands, A. (2004): *Zur Verwendung der systemischen Familien-therapie in der Arbeitsweise von Peggy Papp, Virginia Satir sowie Fred und Bunny Dahl.* Zeitschrift für systemische Therapie 7/04, S. 166 ff.

Hilfreiche Web-Seiten:

www.familienaufstellung.org/
Homepage der Deutschen Gesellschaft für Systemaufstellungen
www.systemische-gesellschaft.de
Homepage der Systemischen Gesellschaft
www.dgsf.org/
Homepage der Deutschen Gesellschaft für Systemische Thera-pie und Familientherapie

www.familientherapie.org/
   Informationsportal zu Familientherapie und Familienbera-
   tung
www.igst.org/
   Homepage der Internationalen Gesellschaft für systemische
   Therapie

3 Philosophie für die Lebenspraxis

Auswahl benutzter Quellen:
Buschlinger, W. u. a. (2009): *Philomat. Apparat für weltanschau-
   liche Diagnostik.* Hirzel-Verlag Stuttgart
Gutknecht, T. (2004): *Philosophische Praxis – auf dem gefähr-
   lichen Weg zur Profession.* Wechselwirkung 125/126
Thurnherr, U. (1998): *Philosophische Praxis,* in: Pieper, A./Thurn-
   herr, U. – *Angewandte Ethik.* Beck Verlag München
Uhlhaas, C. (2007): *Cogito inkognito.* Gehirn & Geist 3/07, S. 44 ff.

Hilfreiche Web-Seiten:
www.achenbach-pp.de/
   Homepage von Gerd Achenbach, Gründer der ersten Philosophischen Praxis
www.philomat.de/probelauf
   Online-Test der eigenen philosophischen Einstellung zum
   Thema » Töten «
www.igpp.org/
   Homepage der Internationalen Gesellschaft für Philosophische Praxis
www.g-pp.de/
   Homepage der Gesellschaft für Philosophische Praxis
www.philosophischepraxis.de/praxenverzeichnis.html
   Ausführliches Verzeichnis philosophischer Praxen

4 Rechenschaft ablegen

Auswahl benutzter Quellen:
Buslau, O. (2007): » *Der Traum von der kleinen Unsterblichkeit* «.
   Die Gründer des » Biographiezentrums « im Interview. Textart
   4/07, S. 42 ff.

Eilenberger, W. (2000): *Das Ich ist ein Labyrinth. Interview mit Rüdiger Safranski.* Cicero 12/00, auf: http://www.cicero.de/ 97.php?ress_id=4&item=1474

Kast, V. (2010): *Was wirklich zählt, ist das gelebte Leben: Die Kraft des Lebensrückblicks.* Kreuz Verlag Freiburg

Kierkegaard, S. (1941): *Die Tagebücher 1834 – 1855.* Hegner Verlag Leipzig

Montaigne, M. (1996): *Essais* (Übers. H. Lüthy), Manesse Zürich

Mäckler. A. (2007): *Meine Biographie als Buch gestalten. Schritt für Schritt zur Publikation Ihrer Lebenserinnerungen, Chroniken und Festschriften.* Verlag des Biographiezentrums Fuchstal

Niedtfeld I. u. a. (2008): *Wie wirkt Expressives Schreiben? Differentielle Wirkfaktoren des Schreibens über belastende Lebensereignisse.* Verhaltenstherapie 18 (Online-Publikation)

Penenbaker, J. W. (2009): *Heilung durch Schreiben. Ein Arbeitsbuch zur Selbsthilfe.* Huber Verlag Bern

Pennebaker, J. W. (2004): *Theories, Therapies, and Taxpayers: On the complexities of the expressive writing paradigm.* Clinical Psychology: Science and Practice, VII N2, S. 138 ff.

Schenk, H. (2009): *Die Heilkraft des Schreibens.* Beck Verlag München

Schenk, H. (2007): *Viel erlebt!* Psychologie Heute 3/07, S. 60 ff.

Schwidder, S. (²2008): *Ich schreibe, also bin ich. Schritt für Schritt zur eigenen Biographie.* Verlag des Biographiezentrums Fuchstal

Hilfreiche Web-Seiten:

www.biographiezentrum.de
  Homepage der Vereinigung deutschsprachiger Biografinnen und Biografen

www.schoener-schreiben.de/index.html
  Übersicht über Schreibkurse und Schreibreisen von Stefan Schwidder

www.meine-biographie.com/
  Blog des Biografienzentrums, Workshop-Termine u. a.

www.herrad-schenk.de
  Homepage der Biografin Herrad Schenk

5 Wie mache ich mehr aus mir?

Auswahl benutzter Quellen:

Birgmeier, B. R. (2008): *Coaching im Spagat zwischen Praxis und Wissenschaft. Von den Gefahren einer praxiswissenschaftlichen Begründung von Coaching-Konzepten.* Organisationsberatung, Supervision, Coaching 15, S. 119 ff.

Buer, F. (2009): *Warum es im Coaching nicht nur um Erfolg, sondern auch um Moral und ein glückliches Leben geht.* Coaching-Magazin 2/09, S. 50 ff.

Gross, P.-P. (2009): *Der Coaching-Markt.* Coaching-Magazin 3/09, S. 33 ff.

Krelhaus, L. (2006): *Wer bin ich – wer will ich sein? Ein Arbeitsbuch zur Selbstanalyse und Zukunftsgestaltung.* mvg-Verlag Heidelberg

Rauen, C. (2006): Entwicklungsorientiertes Coaching, auf: www.rauen.de/coaching-artikel/entwicklungsorientiertes_coaching.htm

Rauen, C. (2005): *Handbuch Coaching.* Hogrefe-Verlag Göttingen

Rauen, C. (2002): Coaching im Vergleich zur Psychotherapie, auf: www.rauen.de/coaching-artikel/coaching_im_vergleich_zur_psychotherapie.htm

Schneider, C. (2006): *Die Entdeckung der Wünsche.* Frankfurter Allgemeine Zeitung 23.6.06

Schryögg, A. (2003): *Coaching: Eine Einführung für Praxis und Ausbildung.* Campus Verlag Frankfurt a. M.

Wenderoth, A. (2009): *Wie mache ich mehr aus meinem Leben? Zu Besuch bei einem Persönlichkeits-Coach.* Geo Wissen Nr. 43 »Lebenslaufforschung«, S. 64 ff.

Werle, Klaus (2007): Die Stunde der Scharlatane, auf: www.manager-magazin.de/magazin/artikel/0,2828,467628,00.html

Hilfreiche Web-Seiten:

www.cop-morrien.de/
    Homepage von Birgitt E. Morrien
www.profiling-center.de/
    Homepage des Profiling-Centers Bochum
www.rauen.de
    Homepage von Christopher Rauen

6 Schau mir in die Augen!

Auswahl benutzter Quellen:

Coplan, J. R. u. a. (1998): *Shyness and little boy blue: Iris pigmentation, gender, and social wariness in preschoolers.* Developmental Psychobiology 32, S. 37 ff.

El-Safadi, S. (2008): Komplementäre Diagnostik. Ermöglichen Irisdiagnostik/Iridologie und Dunkelfeldmikroskopie nach Enderlein die Diagnose von Malignomen? Dissertation Universität Gießen

Ernst, E. (2000): *Iridology. Not useful and potentially harmful.* Archives of Ophthalmology 118; S. 120 f.

Filatova, E. u. a. (2004): Iriserkennung. Vortrag zum Seminar »Biometrische Identifikationsverfahren«, Humboldt Universität zu Berlin, Sommersemester 2004

Jackson-Main, P. (2006): *Praktische Irisdiagnose.* Oesch Verlag Zürich

Larsson, M. u. a. (2007): *Association between iris characteristics and personality in adulthood.* Biological Psychology 75, S. 165 ff.

Meinold, P. E. (2005): Psychologie des Lidschlags – eine literatur- und methodenkritische Studie. Dissertation Universität Köln

Moncaster, J. A. u. a. (2010): *Alzheimer's disease amyloid-β links lens and brain pathology in down syndrome* http://www.plosone.org/article/info%3Adoi%2F10.1371%2Fjournal.pone.0010659

Péczely, J. (1880): *Entdeckungen auf dem Gebiete der Natur- und der Heilkunde/H. 1. Anleitung zum Studium der Diagnose aus den Augen*

Römer, S. (2005): Dopamin und Persönlichkeit. Überprüfung des Zusammenhangs zwischen basaler dopaminerger Aktivität und Extraversion oder Spontaneität. Diplomarbeit Universität Trier

Salles, L. F. u. a. (2008): *Iridology: A systematic review.* Revista da Escola de Enfermagem da USP 42, S. 585 ff.

Salles, L. F. u. a. (2008): *The prevalence of iridologic signs in individuals with Diabetes Mellitus.* Acta Paulista de Enfermagem 21, S. 474 ff.

Strempel, I. (2004): *Das Auge – Spiegel der Seele.* Marburger Uni-Journal 4/04, S. 36 ff.

7 Bin ich ein Superschmecker?

Auswahl benutzter Quellen:

Bartoshuk, L. M. u. a. (2006): *Psychophysics of sweet and fat perception in obesity: problems, solutions and new perspectives.* Philosophical Transactions of the Royal Society B 261, S. 1137 ff.

Bartoshuk, L. M. u. a. (2000): *Hormones, age, genes and pathology: How do we assess variation in sensation and preference?* Journal of Clinical Nutrition 72, S. 929 ff.

Carpenter, S. (2003): *Bitter news for tender tongues.* Science 299, S. 1306

Drenowski, A. u. a. (1997): *Nontasters, tasters, and supertasters of 6-n-propylthiouracil (PROP) and hedonic response to sweet,* Physiology & Behavior 62, S. 649 ff.

Drenowski, A. u. a. (1995): *The influence of genetic taste markers on food acceptance.* American Journal of Clinical Nutrition 62, S. 506 ff.

Golding, J. (2009): *Associations between the ability to detect a bitter taste, dietary behavior, and growth.* Annals of the New York Academy of Science 1170, S. 553 ff.

Hebebrand, J. (2008): *Irrtum Übergewicht. Warum Diäten versagen und wir uns trotzdem schlank fühlen können.* Zabert Sandmann München

Kreuter, P. (2007): Veränderung der Beliebtheit und der Wahrnehmung von Fett im Verlauf eines Gewichtsreduktionsprogramms für Adipöse. Dissertation Universität Gießen

Macht, M. u. a. (2007): *Increased negative emotional responses in PROP supertasters.* Physiology and Behavior 90, S. 466 ff.

Nabhan, G. P. (2004): *Why some like it hot.* Island Press Washington

Simon, C. P. (2004): *Was die Welt isst.* Geo 4/05, S. 16 ff.

Snyder, D. J. u. a. (2008): *We are what we eat, but why? Relationship between oral sensation, genetics, pathology and diet.* ACS Symposium Series 979, Seite 258 ff.

Whipple, B. u. a. (1989): *Inverse relationship between intensity of vaginal self-stimulation-produced analgesia and level of chronic intake of a dietary source of capsaicin.* Physiology & Behavior 46, S. 247 ff.

8 Wie lang ist er denn?

Auswahl benutzter Quellen:

Bailey, A. A. (2005): *Finger length ratio (D2:4D) correlates with physical aggression in men but not in woman.* Biological Psychology 68, S. 215 ff.

Brown, W. M. u. a. (2002): *Differences in finger length ratios between self-identified » Butch « and » Femme « lesbians.* Archives of Sexual Behavior 31, S. 117 ff.

Coates, J. M. u. a. (2008): *Second-to-fourth digit ratio predicts success among high-frequency financial traders.* PNAS 106, S. 623 ff.

Manning, J. T. (2008): *Digit ratio (2D:4D) and sprinting speed in boys.* American Journal of Human Biology 21, S. 210 ff.

Manning, J. T. (2002): *Digit Ratio: A pointer to fertility, behavior and health.* Rutgers University Press New Jersey

Manning, J. T. u. a. (2001): *The 2nd to 4th digit ratio and autism.* Developmental Medicine & Child Neurology 43, S. 160 ff.

Martel, M. M. u. a. (2008): *Masculinized finger-length ratios of boys, but not girls, are associated with attention-deficit/hyperactivity disorder.* Behavioral Neuroscience 122, S. 273 ff.

Neave, N. u. a. (2003): *Second to fourth digit ratio, testosterone and perceived male dominance.* Proceedings of the Royal Society B 270, S. 2167 ff.

Paul, S. N. u. a. (2006): *The Big Finger: the second to fourth digit ratio is a predictor of sporting ability in women.* British Journal of Sports Medicine 40, S. 981 ff.

Romano, M. u. a. (2004): *Examination marks of male university students correlate with finger length ratio (2D:4D).* Biological Psychology 71, S. 175 ff.

Williams, T. J. (2000): *Finger-length ratios and sexual orientation.* Nature 404, S. 455 f.

9 Weshalb dick nicht gleich dick ist

Auswahl benutzter Quellen:

Ashwell, M. (2009): *Obesity risk: importance of the waist-to-height-ratio.* Nursing Standard 23, S. 49 f.

Ashwell, M. u. a. (2005): *Six reasons why the waist-to-height-ratio is a rapid and effective global indicator for health risks of obesity and how its use could simplify international public health message on obesity.* International Journal of Food Science and Nutrition 56, S. 303 f.

Gertner, J. (2009): *The calorie-restriction experiment.* New York Times Magazine 11.10.09, S. 56 ff.

Hebebrand, J. (2008): *Irrtum Übergewicht. Warum Diäten versagen und wir uns trotzdem schlank fühlen können.* Zabert Sandmann München

Ledford, H. (2010): *Much ado about aging.* Nature 464, S. 480 ff.

Kajimura, S. u. a. (2009): *Initiation of myoblast to brown fat switch by a PRDM16-C/EBP-ß transcriptional complex.* Nature 460, S. 1154 ff.

Lenz, M. u. a. (2009): *Morbidität und Mortalität bei Übergewicht und Adipositas im Erwachsenenalter.* Deutsches Ärzteblatt 106, S. 641 ff.

Ludvig, B. (2008): Viszerale Adipositas, Adipokine und Diabetes, auf: http://www.medmedia.at/medien/diabetesforum/artikel/2008/07/5340_02-08_Viszerale_Adipositas_Adipokine_Diabetes.php

Manolopoulos, K. N. u. a. (2010): *Gluteofemoral body fat as a determinant of metabolic health.* International Journal of Obesity 34, S. 949 ff.

Mäueler, S. (2006): Adipokine in Abhängigkeit von Körperkomposition und Fettgewebsdistribution bei Adipositas. Eine sportmedizinische Wirkanalyse von Kraft- vs. Ausdauertraining. Dissertation Universität Bielefeld

Markmann, T. (2005): Körperfettmessung I, auf: http://de.fitness.com/articles/78/koerperfettmessung_i.php

O'Donovan, G. u. a. (2009): *Fat distribution in men of different waist girth, fitness level and exercise habit.* International Journal of Obesity 33, S. 1356 ff.

Orpana, H. M. u. a. (2010): *BMI and mortality: Results from a national longitudinal study of canadian adults.* Obesity 18, S. 214 ff.

Pischon, T. u. a. (2010): *General and abdominal adiposity and risk of death in europe.* The New England Journal of Medicine 359, S. 2105 ff.

Raji, C. A. u. a. (2009): *Brain structure and obesity.* Human brain mapping 31, S. 353 ff.

Revill, J. (2006): Are you a Tofi? (That's thin on the outside, fat inside), auf: http://www.guardian.co.uk/science/2006/dec/10/medicineandhealth.health

Schneider, H. J. (2010): *The predictive values of different measures of obesity for incident cardiovascular events and mortality*. Journal of Clinical Endocrinology & Metabolism 95, S. 1777 ff.

Stockinger, G. (2007): *Ballast im Bauch*. Der Spiegel 22/07, S. 145

Virtanen K. A. u. a. (2009): *Functional brown tissue in healthy adults*. New England Journal of Medicine 360, S. 1518 ff.

Wade, N. (2009): *Tests begin on drugs that may slow aging*. New York Times 18. 8. 09, S. D1 ff.

Whelan, J. (2009): *The fat that makes you thin*. New Scientist 2721, S. 38 ff.

Wrangham, R. (2009): *Feuer fangen. Wie uns das Kochen zum Menschen machte – eine neue Theorie der menschlichen Evolution*. Deutsche Verlags Anstalt München

10 Der tiefe Blick ins Erbgut

Auswahl benutzter Quellen:

Aldhous, P. (2010): *Personal genetic tests prompt lifestyle changes*. New Scientist 2786, S. 11

Bahnsen, U. (2010): *Schlüssel zur Heilung*. Die Zeit 28. 1. 10

Bahnsen, U. u. a. (2008): Die Offenbarung, auf: www.zeit.de/2008/45/Genetik

Blech, J. (2009): Wahrsager im Labor, auf: www.spiegel.de/spiegel/0,1518,626442,00.html

Bouchard, T. J. (2004): *Genetic influence on human psychological traits*. Current Directions in Psychological Sciences 13, S. 148 ff.

Canli, T. (2007): *Der Charakter-Code*. Gehirn & Geist 9/07, S. 52 ff.

Dickinson, B. (2008): *How much can you learn from your home DNA Test?* Discover 9/08, S. 34 ff.

Dinklage. M. (2009): Esther Dyson: Die Frau, die ihre Zukunft kennt, auf: http://www.brigitte.de/gesellschaft/politik-gesellschaft/gentechnik-esther-dyson-574188/

Geddes, L. (2009): *What if you had to decide in your 20s*. New Scientist 2733, S. 8 f.

Kahan, D. (2010): *Vision of a personal genomics future*. Nature 463, S. 298 f.

Meyer, A. (2009): Mit dem Erbgut auf dem Chip zum Arzt, auf: www.spiegel.de/wissenschaft/mensch/0,1518,635890,00.html

Pinker, S. (2009). *My genome, my self.* New York Times 1.1.2009

Powers, R. (2010): *Das Buch Ich # 9.* Fischer Verlag Frankfurt a. M.

Rodrigues, S. u. a. (2009): *Oxytocin receptor genetic variation relates to empathy and stress reactivity in humans.* PNAS 106, S. 21437 ff.

Rytina R. u. a. (2010): *Gegen Stress geimpft.* Gehirn & Geist 3/10, S. 51 ff.

Stollorz, V. (2009): *Meine Gene, meine Gesundheit.* Geo Wissen Nr. 43 »Lebenslaufforschung«, S. 126 ff.

Hilfreiche Web-Seiten:
www.personalgenomes.org
   Homepage des Personal Genome Project
www.navigenics.com
   Homepage des Unternehmens Navigenics
www.23andme.com
   Homepage des Unternehmen 23andme
www.knome.com
   Homepage des Unternehmens Knome
www.genepartner.com
   Homepage des Unternehmen GenePartner

11 Wo die grauen Zellen wirken

Auswahl benutzter Quellen:

Baumgartner, T. u. a. (2009): *The neural circuitry of a broken promise.* Neuron 64, S. 756 ff.

Biever, C. (2010): *Giving the »unconscious« a voice.* New Scientist 2764, S. 8 f.

Berreby, D. (2000): *How, but not why, the brain distuingishes race.* New York Times 5.9.00

Boggan, S. (2006): *Reborn.* The Guardian 12.9.06

Callaway, E. (2009): *They know what you're thinking.* New Scientist 2732, S. 8 f.

Chadwick, M. J. (2010): *Decoding individual episodic memory traces in the human hippocampus.* Current Biology 20, S. 544 ff.

Fins, J. J. u. a. (2008): *Neuroimaging and disorders of consciousness: Envisioning an ethical research agenda.* The American Journal of Bioethics 8, Seite 3 ff.

Flor, H. (2010): *Bilder für eine gesunde Psyche.* Gehirn & Geist 1-2/10, S. 50 ff.

Haynes, J.-D. (2009): *Decoding visual consciousness from human brain signals. Trends in Cognitive Sciences,* 251658240 http://dx.doi.org/10.1016/.tics.2009.02.004

Haynes, J.-D. u. a. (2007): *Reading hidden intentions in the human brains.* Current Biology 17, S. 323 ff.

Haynes, J.-D. u. a. (2006): *Decoding mental states from brain activity in humans.* Nature Neuroscience Reviews 7, S. 523 f.

Hsu, M. u. a. (2009): *The right and the good: Distributive justice and neural encoding of equity and efficiency.* Science 320, S. 1092 ff.

Illinger, P. (2010): *Die Gedankenleser.* Süddeutsche Zeitung 4./5. 12. 2010, Seite 24

Kay, K. N. u. a. (2009): *I can see what you see.* Nature Neuroscience 12, S. 245 f.

Kay, K. N. u. a. (2008): *Identifying natural images from human brain activity.* Nature 452, S. 352 ff.

Keenan, J. P. (2005): *Das Gesicht im Spiegel. Auf der Suche nach dem Ursprung des Bewusstseins.* Reinhardt Verlag München

Monti, M. M. u. a. (2010): *Willful modulation of brain activity in disorders of consciouness.* New England Journal of Medicine 362, S. 579 ff.

Naselaris, T. u. a. (2009) *Bayesian reconstruction of natural images from human brain activity.* Neuron 63, S. 902 ff.

Nishimoto, S. u. a. (2009): *Decoding human visual cortical activity evoked by continuous time-varying movies.* Journal of Vision, http://dx.doi.org/10.1167/9.8.667

Owen, A. M. u. a. (2009): *A new era of coma and consciousness science.* Progress in Brain Research 177, S. 399 ff.

Owen, A. M. u. a. (2006): *Detecting awareness in the vegetative state.* Science 313, S. 1402

Phelps, E. A. u. a. (2003): *Race, behavior and the brain: The role of neuroimaging in understandig complex social behaviors.* Political Psychology 24, S. 747 ff.

Phelps, E. A. u. a. (2000): *Performance on indirect measures of race evaluation predicts amygdala activation.* Journal of Cognitive Neuroscience 12, S. 729 ff.

Ramachandran, V. (2006): *Das Gehirn im Bottich.* Geo Wissen Nr. 38 »Denken und Kreativität«, S. 104 ff.

Rosen, J. (2007): *The brain on the stand.* New York Times 11. 3. 07

Schleim, S. (2010): *Gebrochene Versprechen. Ein Lehrstück darüber, wie leicht Hirnforscher bei der Interpretation ihrer Ergebnisse über das Ziel hinausschießen.* Gehirn & Geist 3/10, S. 40 ff.

Schleim, S. (2008): *Die neuen Gedankenleser.* Psychologie Heute 4/08, S. 60 ff.

Schnabel, U. u. a. (2009): *Sind die Gedanken noch frei?* Die Zeit 2. 7. 09

Strait, T. L. u. a. (2009): *Musical experience promotes subcortical efficiency in processing emotional vocal sounds.* Annals of the New York Academy of Sciences 1169, S. 209 ff.

Talbot, M. (2007): *Duped. Can brain scans uncover lies?* The New Yorker 7/07, S. 52 ff.

Thomson, H. (2010): *Mental floss: six ways to boost your brain.* New Scientist 2780, S. 28 ff.

Ohne Autor (2007): *Persistent vegetative state: A medical minefield.* New Scientist 2611, S. 40 ff.

ohne Autor (2005): *How volunteering for an MRI scan changed my life.* Nature 434: www.nature.com/nature/journal/v434/n7029/full/434017a.html

12 Woher komme ich?

Auswahl benutzter Quellen:

Gut, P. (2009): *Meine phönizischen Vorfahren.* Weltwoche 15. 4. 09

Keupp, H. (2009): »Fragmente der Einheit? Wie heute Identität geschaffen wird.« Vortrag bei der Tagung »Identitätsentwicklung in der multioptionalen Gesellschaft« 29. 4. 09, auf: www.ipp-muenchen.de/texte/keupp_09_freising04_text.pdf

Keupp, H. u. a. (1999): *Identitätskonstruktionen: Das Patchwork der Identitäten in der Spätmoderne.* Rororo Hamburg

Renneberg, R. (2009): *Mein DNA-Stammbaum.* Neues Deutschland 11. 7. 2009; Seite 21

Renneberg, R. (2009): *DNA-Cousins gefunden.* Neues Deutschland 5. 9. 2009, Seite 21

Schröder, J. (2009): *Auf der Spur der Vorfahren.* Geo Wissen Nr. 43 »Lebenslaufforschung«, S. 144 ff.

Stirn, A. (2008): *Familien und ihre Geschichten.* SZ-Wissen, 6. 11. 08

Hilfreiche Web-Seiten:

www.familysearch.org
  Ahnendatenbank der Mormonen, die umfangreichste weltweit

http://foko.genealogy.net/
  Datenbank der Deutschen Arbeitsgemeinschaft genealogischer Verbände
https://genographic.nationalgeographic.com/genographic/index.html
  Homepage des Genographic Project
www.familytreedna.com
  Homepage des Unternehmens FamilyTreeDNA
www.dnaheritage.com
  Homepage des Unternehmens DNAheritage
www.igenea.ch
  Homepage des Unternehmens iGENEA

13 Das vermessene Selbst

Auswahl benutzter Quellen:

Anderson, A. (2011): *Dear e-diary, who am I really?* New Scientist 2793, Seite 36 f.

Bilton, N. (2010): *An annual report on one man's life.* New York Times 9.2.10

Brophy-Warren, J. (2009): *The new examined life.* Wall Street Journal 6.12.08

Brown, K.S. (1995): *Testing the most curious subject – oneself.* The Scientist 9, Seite 1 ff.

Morris, M.E. u.a. (2010): *Mobile Therapy: Case study evaluations of a cell phone application for emotional self-awareness.* Journal of Medical Internet Research 12, http://dx.doi.org/10.2196/jmir.1371

Roberts, S. (2004): *Self-experimentation as a source of new ideas: Ten examples about sleep, mood, health and weight.* Behavioral and Brain Science 27, S. 227 ff.

Schneider, R.U. (2006): *Zuerst fernsehen, dann frühstücken.* NZZ folio 9/06

Singer, N. (2010): *When patients meet online, are there side effects?* New York Times 29.5.10

Wolf, G. (2010): *The data-driven life.* New York Times 26.4.10

Wolf, G. (2007): *Know thyself: Tracking every facet of life, from sleep to mood to pain, 24/7/365.* Wired Magazine 6/09

Hilfreiche Web-Seiten:
www.quantifiedself.com
    Homepage von Kevin Kelly für Projekte und Ideen zur Selbst-
    erkundung durch Daten
www.curetogether.com
    Plattform zum Austausch über Krankheiten

14 Von Tieffliegern und Überfliegern

Auswahl benutzter Quellen:
Buschkuehl, M. u. a. (2008): BrainTwister. Aufgabensammlung
    für kognitives Training. Universität Bern, Institut für Psycho-
    logie, Abtlg. für Allgemeine Psychologie und Neuropsycho-
    logie
Bond, M. (2009): *It's how you use it that counts*. New Scientist
    2732, S. 36 ff.
Butcher, L. M. u. a. (2008): *Genome-wide quantative trait locus
    association scan of general cognitive ability using pooled DNA and
    500k single nucleotide polymorphism microarrays*. Gens, Brain
    and Behavior 7, S. 435 ff.
Chiang, M.-C. u. a. (2009): *Genetics of brain fibre architecture
    and intellectual performance*. The Journal of Neuroscience 29,
    S. 2212 ff.
Coghlan, A. (2009): *Intelligence: Nature outpaces nurture as kids
    get older*. New Scientist 2717, S. 10
Cypess, A. M. u. a. (2009): *Identification and importance of brown
    adipose tissue in adult humans*, The New England Journal of
    Medicine 360, 1509 ff.
Buschkuehl, M. u. a. (2008): *Impact of working memory training on
    memory performance in old-old adults*. Psychology and Aging
    23, S. 743 ff.
Enzensberger, H. M. (2006): *Im Irrgarten der Intelligenz. Über den
    getesteten Verstand und den Unverstand des Testens*. Neue Zür-
    cher Zeitung 11.11.06
Gardner, H. (1994): *Abschied vom IQ. Die Rahmentheorie der viel-
    fachen Intelligenzen*. Klett-Cotta Stuttgart.
Gardner, H. (2002): *Intelligenzen. Die Vielfalt des menschlichen
    Geistes*. Klett-Cotta Stuttgart.
Haworth, C. M. A. (2010): *The heritability of general cognitive abi-*

lity increases linearly from childhood to young adulthood. Molecular Psychiatry 15, S. 1112 ff.

Hucklenbroich, C. (2007): *Klugheit aus dem Koffer.* Welt am Sonntag 5. 8. 2007, S. 63

Kolata, G. (2009): *Calorie-burning fat? Studies say you have it.* New York Times 9. 4. 09

Löhr, S. (2005): *Reicht Ihr IQ für diesen Artikel?* Frankfurter Allgemeine Sonntagszeitung 23. 10. 05, S. 76

Jaeggi, S. M. u. a. (2008): *Improving fluid intelligence with training on working memory.* PNAS 105, S. 6829 ff.

Neubauer, A. (2002): *Wo die Intelligenz wohnt.* Psychologie Heute 1. 7. 02, S. 62 ff.

Owen, A. M. u. a. (2010): *Putting brain training to the test.* Nature 465, S. 775 ff.

Paetsch, M. (2008): *Was ist Intelligenz?* GEO kompakt Nr. 15, S. 20 ff.

Singer, E. (2009): *Intelligence explained.* Technology Review 11 – 12/09, S. 52 ff.

Sternberg, R. J. (2008): *Increasing fluid intelligence is possible after all.* PNAS 105, S. 6791 f.

Virtanen, K. A. (2009): *Functional brown adipose tissue in healthy adults.* The New England Journal of Medicine 360, S. 1518 ff.

Zimmer, C. (2009): *Das Versteckspiel der Intelligenz.* Spektrum der Wissenschaft 7/09, S. 74 ff.

Hilfreiche Web-Seiten:

www.apn.psy.unibe.ch/content/application/braintwister/
index_ger.html
Infoseite der Universität Bern zum Braintwister
http://dual-n-back.com/
Der Dual-n-back-Test zum Ausprobieren
http://cognitivefun.net/test/5
Demo zum Dual-n-back-Test
http://brainworkshop.sourceforge.net/
Der Dual-n-back-Test zum Ausprobieren

15 Ich erkenne meine Gefühle!

Auswahl benutzter Quellen:

Ellison, K. (2006): *Mastering your own mind.* Psychology Today 9 – 10/2006

Gladwell, M. (2002): *The naked face.* The New Yorker 8/02, S. 38 ff.

Goleman, D. (1997): *EQ. Emotionale Intelligenz.* Deutscher Taschenbuch Verlag München

Karge, D. (2008): *Der lebende Lügendetektor.* Bild der Wissenschaft 8/08, S. 16 ff.

Paetsch, M. (2010): *Warum Gefühle so wichtig sind.* Geo Wissen Nr. 45 »Entscheidung und Intuition«, S. 26 ff.

Paulus, J. (2005): *Wie emotional intelligent war Maggie Thatcher?* Psychologie Heute 2/05, S. 28 ff.

Mayer, J. D. (2004): *Emotional intelligence: Theory, findings, and implications.* Psychological Inquiry 15, S. 197 ff.

Mayer, J. D. (2001): *Emotional intelligence and giftedness.* Roeper Review 23, S. 131 ff.

Muir, H. (2009): *Emotion detectors.* New Scientist 2715, S. 35 ff.

Siefert, C. J. (2009): *Winning the Super »Buzz« Bowl. How biometrically-based emotional engagement correlates with online view and comments for super bowl advertisements.* Journal of Advertising Research 9/09, S. 293 ff.

Steinmayr, R., Schütz, A., Hertel, J. & Schröder-Abé, M. (2011). *Deutsche Version des Mayer-Salovey-Caruso Emotional Intelligence Test (MSCEIT).* Hogrefe: Bern

Hilfreiche Web-Seiten:

www.sbinstitute.com/research_Shamatha.html
   Seite des Santa Barbara Institutes for Consciousness Studies zum Shamatha-Projekt

http://emotions.psychologie.uni-saarland.de/kultur/anleitun.htm
   Online-Emotionserkennungstest von Prof. Jörg Merten

www.mindandlife.org
   Homepage des Mind&Life Institute

www.paulekman.com
   Homepage des Psychologen Paul Ekman

www.topos-online.at/html-texte/eq.htm
   Testfragen zur emotionalen Intelligenz

http://www.cs.cmu.edu/afs/cs/project/face/www/facs.htm
Ältere Website, die die Grundzüge der Gesichtsbewegungs-
codierung übersichtlich darstellt

Fazit

Auswahl benutzter Quellen:

Bleidorn, W. u. a. (2009): *Patterns and sources of adult personality development: growth curve analysis of the NEO PI-R scales in a longitudinal twin study.* Journal of Personality and Social Psychology 97, S. 142 ff.

Costa, P. T. (2006): *Age changes in personality and their origins: Comment on Roberts, Walton and Viechtbauer.* Psychological Bulletin 132, S. 26ff.

Mussweiler, T. (2005): *Mein Auto, mein Haus, meine Familie.* Gehirn & Geist 12/05, Seite 16 ff.

Roth, G. (2007): *Persönlichkeit, Entscheidung und Verhalten. Warum es so schwierig ist, sich und andere zu ändern.* Klett-Cotta Stuttgart

Saum-Aldehoff, T. (2003): *Ein langer, immer ruhiger werdender Fluss.* Psychologie heute 2/03, S. 28 ff.